Sonidos en contexto

Sonidos en contexto

**Una introducción a la fonética del español
con especial referencia a la vida real**

With Online Media

Terrell A. Morgan
The Ohio State University

Yale UNIVERSITY PRESS
New Haven & London

This book was originally accompanied by an audio CD. The audio recordings are now available at Yalebooks.com/Sonidos. To access them, use the password morgan10.

Publisher: Mary Jane Peluso
Editorial Assistant: Elise Panza
Project Editor: Timothy Shea
Manuscript Editor: Deborah Bruce-Hostler
Production Editor: Ann-Marie Imbornoni
Production Controller: Maureen Noonan
Cover designed by Sonia Shannon

Printed in the United States of America.

ISBN: 978-0-300-21443-7
Library of Congress Control Number: 2009929473

A catalogue record for this book is available from the British Library.

This paper meets the requirements of ANSI/NISO Z39.48-1992 (Permanence of Paper).

10 9 8 7

A mi suegra,

Josefina Díaz Soriano

Índice general

Agradecimientos

Este volumen es el resultado de muchos años de preparación y el producto de muchas colaboraciones formales e informales entre colegas, amigos, estudiantes y familiares.

Cabría mencionar a todos aquéllos que han usado versiones anteriores de mis materiales en sus diversas variantes—en particular a Manuel Díaz Campos, Silvia Salazar, Josh Rodríguez, Amanda Boomershine, Chad Howe, Steve Fondow, Alejandra González Pérez, Magdalena Mejía Gómez, Edith Hernández, Ryan Kowalski, Tom Stovicek, Ian Tippets, Gilberto Velázquez Aponte, Manuel Delicado Cantero, Meghan Armstrong, Sarah Sinnott, Sandro Sessarego, Juliana de la Mora, Rebeka Campos Astorkiza, Ernie Lunsford, Lisa Wagner, Michele-Marie Griffith, David Burton, Tim Face, Alicia Cipria, Richard Danford, Emilia Marks, Michelle Ramos Pellicia, Paul Malovrh y Diana Carter.

Con los que colaboraron de un modo u otro en la recopilación de materiales, la redacción del texto y la corrección del mismo, mi deuda es enorme. En especial, tengo la suerte de contar con amigos tales como Pat Lunn (redactora, traductora y editora por excelencia), Gilberto Serrano (manual viviente del español urgente y corrector de pruebas a corto plazo), Tim Face (sabio fonetista e incansable colega) y Edith Hernández (traductora de textos idiosincráticos y perseguidora de permisos). A ellos les doy las gracias no sólo por cumplir cada vez que les pedí ayuda, sino también por ofrecerla sin que yo se la hubiera pedido, y también por tantas palabras de aliento que me animaron a seguir adelante.

Deseo extenderles mi agradecimiento a todas las personas de la Yale University Press que dedicaron su tiempo para evaluar el manuscrito y que—anónimamente a través de la editorial—compartieron sus comentarios, los cuales han fortalecido el contenido del mismo: Carolina González (Florida State University), Timothy Face (University of Minnesota), Eugenia Casielles (Wayne State University), José Ignacio Barrio Olano (James Madison University), Adolfo Ausín (Michigan State University), Joel Rini (University of Virginia), Rosalea Postma-Carttar (University of Kansas) y Alfredo Torrejón (Auburn University). Aprovecho también la oportunidad para decirles muchas gracias a Deborah

Bruce-Hostler y Annie Imbornoni por haber hecho una minuciosa y meticulosa labor al editar el manuscrito en su totalidad. Y, por último, le agradezco a mi editor, Tim Shea, el haber coordinado con un alto grado de profesionalismo y personalismo la culminación de este libro, producto de varios años de dedicación y esfuerzo.

No quiero dar por terminada esta lista de agradecimientos sin mencionar al talentoso equipo editorial de Foreign Language Publications de la Ohio State University (Minru Li, Brix García, Greg Wilson y Karen Moore) y a los que evaluaron versiones anteriores del manuscrito: Gabriela G. Alfaraz (Michigan State University), Robert L. Davis (University of Oregon) y Mark G. Goldin (George Mason University). Sobre todo, agradezco los acertadísimos consejos de Diane W. Birckbichler, Directora del Foreign Language Center de OSU, quien siempre apoyó mis proyectos y confió en mí.

A Paul Kotheimer (Humanities Information Systems) le doy las gracias por haberme ayudado desinteresadamente en el aspecto técnico para darle vida a las voces que forman parte del inventario de sonidos de este libro.

Terminando esta obra, llegué a la conclusión de que soy el fonólogo más afortunado de todo el planeta Tierra. Tengo dos hijos encantadores y lingüísticamente precoces, y una esposa que me quiere a pesar de la fascinación que tengo por la fonética de mis seres queridos. Sería imposible remunerarles la paciencia y la comprensión que tuvieron conmigo durante la preparación de estos materiales.

Es más, nunca los habría terminado sin la ayuda de mi esposa, Esperanza. Me prestó sus intuiciones de nativohablante; me escuchó un sinfín de ideas; me leyó otros tantos borradores; y me dibujó decenas de las ilustraciones que ahora engalanan las páginas de este libro. En fin, me salvó la vida. Una vez más.

A todos, gracias mil.

1 [ka.ˈpi.tu.lo.ˈu.no]

Introducción

Sonidos en contexto es una descripción comprensiva del sistema de sonidos del español. Para el estudiante del idioma de nivel intermedio, proporciona descripciones articulatorias de pronunciaciones nativas, así como consejos prácticos sobre la producción de sonidos tipo hablante nativo y ejercicios en progresión lógica orientados a ese fin. La pronunciación nativa se modela en contextos naturales, y la variación se muestra como una extensión natural de la competencia lingüística que el estudiante quiere alcanzar. La descripción formal de los procesos fonológicos sirve como una introducción al análisis lingüístico en general. Los datos del español se usan para resaltar todo tipo de noción que ayude a los estudiantes a entender mejor los fenómenos de su propia competencia nativa y tendencias universales en el lenguaje humano.

Organización del material

El libro comienza con una mirada a la representación ortográfica del español, seguida por la estructura silábica, la acentuación y los fonemas vocálicos y consonánticos. También presenta un panorama general de las diferencias dialectales del idioma. En los capítulos, cada lección, ejercicio o actividad se presenta en una de las siguientes quince formas, enumeradas todas aquí para facilitar su exposición.

1. LECTURA TRANSCRITA
2. ARTICULACIÓN Y ACÚSTICA
3. DISTRIBUCIÓN FONOLÓGICA
4. REPETICIÓN RÁPIDA
5. APLICACIÓN

6. VEO VEO
7. TEXTOS DE PRÁCTICA
8. MUESTRA MUSICAL
9. EN EQUIPO
10. CULTURA LINGÜÍSTICA

11. TRANSCRIPCIÓN
12. INVESTIGACIÓN
13. NOCIONES AFINES
14. PROBLEMA DE FONOLOGÍA
15. QUE POR CIERTO…

No todas las subsecciones aparecen en cada capítulo. Por ejemplo, la TRANSCRIPCIÓN no se incluye hasta que se empiezan a estudiar las consonantes detalladamente. También pueden aparecer varios encabezados en más de una ocasión en un mismo capítulo. Por ejemplo, puede haber varias sugerencias para colaboración entre los estudiantes bajo el encabezado EN EQUIPO, o más de un ejemplo de CULTURA LINGÜÍSTICA relacionados con una clase particular de sonidos.

A continuación, se define el objetivo fundamental de cada subtítulo y se presentan sugerencias para hacer un mejor uso de cada uno de ellos.

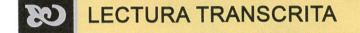 LECTURA TRANSCRITA

La mayoría de los capítulos comienza con un texto transcrito fonéticamente, el cual destaca particularmente los alófonos que se estudiarán en una serie de contextos relevantes. Aproveche este texto introductorio para practicar la lectura de transcripciones y prepararse para entender mejor el segmento en cuestión. El nuevo material de importancia se resalta en rojo para enfocar su atención en él. Vea el siguiente ejemplo:

> **[trans.kriβ.ˈsjon]**
>
> [la.trans.kriβ.ˈsjoŋ.fo.ˈne.ti.ka | es.ˈkri.ta.en̪.tre.kor.͡tʃe.tes | ˈe.ˈsu.na. re.pre.seṇ.ta.ˈsjoṇ.de.ta.ˈja.ða.ðe.la.pro.nun.sja.ˈsjon]

Una versión del mismo texto en ortografía normal aparece al reverso de la página. Probablemente usted desee volver y consultar este texto de vez en cuando, ya que proporciona un modelo para transcribir y pronunciar sonidos en contextos diferentes. Los dos textos coinciden línea con línea para facilitar su ubicación entre todos los símbolos.

TRANSCRIPCIÓN

La transcripción fonética, escrita entre corchetes, es una representación detallada de la pronunciación.

En la transcripción de arriba, los detalles marcados en rojo son símbolos importantes que necesitaremos en nuestro análisis del español oral. Los corchetes [ ] encierran la transcripción fonética. Aquí adoptamos la convención de abrir o cerrar los corchetes cada vez que hay cambio de párrafo para facilitar la comparación de la lectura transcrita con la versión ortográfica. La pleca (|) y la pleca doble (‖) representan pausas y coinciden a

menudo con la coma o el punto, respectivamente, en la puntuación estándar. El punto (.)
se usa para separar sílabas en la cadena fónica. En una sílaba se puede incluir material de
dos palabras separadas, como en el caso de [e.ˈsu.na] que representa *es una*. (Los detalles
de la silabificación se presentan en el capítulo 3.) Finalmente, una rayita vertical volada
(ˈ) se escribe antes de una sílaba para indicar que ésta es tónica.

⛯ ARTICULACIÓN Y ACÚSTICA

Al inicio de cada capítulo hay una lista que presenta los alófonos a estudiarse. Los
alófonos son los sonidos reales producidos por los hablantes con un fonema particular
en mente. Estos sonidos se analizarán de acuerdo a la posición de los articuladores y el
tipo de sonido que se produzca. La siguiente es una descripción de dos alófonos del
fonema /d/.

---

[d]   oclusiva dental sonora

[ð]   aproximante dental sonora

Sonidos en contexto usa exclusivamente los símbolos fonéticos del Alfabeto Fonético
Internacional (AFI). Una tabla completa del AFI aparece en el Apéndice A, y las
consonantes del español se resumen en el Apéndice B. Las equivalencias en otros textos
populares se presentan en el Apéndice C para los que hayan visto otros sistemas de
transcripción. Tome unos minutos para familiarizarse con esas tres tablas.

⛯ DISTRIBUCIÓN FONOLÓGICA

La clave para una pronunciación similar a la de un nativo no es simplemente dominar los
sonidos individuales, sino saber exactamente cuándo usar cada uno de ellos. En esta
sección describiremos la distribución de los sonidos en diversos contextos fonológicos.
Retomando la presentación de arriba de los alófonos de /d/, consideremos la descripción
formal de su distribución:

---

*La oclusiva dental sonora mantiene su oclusividad sólo después de pausa, nasal o
lateral:*

/d/ → [d] / {##, /n/, /l/} ___   •*hondo, toldo, ¡Dámelo!, un don, el don*

/d/ → [ð] en los demás contextos   •*hada, los dos, arde, virtud, ¡Me lo das!*

Lo que dice esta descripción es que el fonema (o unidad de sonido mínima contrastiva) /d/ se expresa como un sonido oclusivo (es decir, que se produce con un cierre completo de la corriente de aire) cuando aparece al inicio de una frase (recuerde que las frases se separan por pausas), después de una nasal (/n/), o después de una lateral (/l/); en cualquier otro contexto, se usa la aproximante [ð]. El simbolismo formal incluye un fonema escrito entre barras diagonales //; una flecha → que significa "se realiza como"; un alófono escrito entre corchetes [ ]; una barra diagonal / que significa "en el siguiente contexto"; llaves { } que contienen diferentes rasgos alternativos (incluso una pausa que se representa con dos almohadillas o signos de número ##); y un espacio en blanco ___ que se usa para mostrar dónde aparecería el fonema /d/ en relación con esos otros rasgos (en este caso, aparecería después de ellos). Esta descripción formal se conoce como una *regla fonológica*.

Los ejemplos dados a la derecha de cada regla son completamente representativos de sus efectos. Vemos, por ejemplo, que la /d/ aparece después de una pausa en *¡Dámelo!* pues se encuentra al principio de un enunciado (y generalmente hacemos pausa entre enunciados). En *hondo* y *un don*, la /d/ se expresa como [d] porque viene después de una /n/ (un sonido nasal); y en *toldo* y *el don* también se produce como una oclusiva porque sigue a una /l/ (la cual es un sonido lateral). El fonema /d/ se realiza no como una oclusiva, sino como una aproximante [ð] en todas las demás situaciones: después de una vocal (*hada, virtud, ¡Me lo das!*), después de una /s/ (*los dos*), después de una /ɾ/ (*arde*), etcétera.

El formalismo citado en los párrafos anteriores es simplemente una manera abreviada de representar la distribución de los sonidos. Si bien estas abreviaciones son a veces útiles en la descripción de procesos fonológicos, reconocemos que los mismos fenómenos se pueden describir con palabras. En este libro trataremos de explicar la fonología del español por medio de símbolos, un lenguaje sencillo y un sinnúmero de ejemplos representativos para que el lector pueda asimilar fácilmente estos conceptos.

ෂ REPETICIÓN RÁPIDA

Este subtítulo aparece pronto en cada capítulo, permitiéndole al estudiante pasar rápidamente a la tarea de practicar nuevos sonidos o combinaciones de sonidos. En esta parte es donde encontrará consejos prácticos que le ayudarán con problemas comunes con los que se encuentran los hablantes no nativos (especialmente aquéllos cuya primera lengua es el inglés). Repetirá palabras y frases cortas (*pipa, popa, pepita, pipí, …*); verá formas ortográficas alternativas para el mismo sonido (*ge, je, gi, ji*); practicará sonidos contrastivos (*coro, corro*); trabajará con combinaciones de sonidos algunas veces problemáticas (como las *erres* en *retratar*); aprenderá a reconocer patrones de correspondencia entre el inglés y el español (como la *ch* inglesa, la cual coincide a veces con la *qu* en español: *química, arquitectura*); y descubrirá otras formas ortográficas y pronunciaciones inesperadas que pueden tener historias curiosas que nos dicen algo sobre el cambio lingüístico (por ejemplo, *Algeria* en inglés, pero *Argelia* en español).

APLICACIÓN

El tipo más básico de ejercicio que se encuentra en *Sonidos en contexto* es el que conduce a los estudiantes a trabajar de manera deductiva con los detalles recién presentados sobre la distribución alofónica o un tema parecido. Basándose en lo que se dijo arriba sobre la distribución alofónica de [d] y [ð], ¿podría determinar dónde encontraríamos la oclusiva y dónde se esperaría la aproximante?

> *¿Oclusiva o aproximante?*
>
> **D**ame el **d**e**d**al que está **d**ebajo **d**e la mesa **d**el come**d**or.
> 1   **2 3**   **4**   **5**   **6**   **7**

VEO VEO

Para alejar a los estudiantes de la palabra escrita, los capítulos sobre las consonantes se caracterizan por incluir un material visual a todo color en el que se han colocado objetos con una pronunciación específica (o quizás un contraste de pronunciación) en mente. Ahora que la aproximante [ð] ya se ha presentado, por ejemplo, puede practicarla mirando las siguientes imágenes y diciendo "*cuatro dedos, una dentadura y tres helados*" sin usar ni una [d] oclusiva—y sin tener que leer las palabras. La idea es que usted pueda aprender a comunicar significados a medida que se acostumbra a "experimentar" la aproximante.

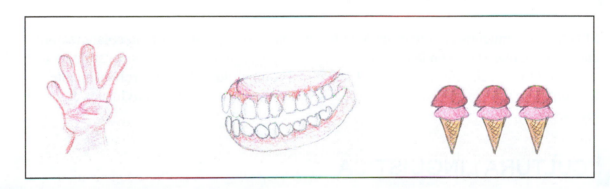

TEXTOS DE PRÁCTICA

Cada capítulo incluye por lo menos un texto de práctica que no ha sido modificado de ninguna manera de su uso original, ya sea como una obra de la literatura, un documento histórico, un chiste, o alguna otra muestra lingüística creada por hispanohablantes para su propio uso, sin estudiantes extranjeros (mucho menos la instrucción de pronunciación española) en mente. Algunos capítulos—en particular aquéllos que presentan sonidos especialmente desafiantes—tienen varios Textos de práctica. Puede escuchar estos textos en el CD que viene con el libro.

MUESTRA MUSICAL

Un texto cantado que aptamente ilustra las estructuras en cuestión acompaña la mayoría de los capítulos. Las muestras musicales han sido seleccionadas de una gama extremadamente amplia de dialectos y géneros musicales. Lo que tienen en común estas muestras es la utilidad para elaborar conceptos, sonidos y estructuras y darles relevancia, para que los estudiantes se den cuenta de que la lengua es un ente vivo. Es crítico que tanto el instructor como el estudiante reconozcan que la música no ha sido incluida sólo como entretenimiento; al mismo tiempo, no se puede minimizar la importancia de presentarles a los estudiantes estas muestras que dicen mucho de la diversidad cultural popular del mundo hispanohablante.

La música proporciona lo que puede ser el mejor medio para la práctica auditiva, dado que hasta las melodías lentas usan fenómenos de discurso rápido porque las pausas no se presentan en las frases. Ponga especial atención y verá que las reglas dadas en el texto son, en verdad, las que describen tanto el discurso oral como el cantado.

Todas las selecciones musicales que se usan en este libro están incluidas o en el CD o en Internet a través de la página web (http://sonidos.osu.edu), donde figura también la traducción al inglés de la letra de las canciones.

EN EQUIPO

Mientras que muchos ejercicios en *Sonidos en contexto* se prestan para la colaboración entre estudiantes (tanto en la clase como fuera de ésta), ciertos ejercicios constituyen un subconjunto especial diseñado para el trabajo en equipo. Su instructor probablemente le pedirá que trabaje con sus compañeros de clase haciendo diversas actividades en esta sección.

CULTURA LINGÜÍSTICA

Esta sección hace énfasis en la correlación directa que existe entre la estructura fonológica y la cultura popular. Intentamos mostrar cómo ciertas manifestaciones culturales existen precisamente porque el sistema de sonidos del español es de la manera que es. Realmente, la competencia cultural de los hispanohablantes refleja no sólo experiencias e historias compartidas, sino también una misma competencia fonológica (y ortográfica). Para entender un número de comportamientos de los hispanohablantes, uno debe explorar su "cultura fonológica", por así decirlo.

TRANSCRIPCIÓN

Una vez que empiece el estudio de las consonantes, encontrará ejercicios de transcripción en cada capítulo para mayor práctica. Use como modelo la transcripción fonética que introduce cada uno de esos capítulos.

INVESTIGACIÓN

Esta subsección, más que cualquier otra, dirige a los estudiantes al mundo real de los hispanohablantes y los motiva a usar sus habilidades fonológicas recién adquiridas en contextos comunicativos reales. Dicho de otra manera, los ejercicios en cada capítulo son un pretexto para que el estudiante se acerque a los hablantes nativos del español para obtener información, que no podría obtener de otra manera. En realidad, la gracia de esta sección reside en el hecho de que los libros de texto, diccionarios y otras publicaciones rara vez contienen la información que se busca. Sólo los hispanohablantes (y con frecuencia solamente hablantes nativos fuera de Estados Unidos, o de ciertos países) son capaces de proporcionar las respuestas. Una lección importante, tanto para el estudiante como para el instructor, es que cada hablante nativo del español representa un recurso crítico para el estudiante del idioma, y que no hay nada como la inmersión lingüística y cultural en la adquisición de la competencia fonológica verdadera.

Algunas tareas de INVESTIGACIÓN requieren que se recurra a sitios en Internet como una fuente no sólo accesible, sino reveladora de datos de los hablantes nativos. Resulta que la Red tiende a democratizar el acceso (con algunas salvedades importantes, por supuesto) en términos no sólo de quién lo consume, sino también de quién lo produce. Álbumes de familia, blogs políticos y chats sociales son todos ellos muestra de cómo hablan realmente el español los hablantes nativos.

NOCIONES AFINES

Adicionalmente a los conceptos necesarios para describir, producir, transcribir y analizar los sonidos del español, *Sonidos en contexto* introduce nociones lingüísticas que permiten a los estudiantes considerar características universales o tendencias en la estructura fonológica. A menudo se hacen comparaciones con el inglés, pero también otras lenguas están implicadas en la elaboración de NOCIONES AFINES. Su instructor le dirá en qué medida usted necesita enfocarse en el material presentado en esta sección.

PROBLEMA DE FONOLOGÍA

Sin duda alguna, la parte más desafiante de *Sonidos en contexto* es el análisis de datos lingüísticos reales que se presentan en los PROBLEMAS DE FONOLOGÍA. Para los estudiantes más avanzados, sin embargo, éste puede ser el tipo de ejercicios más gratificante. En todos los casos, el problema se deriva de sonidos, estructuras y conceptos ya presentados y que son especialmente relevantes para el capítulo en el que aparece dicho problema.

Estos análisis conducen a una mayor comprensión del sistema de sonidos del español y de la fonología en general, y el dominio en esta área está ciertamente a la mano del estudiante promedio en tanto haya tiempo para dedicarse a la tarea. Aquellos estudiantes que tengan curiosidad por la investigación lingüística y que estén interesados en cursar estudios en el futuro (quizás un posgrado), necesitan desarrollar la habilidad para organizar datos y hacer generalizaciones a partir de ellos.

QUE POR CIERTO...

Uno de los últimos encabezados que aparece en prácticamente todos los capítulos es éste, el cual llama la atención hacia un chiste, una anécdota o alguna otra información útil y relevante para la lección en cuestión. ¡Que la disfrute!

Grabaciones

01-01

El símbolo del CD le indica qué pista tocar para escuchar una muestra (lectura, canción, etcétera) en particular. Los archivos mp3 están marcados con los mismos números que se ven aquí; en este caso, el código 01-01 se refiere a la primera grabación del capítulo 1. Haga la prueba y escuchará la LECTURA TRANSCRITA de este capítulo.

Todas las LECTURAS TRANSCRITAS, REPETICIONES RÁPIDAS, MUESTRAS MUSICALES y TRANSCRIPCIONES se escuchan con la voz de un(a) hablante nativo(-a) del español. La mayoría de los TEXTOS DE PRÁCTICA y todos los textos adicionales del Apéndice E también están grabados en el CD, tanto por mujeres como por hombres de varios países hispanohablantes.

Apéndices y suplementos

Un **glosario** de términos lingüísticos incluye la glosa en inglés de cada término junto con su definición en español. El texto concluye con una **bibliografía** y varios **índices**, organizados en temas lingüísticos y culturales, que le facilitarán la búsqueda de información.

El recurso adicional más importante es el sitio web:

http://yalebooks.com/sonidos

donde encontrará enlaces a todo tipo de materiales que le ayudarán en su estudio de la fonética del español y en mucho más. Para los principiantes, hay versiones en línea de todas las ilustraciones de Veo veo y otros materiales visuales para la práctica de la pronunciación. También encontrará un enlace al *Catálogo digital de los sonidos del mundo hispano* (*Digital Catalog of the Sounds of the Hispanic World*) con videoclips fáciles de usar de todos los países de habla española—con posibilidad de búsqueda por ubicación geográfica, por rasgo lingüístico y por tema cultural. Lo más importante es que las actualizaciones y expansiones del mismo libro se harán en este sitio, de manera que la versión impresa no sea la "ultima palabra" en la fonética del español, sino el principio de un diálogo y una fuente de aprendizaje permanentes.

2 [ka.ˈpi.tu.lo.ˈðos]

Ortografía

Como punto de partida para nuestro análisis de los sonidos del castellano, se presentan en este capítulo las letras del alfabeto y algunos aspectos lingüísticos y culturales que diferencian la ortografía española de la inglesa. Repasaremos las correspondencias entre letra y sonido, practicando los casos más notorios.

A continuación se presenta el alfabeto que propone la Real Academia Española. Conviene aprender los nombres de todas la letras, teniendo en cuenta que los nombres de algunas letras varían según el país, la edad del hablante y otros factores. En la tabla, bajo la columna del nombre de la letra, aparecen entre paréntesis algunas de las alternativas más comunes.

¿Qué diferencias ve entre el abecedario del español y el del inglés?

Nombres de las letras del alfabeto español

Letra mayúscula	*Letra minúscula*	*Nombre de la letra*
A	a	a
B	b	be (be larga, be alta, "be de burro")
C	c	ce
CH, Ch	ch	che
D	d	de
E	e	e
F	f	efe
G	g	ge
H	h	hache
I	i	i (i latina)
J	j	jota
K	k	ka
L	l	ele
LL, Ll	ll	elle (ele doble, doble ele)
M	m	eme
N	n	ene
Ñ	ñ	eñe
O	o	o
P	p	pe
Q	q	cu
R	r	erre (ere/erre)
S	s	ese
T	t	te
U	u	u
V	v	uve (ve, ve corta, ve baja, ve chica, "ve de vaca")
W	w	uve doble (ve doble, doble ve, doble u)
X	x	equis
Y	y	i griega (ye)
Z	z	zeta, ceta

Para más información, consulte:

Martínez de Sousa, José. 1985. *Diccionario de ortografía.* Madrid: Anaya.

Real Academia Española. 1984 & 2001. *Diccionario de la lengua española* (DRAE), http://www.rae.es.

Real Academia Española. 2003. *Ortografía de la lengua española.* Madrid: Espasa-Calpe. http://www.rae.es.

Real Academia Española. 2004. *Esbozo de una nueva gramática de la lengua española.* Madrid: Espasa-Calpe.

APLICACIÓN

Identifique cada letra por su nombre. Dado que los nombres de las letras son de género femenino en español, conviene practicar con el artículo la *delante:* la a, la be, *etcétera.*

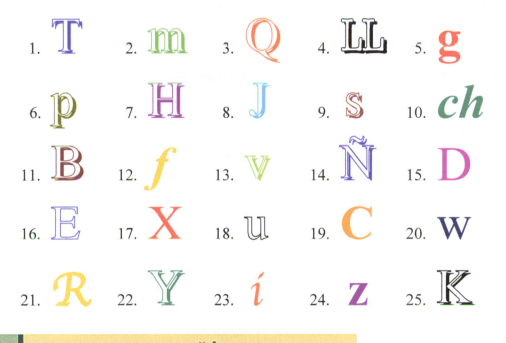

1. T   2. m   3. Q   4. LL   5. g

6. p   7. H   8. J   9. S   10. *ch*

11. B   12. *f*   13. V   14. Ñ   15. D

16. E   17. X   18. U   19. C   20. W

21. *R*   22. Y   23. *i*   24. z   25. K

CULTURA LINGÜÍSTICA

El español tiene tres letras que no existen en el abecedario inglés: los dígrafos *che* <ch> y *elle* <ll> y el famoso grafema *eñe* <ñ>. Son letras en el sentido de que cada una tiene su propio nombre y se coloca en el alfabeto en cierto orden, tal como se puede apreciar en la tabla.

La *eñe* tiene un estatus especial. Tiene su propio apartado en el diccionario (aunque hay pocas palabras que empiezan por esa letra), y toda *eñe* se ordena alfabéticamente después de la *ene*, hasta en el interior de las palabras: *cantina*, por ejemplo, precede a *caña*.

Hace pocos años, la *che* y la *elle* también se alfabetizaban aparte de las letras <c> y <l>, pero desde 1994 se colocan con éstas. En la página siguiente, se presenta una lista de 25 palabras alfabetizadas según las dos normas para que se aprecie el cambio. Observe dónde van colocadas las palabras con *che* y *elle* en cada columna con respecto a las palabras con <c> y <l>, respectivamente. Notará que no cambia el orden de las palabras escritas con la *eñe*.

Otro dato digno de mención es que la Real Academia Española reconoce sólo una letra *erre*, sin importar la pronunciación como vibrante simple o múltiple. Fuera de España, en algunos países se enseña que la *ere* y la *erre* son dos letras distintas. Fíjese que en el orden alfabético siempre se ha reconocido que la ortografía <rr> es simplemente la secuencia de *dos* letras: *error* precede a *erupción*, no vice versa.

Orden alfabético, siglo XX	Orden alfabético, siglo XXI
cantina	cantina
caña	caña
coche	chocar
chocar	coche
ébano	ébano
ecléctico	echar
eco	ecléctico
echar	eco
elevación	elevación
elocuente	ella
elote	elocuente
eludir	elote
ella	eludir
equivocar	equivocar
erizo	erizo
error	error
erupción	erupción
escarabajo	escarabajo
grueso	grueso
lograr	llegar
llegar	lograr
nombre	nombre
ñandú	ñandú
satisfacer	satisfacer
zoológico	zoológico

Los niños hispanohablantes aprenden su alfabeto en el colegio y en casa. El abecedario de arriba adorna un aula de primer grado en la Escuela Mixta 25 de Julio de Tecpán, Chimaltenango, Guatemala.

🔖 QUE POR CIERTO...

La existencia de las letras *che* y *elle* forma parte de la cultura lingüística compartida de las sociedades hispanas y se manifiesta de varias maneras en la vida cotidiana. Cuando Alicia Chaves firma sus iniciales en un documento, por ejemplo, siempre escribe "A. Ch." En la conciencia colectiva de los hispanohablantes, su apellido no empieza con la letra <c>. Del mismo modo, Miguel Llanas Hernández escribe "M. LL. H." Tan fuerte es la concepción del alfabeto español tradicional que en muchas partes se mantienen distintas la *che* y la *elle* para todos los fines alfabéticos. Hasta en algunos diccionarios publicados en el siglo XXI se ha decidido seguir la norma antigua, sea cual sea la política de las academias de la lengua. Por cierto, si Ud. se apellida *Chesterton* o *Lloyd,* tendrá que buscar sus documentos en dos lugares; ¡a saber cómo van alfabetizados los archivos de las oficinas privadas y gubernamentales del mundo hispano!

Este medicamento para la gripe tiene un nombre que demuestra claramente la existencia de la letra <ch>.

En Cochabamba, Bolivia, algunos autobuses de la ciudad llevan letras en vez de números. El micro LL pasa por la Plaza San Martín.

VEO VEO

Este rompecabezas infantil ayuda a enseñar el alfabeto español. Identifique cada letra y la palabra ilustrada de la siguiente manera: "La A de árbol, la B de bandera, …"

INVESTIGACIÓN

Pida a un(a) hispanohablante que le diga todas las letras del alfabeto. (Debe ser una persona que haya estudiado en un país de habla española. Pregunte por su país de origen.) Preste atención al nombre exacto de cada letra, porque hay mucha variación en el mundo hispanohablante (sobre todo cuando se trata de las letras b, ch, ll, r, v, w) y no todos los hablantes reconocen el mismo número de letras. Cuando vuelva a clase, compare los resultados de su investigación con los de sus compañeros.

TEXTOS DE PRÁCTICA

En estas fotos se ven palabras "abreviadas" que aprovechan los nombres de letras. ¿Cómo se pronuncian?

Q-riosidades estrelladas

1. Sección de la revista *Seventeen en español* en la que salen chismes de Hollywood.

2. Una marca de comida para perros.

3. Rótulo que anuncia una tienda de revelado y venta de equipo fotográfico.

REPETICIÓN RÁPIDA

Ortografía

> Ud. ya sabe leer el español, entonces se supone que conoce el valor fonémico de cada letra del alfabeto. Este ejercicio le servirá como repaso de los casos más difíciles para el anglohablante. Escuche y repita las sílabas y palabras.

02-01

SÍLABAS ORDENADAS
1. /s/: sa, se, si, so, su
2. /s/, /θ/: za, ce/ze, ci/zi, zo, zu
3. /k/: ca, que, qui, co, cu
4. a. /x/: ja, je, ji, jo, ju
   b. /x/: ja, ge, gi, jo, ju
5. /g/: ga, gue, gui, go, gu
6. a. /(g)w/: gua, güe, güi, guo
   b. /(g)w/: hua, hue, hui, huo
7. /kw/: cua, cue, cui, cuo
8. /xw/: jua, jue, jui, juo
9. /sw/: sua, sue, sui, suo
10. /sw/, /θw/: zua, zue, zui, zuo

02-02

SECUENCIAS LOCAS
1. ci, guo
2. ja, zue
3. hua, ji, sa
4. que, zua, jo
5. cu, hue, güi, zo
6. so, ca, qui, ge
7. hui, gua, se, cu
8. gi, ce, za, güe
9. jua, gui, so, cue

02-03

PALABRAS REALES
1. séquese
2. caquita
3. quesito
4. jaguar

5. coquitos
6. guisazo
7. apaciguar
8. chiquitito
9. cucurucho
10. cuelgue
11. cigüeña
12. cacahuate
13. jaqueca
14. agüita
15. aguijón

02-04

TOPÓNIMOS
1. Quito (Ecuador)
2. Alajuela (Costa Rica)
3. Guanajuato (México)
4. Huajuapan (México)
5. Yaguajay (Cuba)
6. Azua (Rep. Dominicana)
7. Camuquén (Venezuela)
8. Magangué (Colombia)
9. Majagual (Colombia)
10. Gualaquiza (Ecuador)
11. Iquitos (Perú)
12. Quetena (Bolivia)
13. Coquimbo (Chile)
14. Carapeguá (Paraguay)
15. Nahuel Huapi (Argentina)
16. Aceguá (Uruguay)
17. Mayagüez (Puerto Rico)
18. Ahuachapán (El Salvador)
19. Chiquimula (Guatemala)
20. Jinotega (Nicaragua)
21. Comayagua (Honduras)

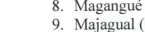

02-05

PALABRAS INVENTADAS
1. jozuco
2. ceguisa
3. guehue
4. huicazú
5. gahuaseque
6. quigecihuo
7. zaguaja

APLICACIÓN

Dictado.

02-06

1. Las guerras no son buenas.

2. Séquese rápido.

3. Josué seguirá hasta Guanajuato.

4. Cecilia cogió una anguila.

5. Cuelgue su abrigo aquí.

6. La cigüeña le trajo un bebé.

7. Dame agüita porque tengo jaqueca.

8. El chiquito se hizo caquita.

9. Comen cacahuates en Guadalajara.

10. Hay jaguares en Chihuahua.

11. Queta y Quique son güeros.

12. No jueguen en la carretera.

13. Es la cuarta vez.

14. Te busqué en el zócalo.

15. Me duelen los huesos.

16. Sigue gozando.

17. ¿Quién quiere un cucurucho?

18. Pagué la cuenta.

❧ CULTURA LINGÜÍSTICA

¿Cómo se escribe?

La ortografía inglesa es mucho menos sistemática que la española. La representación de los sonidos ingleses permite muchas posibilidades, y es común que no sepamos deletrear una palabra sin haberla visto antes. A veces, al ver una palabra desconocida, el lector no sabe qué pronunciación darle. Piense, por ejemplo, en lo poco transparente que es la ortografía de las palabras inglesas *hegemony, arable, clematis, archaism* y *diapason*. Obsérvese que en español una palabra desconocida—si no es una palabra extranjera—no presenta la misma dificultad; típicamente un niño de ocho años podrá leer bien *hegemonía, arable, clemátide, arcaísmo* y *diapasón* (aunque no sepa lo que significan).

Como resultado de este desajuste fonético-ortográfico, es típico en las culturas de habla inglesa el minucioso deletreo, letra por letra, de muchas palabras—sobre todo nombres y apellidos, donde parece haber un sinfín de combinaciones posibles. Quizá Ud. acostumbra deletrear su propio nombre y/o apellido; sin duda, si es anglohablante nativo(-a), sabrá hacerlo rápidamente y casi sin pensar. Demuestre su destreza ortográfica, deletreando (letra por letra, en inglés), los nombres siguientes.

Caryn Beausoleil
Geoffrey Kayton
Chris Grosse
Suzanna Alito

Si bien el español no tiene una ortografía totalmente transparente, es mucho más sistemática que la inglesa. Como resultado, casi nunca es necesario el deletreo de palabras enteras. Sólo pueden surgir un número limitado de dudas; una vez resueltas éstas, el poder predictivo de la ortografía española hace el resto.

Como ejemplo, piense en la palabra española *honor*. La pronunciación [o.nóɾ] hace obvio que se escriba con *o, ene, o* y *erre*, así que nadie dudaría y nadie preguntaría por esas letras. La duda reside en la posibilidad de escribir una *hache*, o no, en posición inicial. Por tanto, si alguien pregunta cómo se escribe esta palabra, la respuesta es "con *hache*". Fíjese en el contraste entre los dos idiomas:

En inglés:
MARY: *How do you spell "honor"?*
TOM: *H-O-N-O-R.*

En español:
MARÍA: *¿Cómo se escribe "honor"?*
TOMÁS: *Con hache.*

En fin, el español no se presta al deletreo letra por letra; en cambio, se mencionan simplemente las letras dudosas. Las dudas ortográficas más comunes se resumen a continuación.

Duda	Ejemplos
h	*honda* (con *hache*), *onda* (sin *hache*)
b/v	*tubo* (con *be*), *tuvo* (con *uve*)
ll/y	*malla* (con *elle*), *maya* (con *i griega*)
g/j	*gente* (con *ge*), *jefe* (con *jota*)
c/s/z	*rosa* (con *ese*), *roza* (con *zeta*), *roce* (con *ce*)

Conviene mencionar que no todos los casos mencionados son problemáticos en todos los dialectos. En Quito, Ecuador, donde la distinción entre *malla* y *maya* se mantiene en el habla ([má.ʒa] vs. [má.ja]), esta confusión ortográfica no existe. Del mismo modo, la distinción fonémica entre /s/ y /θ/ (la *ese* y la *zeta* castellanas) no permite que, en Madrid, nadie confunda *rosa* con *roza*. Observe también que algunas dudas se presentan sólo en contextos limitados: la *g* y la *j* se confunden ante /e/ o /i/, por ejemplo, pero no ante /a/, /o/, /u/.

APLICACIÓN

Siga el modelo.

> —¿Cómo se escribe *honor*?
> —Con hache.

1. *mover*		9. *misión*
2. *imitar*		10. *dejemos*
3. *llenar*		11. *melaza*
4. *jirafa*		12. *vago*
5. *yate*		13. *magia*
6. *húmedo*		14. *parece*
7. *trabajar*		15. *pollo*
8. *delicia*		16. *amén*

Otra respuesta común es simplemente la pronunciación cuidadosa de la palabra en cuestión: *"planificar" se escribe "pla-ni-fi-car"*. Cuando se trata de una palabra que no se escribe como suena—como puede ser el caso de una palabra extranjera—a veces se sigue el modelo siguiente:

El nombre del postre se escribe "pie" pero se pronuncia "pay".
"Grasa" en inglés se escribe "gre-a-se" pero se pronuncia "gris".

Ud. se dará cuenta de que el anglohablante hace lo mismo en muchas situaciones. Por ejemplo, se diría:

It's spelled "bo-log-na" but pronounced "baloney."
It's spelled like "resume" but pronounced 'rez-a-may."

∞ | EN EQUIPO

Recuerden que el monolingüe no va a poder pronunciar una palabra de otra lengua exactamente como lo hace el hablante nativo, así es que en el ejercicio siguiente Uds. deben practicar una pronunciación española de las palabras inglesas, ¿no creen?

Sigan el modelo.

      Morse   *Se escribe "mor-se" pero se dice "mors".*

1. Paine
2. Jasper
3. Grimes
4. Beatles
5. Joan
6. Montague

Ahora combinen todo lo que han aprendido hasta ahora. Uds. tienen que explicarle a un hispanohablante monolingüe cómo se escriben y cómo se pronuncian los nombres y apellidos siguientes.

1. Reuben *Se escribe "reu-ben", con be larga, pero se pronuncia "ruben".*
2. Hanes
3. Michelle
4. Grosse
5. Alice
6. Lowe
7. Joseph

HABITACION = RUM
HABITACION DOBLE = DABEL RUM
HABITACION INDIVIDUAL = SINGUEL RUM
17 EUROS = SEVENTIN EUROS
26 EUROS = TUENTISIX EUROS
1 DIA = GUAN DEI
2 DIAS = CHU DEIS
3 DIAS = ZRI DEIS
¿Cuántas noches? = JAU MENI NAITS?
¿Cuál es su nombre? = GUOTS LLOR NEIN?

Para atender mejor a sus clientes anglohablantes, los empleados de un hotel en España realizaron una aproximación a la pronunciación inglesa en ortografía española.

∞ INVESTIGACIÓN

Estudie la lista de dominios de Internet y averigüe de qué país es cada uno. Lea cada abreviatura con la palabra "punto" delante, y recuerde que las letras que forman una sílaba se pueden leer como tal: "punto ni", "punto pe", etcétera.

.ni

.pe

.ve

.us

.ar

.sv

.do

.es

.cl

.gq

.mx

.uy

.pr

.hn

.bo

.pa

.cu

.co

.cr

.ec

.gt

.py

Dictado.

02-07

1. Coja bien el tejido y no lo arrugue.

2. La jerigonza es un lenguaje difícil de entender.

3. El coque es un combustible ligero.

4. Cuidemos los recursos de la cuenca del Guadalquivir.

5. Gijón queda lejos de Lugo.

6. Aplique agua oxigenada y deje que se seque.

7. El cuentagotas administra un líquido poquito a poco.

8. Un quilate equivale a un ciento cuarentavo de onza.

9. La guayabera es una chaquetilla de tela ligera.

10. Cuelgue su chaqueta en el guardarropa.

11. Recargué el generador del quiosco.

12. Quinientos encuestados quedaron de acuerdo.

13. La cuaresma viene antes de la pascua.

14. Las chiquitas se mojaron en el aguacero.

15. Una reguera es un canal para el riego.

16. Muchos animales acuáticos tienen branquias.

17. El zorro fueguino es de Tierra del Fuego.

18. Engullir es tragar la comida sin masticarla.

19. Mi amiguito nos hablaba de sus aventuras quijotescas.

20. Patricio es el mejor amigo de Bob Esponja Pantalones Cuadrados.

EN EQUIPO

Alfabeto de palabras claves

Hay varias versiones de este alfabeto usado por telefonistas, militares y otros.

Deletreen sus nombres y apellidos usando palabras en vez de letras. Por ejemplo, para deletrear "Morgan" diríamos "México Olimpo Rafael Guatemala Amalia Nicaragua".

02-08

Amalia
Beatriz
Carmen
Chocolate
Domingo
Enrique
Federico
Guatemala
Honduras
Ida
José
Kilo
Lima
Llave
México
Nicaragua
Ñoño
Olimpo
Pablo
Quito
Rafael
Santiago
Teresa
Uruguay
Venezuela
Washington
Xilófono
Yucatán
Zorro

INVESTIGACIÓN

Voces imitativas de los animales

Adivine cuál es el sonido que hace cada animal.

el gallo (canta)	pío pío
el gato (maúlla)	i-i-i
el perro (ladra)	miau
la gallina (cacarea)	bee bee
la cabra y la oveja (balan)	uu uu
el pollito (pía)	quiquiriquí
la vaca (muge)	iii-aah, iii-aah
la rana (croa)	guau
el caballo (relincha)	cua cua
la paloma	híiiiiiiii
el pato	muuu
el mono	cruá-cruá
el búho	cu-curru-cu-cú
el burro	coc co co coc

Para más información sobre los sonidos que hacen los animales (según los hablantes de español y de otras lenguas del mundo), escuche el reportaje:

http://www.npr.org/templates/story/story.php?storyId=1143584

 **EN EQUIPO**

Acierte el orden correcto de las sílabas y descubra la palabra definida.

1. **le mo ca gua**   ensaladilla de aguacate

2. **ti gui na llo**   máquina de cortar papel (o cabezas)

3. **gui rin lla je**   instrumento que sirve para inyectar líquidos

4. **cua na rio quin ge**   que tiene cincuenta años cumplidos

5. **tar gi re gur**   expeler comida o bebida por la boca

6. **gua ño qui ya le**   perteneciente a la ciudad más grande del Ecuador

7. **jo re cua na**   larva de la rana

8. **no se que ro**   petróleo refinado y destilado

9. **co qui rár je**   relativo al orden o grados de personas o cosas

10. **do cua li ra**   máquina que sirve para hacer batidos o triturar la comida.

3 [ka.ˈpi.tu.lo.ˈtres]

Silabificación

SÍLABA

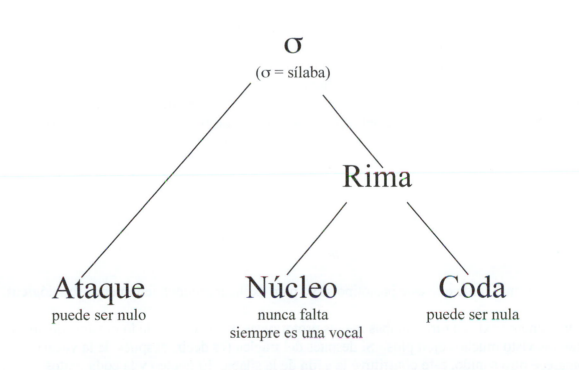

Generalidades

El concepto que sirve para ligar todos los temas de este libro es el de la sílaba. Para que haya una sílaba, tiene que haber una vocal (V). Hay sílabas compuestas por sólo una vocal; la frase "Si me transportas el instrumento yo te pago el día tres" contiene un ejemplo de este tipo de sílaba:

V: Si.me.trans.por.ta.se.lins.tru.men.to.yo.te.pa.go.el.dí.**a**.tres

Las demás sílabas contienen consonantes (C) en combinación con la vocal:

VC: Si.me.trans.por.ta.se.lins.tru.men.to.yo.te.pa.go.**el**.dí.a.tres

CV: **Si**.**me**.trans.por.**ta**.**se**.lins.tru.men.**to**.**yo**.**te**.**pa**.**go**.el.**dí**.a.tres

CVC: Si.me.trans.**por**.ta.se.lins.tru.**men**.to.yo.te.pa.go.el.dí.a.tres

CVCC: Si.me.trans.por.ta.se.**lins**.tru.men.to.yo.te.pa.go.el.dí.a.tres

CCV: Si.me.trans.por.ta.se.lins.**tru**.men.to.yo.te.pa.go.el.dí.a.tres

CCVC: Si.me.trans.por.ta.se.lins.tru.men.to.yo.te.pa.go.el.dí.a.**tres**

CCVCC: Si.me.**trans**.por.ta.se.lins.tru.men.to.yo.te.pa.go.el.dí.a.tres

Tal como puede apreciarse en estos ejemplos, la sílaba más común tiene la forma CV: una consonante seguida de una vocal. La gran mayoría de las sílabas del español (casi un 60% en palabras aisladas) tiene esta forma. En otras palabras, CV constituye el prototipo de la sílaba en español. En el lenguaje humano (y en cualquier otro sistema cognitivo) los prototipos hacen un papel importante en la percepción. El prototipo silábico produce la percepción entre los hablantes del español de que el **ataque** silábico es (o debe ser) consonántico y la **rima** silábica es (o debe ser) vocálica.

```
      σ              σ              σ
     /\             /\             /\
    C V            C V            C V
    | |            | |            | |
    s i            m e            t a
```

Veremos más tarde que este prototipo sirve para explicar muchos fenómenos fonológicos.

Obviamente existen otras sílabas menos prototípicas, y en el enunciado presentado arriba hemos visto muchos ejemplos. Si después del **núcleo** (es decir, después de la vocal) aparece otro sonido, éste constituye la **coda** de la sílaba. El núcleo y la coda juntos forman la rima. Tal como apreciamos en los ejemplos dados, es posible tener más de un

sonido, o **segmento,** en el ataque y/o en la coda. De hecho, la sílaba *trans* tiene dos
segmentos (*tr*) en el ataque y dos (*ns*) en la coda.

```
        σ
      / / | \ \
      C C V C C
      | | | | |
      t r a n s
```

El componente silábico que siempre consta de un segmento (ni más, ni menos) en
español es el núcleo y, como queda dicho, ese segmento tiene que ser una vocal. Pero a
veces una sílaba tiene más de un segmento vocálico, o **vocoide.** En tales casos, uno de
los vocoides ocupa el núcleo silábico y el otro queda en el margen—o en el ataque (si es
prenuclear) o en la coda (si es posnuclear). Los vocoides no nucleares se conocen como
deslizadas. Las letras *i* y *u* que encontramos en las palabras *viaje, baile, suave* y *causa*
representan deslizadas, ya que la vocal (o sea, el núcleo) de la primera sílaba es /a/ en
cada caso. En las estructuras que se presentan a continuación, hay que recordar que las
deslizadas (G, por la palabra inglesa *glide* "deslizada") figuran o en el ataque o en la
coda.

```
      σ     σ          σ     σ
    / | \  / |        / | \  / |
    C G V  C V        C V G  C V
    | | |  | |        | | |  | |
    v i a  j e        c a u  s a
```

En español la unidad rítmica básica es la sílaba, no la palabra. Ya que la división de una
frase en palabras no siempre corresponde a la división silábica ("transportas el" vs.
"transporta.sel" en la frase analizada anteriormente) es importante saber silabificar—algo
que sabe hacer de manera espontánea cualquier hispanohablante. En el resto de este
capítulo, practicaremos la **silabificación** de palabras aisladas y la **resilabificación** que se
hace cuando algunas palabras se unen para formar frases y oraciones.

Empecemos con las cuatro generalizaciones necesarias para la silabificación de cualquier
palabra española. A pesar de que nuestro punto de partida es la representación
ortográfica, estas cuatro "reglas" constituyen una excelente aproximación a las
intuiciones de los hablantes nativos y, por consiguiente, son imprescindibles para nuestro
análisis de toda la fonología española. Donde sea conveniente, enfatizaremos las
importantes diferencias entre *letras* y *sonidos,* reconociendo el papel de las convenciones
ortográficas mientras nos alejamos cada vez más de ellas. Después de todo, lo que se
silabifican en el habla son los *sonidos,* y en éstos se basa la fonología.

SILABIFICACIÓN
partiendo de una representación ortográfica

Generalización nº 1

Una palabra tiene tantas sílabas como vocales **nucleares**. Las vocales *a, e, o* **siempre** son nucleares. Las vocales *i, u* son nucleares si llevan tilde (acento ortográfico) o si no están al lado de una vocal.

ca-e	*a-ho-ra*	*le-er*	*tu-te-o*	*a-é-re-o*
pa-ís	*ba-úl*	*pú-a*	*rí-o*	*pro-hí-be*

Generalización nº 2

La *i* y la *u* son **deslizadas** (**no** vocales nucleares) si no llevan tilde y se encuentran al lado de otra vocal (*a, e, i, o, u,* acentuadas o no). Las secuencias **vocal + deslizada** y **deslizada + vocal** se llaman **diptongos**. La secuencia **deslizada + vocal + deslizada** se llama **triptongo**. La *h* ortográfica es invisible para esta regla (y no impide que dos vocales formen diptongo). La *y* ortográfica equivale a una *i* (deslizada) cuando aparece en posición final de palabra.

au-to	*ai-re*	*ciu-dad*	*cui-da-do*	*vio*
ahu-mar	*ahi-ja-do*	*buey*	*a-ve-ri-güéis*	*lim-pia-rais*

Generalización nº 3

Si hay una sola consonante entre vocales, aquélla se silabifica con la segunda vocal. La letra *x* y los dígrafos *ch, ll, rr* se consideran una sola consonante para la aplicación de esta regla, pero la *x* ortográfica representa una secuencia de dos fonemas /ks/ (el primero de éstos en la coda de la sílaba anterior). La letra *h* no impide, por sí sola, que dos vocales formen diptongo; sin embargo, si la *h* se encuentra entre dos vocales nucleares, se silabifica ortográficamente con la segunda.

ta-xi	*ha-cha*	*ca-lle*	*de-sen-te-rrar*
/ˈtak.si/	/ˈa.t͡ʃa/	/ˈka.ʝe/	/de.sen.te.ˈraɾ/
re-hén	*bú-ho*	*ni-ño*	*bu-zo-nes*
/re.ˈen/	/ˈbu.o/	/ˈni.ɲo/	/bu.ˈso.nes/

Generalización nº 4

Si hay más de una consonante entre vocales, se maximiza el ataque (es decir, que se trata de meter todas las consonantes posibles en el ataque, dejando el resto para la coda de la sílaba anterior), **pero** una secuencia de consonantes sólo puede estar en el ataque si existe tal grupo consonántico en posición inicial de palabra en español.

o-tro	*tri-ple*	*a-za-frán*	*mus-lo*	*rit-mo*
sec-ción	*as-cen-sor*	*an-sie-dad*	*ins-ta-lar*	*ins-truir*
En-ri-que	*as-ti-lla*	*ex-ce-len-te*	*sep-tiem-bre*	*pers-pec-ti-va*

APLICACIÓN

Identifique la posición de la consonante subrayada dentro de la sílaba en la que se encuentra: ¿está en el ataque o en la coda?

1. cá<u>m</u>ara   *ataque*
2. tifu<u>s</u>   *coda*
3. com<u>p</u>ite
4. c<u>r</u>uel
5. compa<u>c</u>to

6. comer<u>c</u>io
7. o<u>t</u>ros
8. con<u>f</u>licto
9. mue<u>ll</u>e
10. as<u>q</u>ueado

Fíjese bien en el segmento subrayado. ¿Es una vocal nuclear, una deslizada o simplemente una letra muda?

11. ba<u>i</u>le   *deslizada*
12. le<u>í</u>   *vocal nuclear*
13. <u>g</u>uerrilla *letra muda*
14. ac<u>u</u>ático
15. nac<u>i</u>ón
16. ald<u>e</u>a
17. tí<u>m</u>ido
18. e<u>u</u>ropeo
19. p<u>ú</u>a
20. buscaste<u>i</u>s

21. q<u>u</u>eso
22. cig<u>ü</u>eña
23. v<u>í</u>a
24. p<u>i</u>el
25. ma<u>ú</u>lla
26. enj<u>u</u>agar
27. o<u>í</u>ste
28. g<u>u</u>isar
29. antig<u>u</u>o
30. q<u>u</u>ita

Estudie las letras subrayadas. ¿Representan un diptongo o dos vocales nucleares?

31. vac<u>ío</u>   *dos vocales nucleares*
32. ap<u>io</u>   *un diptongo*
33. v<u>ai</u>s
34. <u>aú</u>n
35. lic<u>ua</u>do

36. l<u>eo</u>
37. a<u>u</u>ditorio
38. m<u>ie</u>do
39. Se<u>ú</u>l
40. limp<u>ió</u>

Fíjese en las letras subrayadas, algunas de las cuales son mudas. ¿Se trata de un triptongo, un diptongo o una vocal simple?

41. g<u>ue</u>rra   *una vocal simple*
42. b<u>ien</u>   *un diptongo*
43. aprec<u>iáis</u> *un triptongo*
44. g<u>ui</u>nda
45. m<u>ue</u>stra

46. averig<u>uar</u>
47. b<u>uey</u>
48. malag<u>ue</u>ño
49. antig<u>üe</u>ña
50. q<u>ui</u>teños

Estudie las dos consonantes subrayadas. ¿Están en la misma sílaba, o en sílabas diferentes? Si están las dos en el ataque silábico, dé una palabra que empiece con el mismo grupo consonántico.

51. o<u>tr</u>o   *ataque (**tr**es, **tr**atar, ...)*
52. a<u>sn</u>o   *sílabas diferentes*
53. i<u>gn</u>orar
54. du<u>pl</u>icar
55. co<u>st</u>ar

56. ó<u>pt</u>ica
57. ri<u>fl</u>e
58. a<u>cr</u>e
59. ha<u>zt</u>e
60. di<u>sc</u>oteca

EN EQUIPO

En grupos de 3, 4 ó 5 personas, practiquen la silabificación de las palabras dadas. En cada caso, cada persona debe leer (en voz alta) una sola sílaba de la palabra para que quede claro dónde están las divisiones silábicas. Después de un ensayo rápido, los grupos harán su "actuación" para el resto de la clase.

Para grupos de 3 personas:

1.a sábado
1.b detesta
1.c desviado
1.d teatro
1.e constante
1.f horrores
1.g exclusión
1.h licuación

2.a suavizar
2.b menestra
2.c peores
2.d sofrito
2.e herencia
2.f carruaje
2.g miopía
2.h sillones

3.a calidad
3.b peonza
3.c ballena
3.d astucia
3.e Efraín
3.f restringir
3.g berrear
3.h leales

4.a chaleco
4.b frustración
4.c bestiales
4.d callejón
4.e afluente
4.f instante
4.g enjuagué
4.h área

Para grupos de 4 personas:

5.a capicúa
5.b europeo
5.c africana
5.d apellido
5.e liceísta
5.f perspectiva
5.g erróneo
5.h adiosito

6.a terremoto
6.b ahogado
6.c transeúnte
6.d picapleitos
6.e cotilleo
6.f transfirieron
6.g instrucciones
6.h espagueti

7.a extremista
7.b desahuciados
7.c siquiatría
7.d petróleo
7.e eufemismo
7.f pantorrilla
7.g aflicciones
7.h mareado

Para grupos de 5 personas:

8.a autoestima
8.b acuclíllense
8.c irresponsable
8.d neologismo
8.e ahorrarías
8.f miscelánea
8.g insustituible
8.h africanista

APLICACIÓN

Dé tres ejemplos de palabras españolas que encajen perfectamente en cada estructura.

σ σ   σ   σ σ   σ σ
∧ ∧   / / | \   ∧ ∧ | / | \
C V C V   C C V C   V C C V   V C C V

mesa
chino
pague

σ σ   σ σ   σ   σ σ
∧ | / | \ / | / | \   / | \ /\
C V V   C V C C V   C V C   C C V C V

¿Cuál(es) de las siguientes estructuras no existe(n) en español?

σ σ   σ σ   σ σ   σ σ
∧ ∧   / / \ \ | / | \ | / / \ \ /\
C V C V   C V C C V   C V C V   C C V C C V

σ σ   σ σ   σ σ   σ σ
/ | \ / | \   / | \ / | | ∧   ∧ |
C V C C C V   C V C C V   V V C   V C V

CULTURA LINGÜÍSTICA

El crucigrama silábico

La estructura silábica desempeña una importante función en la fonología de todas las lenguas. Las reglas de silabificación pueden variar mucho de una lengua a otra, como puede ser el caso de que una lengua permita ataques complejos y que otra no los admita. Sin embargo, los hablantes son conscientes de las sílabas como lo son de las palabras, tal como se evidencia en el hecho de que los hablantes nativos tanto de español como del inglés tienen buenas intuiciones acerca del número de sílabas que tienen las palabras.

Lo que difiere mucho entre estos dos idiomas es la transparencia de los lindes silábicos. En español, como hemos visto, las reglas ortográficas de silabificación no son muy complejas y, de manera interesante, casi todos los hablantes son rápidos al producir la silabificación de casi cualquier palabra en la lengua. Por ejemplo, todos estarían de acuerdo con la silabificación de las siguientes palabras:

astronomía	**as-tro-no-mí-a**	**terrestre**	**te-rres-tre**
vainilla	**vai-ni-lla**	**terapia**	**te-ra-pia**

En inglés, sin embargo, éste simplemente no es el caso. Usted, por ejemplo, ¿cómo silabificaría las siguientes palabras?

astronomy	**terrestrial**
vanilla	**therapy**

A diferencia del español, la situación del inglés no es tan clara. En realidad, las silabificaciones de un hablante pueden ser diferentes de las de sus compañeros o del diccionario. (Es revelador el hecho de que los diccionarios en inglés por mucho tiempo han dividido las palabras para los usuarios—aunque ahora nuestro software de procesador de palabras hace lo mismo—mientras que los diccionarios en español nunca han tenido que hacer esto.) Por supuesto, parte del problema en inglés es ortográfico: por ejemplo, tenemos dos erres en **terrapin,** pero solamente una en **therapy,** aunque el sonido es el mismo. Pero el problema es también fonológico: las fronteras silábicas no son suficientemente obvias en inglés para que los hablantes nativos las identifiquen fácilmente, y por eso no se ponen de acuerdo a la hora de intentarlo.

La facilidad con la que los hablantes del español dividen las palabras en sílabas ha producido un juego de palabras que no es accesible al típico anglohablante, y que ha llegado a ser parte de "la cultura lingüística hispánica". En español, hay toda clase de juegos de palabras basados en la estructura silábica. Uno de ellos es el **crucigrama silábico**.

Los crucigramas silábicos funcionan como los crucigramas que Ud. conoce, con la importante diferencia de que en cada cuadro el jugador no inserta una letra, sino una sílaba completa. Como en los típicos crucigramas basados en letras, los jugadores usan generalmente sólo mayúsculas y no se escriben acentos. Para el estudiante de fonología del español, este es un ejercicio especialmente útil, pues permite al hablante no nativo ¡practicar la silabificación!

Pruebe su suerte con el crucigrama que aparece en las siguientes páginas. Después de las pistas hay una lista de todas las palabras definidas por las pistas que le ayudarán a resolver el crucigrama sin muchas dificultades.

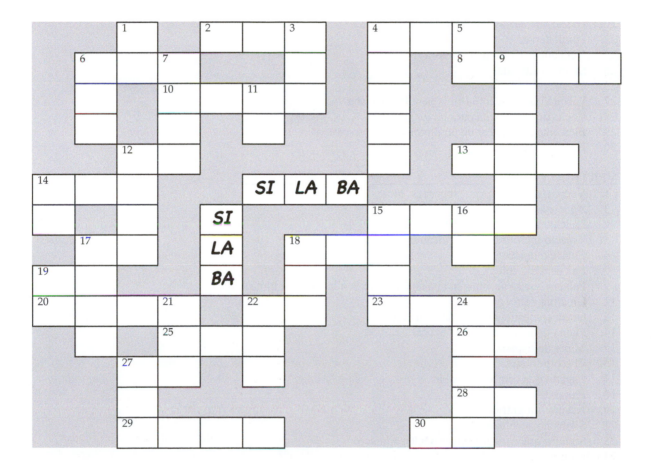

CRUCIGRAMA SILÁBICO

HORIZONTALES

2. Verbo *distraer*, 2ª pers. sing. pres. indic.
4. Pasta alargada, como el espagueti.
6. Duplicaste.
8. Sonido que se produce con alguna obstrucción del aire.
10. Tienda donde se vende leche.
12. Una casa enorme.
13. Levantarse temprano.
14. Verbo *caer*, 2ª pers. sing. pretérito.
15. Palabra que se acentúa en la antepenúltima sílaba.
17. ¡No hables!
18. Insecto que pica.
19. Capa mexicana.
20. Dice cómo se escribe, letra por letra.
22. Plural de *voz*.
23. Gota que cae cuando uno llora.
25. Sílaba acentuada.
26. Chico.
27. Palabra que se acentúa en la penúltima sílaba.
28. Coche que se alquila para un viaje.
29. Elemento no nuclear de un diptongo o triptongo.
30. Evento.

VERTICALES

1. Verbo *limpiar*, 2ª pers. sing. pres. indic.
3. Agente secreto del enemigo.
4. La abuela de uno de mis abuelos.
5. Espacio interior donde se tocan dos paredes.
6. Enlace o unión.
7. La "pantalla chica".
9. Palabra que se acentúa en una sílaba anterior a la antepenúltima.
11. Un arma de fuego.
12. Grasa comestible que se unta en el pan.
14. Planta de la que se saca el azúcar.
15. Mujer de España.
16. El séptimo mes.
17. Lagarto que cambia de color.
18. Plural de *arroz*.
19. Acento ortográfico.
21. Sílaba no acentuada.
22. Sonidos que constituyen un núcleo silábico.
24. Protesta.
27. Llamara.

PALABRAS DEFINIDAS

acción	conexión	julio	mansión	tatarabuela
arroces	consonante	lágrima	mantequilla	taxi
átona	copiaste	lechería	niño	televisión
avispa	deletrea	limpias	rifle	tilde
caíste	distraes	llamase	rincón	tilma
calla	esdrújula	llana	semivocal	tónica
camaleón	española	madrugar	sobreesdrújula	vocales
caña	espía	manifestación	tallarín	voces

TEXTOS DE PRÁCTICA

A continuación se presentan otros tipos de rompecabezas basados en la sílaba.

SALTOS DEL CABALLO

Realizando los movimientos del caballo de ajedrez y comenzando por la sílaba de trazo más grueso, podrá formarse un viejo refrán castellano en cada uno de los tableros.

De la higuera ...   *El mozo ...*

DAMERO SILÁBICO

1 G		3 L	4 X		6 B	7 V		9 C	10 Z	
12 G	13 N	14 R		16 E		18 T	19 Y	20 A		22 M
23 R,		25 K	26 S		28 I		30 U	31 H	32 P	
34 C		36 V	37 D		39 N	40 T	41 F		43 T	44 Z
45 U		47 K	48 A		50 W		52 X	53 P	54 J	
56 J		58 M	59 K.		61 W		63 D		65 R	66 M,
	68 E	69 N		71 I	72 O		74 Q		76 J	77 S
78 Y		80 G		82 L	83 V		85 C	86 O	87 P	
89 F	90 A	91 Z		93 X	94 H		96 Q		98 E	99 B.

Tahar Ben Jelloun: "LA NOCHE SAGRADA".

A. | 90 | 20 | 48 | — Resplandeciera.

B. | CON | 99 | 6 | — Reunión, asamblea.

C. | 9 | 34 | 85 | — Juntaos.

D. | 63 | FI | 37 | — Hada, mujer de un elfo.

E. | 16 | 68 | 98 | — Meten en un recipiente.

F. | 89 | 41 | DA | — Hermana de su marido.

G. | 12 | 80 | 1 | — Tómame medida.

H. | AR | 31 | 94 | — Jueces deportivos.

I. | 56 | 71 | 28 | — Juan Sebastián ..., marino español.

J. | 76 | CHA | 54 | — Pícara con un objeto punzante.

K. | 47 | 59 | 25 | — Pared grande.

L. | 82 | 3 | MOS | — Estemos en contacto con algo.

M. | 58 | 66 | 22 | — Garbosa, gallarda.

N. | 39 | 13 | 69 | — Escasez, carencia, plural.

O. | O | 86 | 72 | — Llenas un lugar o espacio.

P. | 32 | 53 | 87 | — Que trajina con caballerías de carga.

Q. | 74 | CI | 96 | — Toma una decisión.

R. | 65 | 23 | 14 | — Hijos de blanco y negra o viceversa.

S. | 26 | 77 | VE | — Paré.

T. | 18 | 43 | 40 | — Pez que se come fresco o en salazón.

U. | AL | 30 | 45 | — Joya, adorno.

V. | 36 | 7 | 83 | — Soldado de caballería con lanza.

W. | 61 | FO | 50 | — Acción de enfocar.

X. | 52 | 4 | 93 | — Refuerzos en los codos.

Y. | 78 | 19 | TA | — Pala para diversos juegos.

Z. | 91 | 44 | 10 | — Relativos a los Andes.

∞ | CULTURA LINGÜÍSTICA

Las siglas silábicas

Las **siglas** son abreviaturas hechas a base de la primera letra, o las primeras letras, de cada palabra que constituye un nombre entero.

Hay siglas creadas por letras, pronunciadas como tales: el BCP ([be.se.ˈpe], Banco de Crédito Popular), el PRD ([pe.re.ˈðe], Partido Revolucionario Democrático, Partido Revolucionario Dominicano).

Otras se pronuncian como si fueran palabras: la ONU ([ˈo.nu], Organización de las Naciones Unidas), el ISA ([ˈi.sa], Instituto Superior de Agricultura).

Otras son pronunciadas como una combinación de letras y sílabas: el PSOE ([pe.ˈso.e], Partido Socialista del Obrero Español), el CSIC ([θe.ˈsik], Consejo Superior de Investigaciones Científicas).

Otras vienen de otro idioma, pronunciándose en español como palabra (la NASA [ˈna.sa], la UCLA [ˈu.kla]) o letras (un CD [se.ˈðe], el FBI [e.fe.βe.ˈi]).

Las hay también creadas por sílabas (o series más largas de segmentos), y pronunciadas así: UNIMET (Universidad Metropolitana), CONALJUVE (Confederación Nacional de Juntas Vecinales).

¿Qué representan las siglas siguientes? ¿Cómo fueron formadas?

> PEMEX
> SIDA
> OPEP
> IVA

Todos estos tipos de siglas existen en los dos idiomas, pero las siglas silábicas parecen ser mucho más comunes en español que en inglés. Este hecho refleja una tendencia de los anglohablantes a deletrear letra por letra, mientras el español se presta a la creación por sílabas.

❧ PROBLEMA DE FONOLOGÍA

Participemos en la creación de siglas silábicas, usando nuestro nombre como "ínput" para el proceso. El patrón lo proveen los nombres y las direcciones de correo electrónico que se dan a continuación:

Teresa Pérez Gamboa	tepega@hotmail.com
Caleb Chappell Morgan	cachamo@yahoo.com
Alicia Benedetti Suárez	abesua@juno.com
Esperanza Sáenz Díaz	esadi@wanadoo.es
Graciela Campos Llull	gracallu@att.net

¿Cuáles son las "reglas" que se aplican?

Ahora, siguiendo el mismo patrón, adivine cuál es el "nombre electrónico" de las siguientes personas:

Terrell Alan Morgan
Juanita Gutiérrez Chávez
Fidel Castro
Cristóbal Colón
Josefina Díaz Soriano

¿Cuál sería el "apodo" creado a base de su propio nombre? Use todos sus nombres y los dos apellidos (a no ser que Ud. tenga sólo uno). ¿Qué nombres presentarían problemas para este tipo de juego?

❧ INVESTIGACIÓN

Ahora busque (en periódicos, revistas, Internet) abreviaturas (siglas) que cumplan con los siguientes requisitos. Apunte lo que significa cada una y de qué fuente la sacó.

1.   Una abreviatura creada por *letras* que se lea como una serie de letras

2.   Una abreviatura creada por *letras* que se lea como una palabra

3.   Una abreviatura creada por *sílabas* (o series de segmentos más largas)

Resilabificación consonántica

Si una palabra termina en consonante y va seguida de una palabra que empieza por vocal (vocal nuclear, fonéticamente hablando, sin importar la ortografía), entonces dicha consonante se vuelve ataque silábico y se une silábicamente a la vocal.

es otro → [ˈe.ˈso.tɾo]	*en Europa* → [e.ˈnew.ˈro.pa]
el habla → [e.ˈla.βla]	*Salvador invita* → [sal.βa.ˈðo.ɾim.ˈbi.ta]
dos equis → [ˈdo.ˈse.kis]	*paz universal* → [ˈpa.ˈsu.ni.βeɾ.ˈsal]

Observe que la resilabificación consonántica produce sílabas más prototípicas, ya que la consonante se mueve de una rima (la parte menos consonántica de la sílaba) a un ataque (la parte típicamente consonántica). El efecto se aprecia bien con un diagrama de la resilabificación de la frase *con eso*:

```
 σ    σ σ          σ  σ  σ
/|\   | Λ         Λ  Λ  Λ
CVC   V CV   →    CVCV CV
| | |   | | |     | | | | | |
[k o n] [e.s o]   [k o.n e. s o]
 con  +  eso        con eso
```

En los capítulos 10 y 12 se presenta más información sobre los ajustes que se hacen para facilitar la creación de sílabas más prototípicas cuando se unen las palabras en el habla.

Es importante notar que **no** ocurre resilabificación cuando la segunda palabra empieza con un elemento no nuclear: por ejemplo, una deslizada o una líquida. Estos segmentos se combinan con otras consonantes en posición inicial de sílaba o de palabra para formar ataques complejos, pero no se combinan entre palabras.

dos huecos → [ˈdoz.ˈwe.kos] (NO *[ˈdo.ˈswe.kos])

club local → [ˈkluβ.lo.ˈkal] (NO *[ˈklu.βlo.ˈkal])

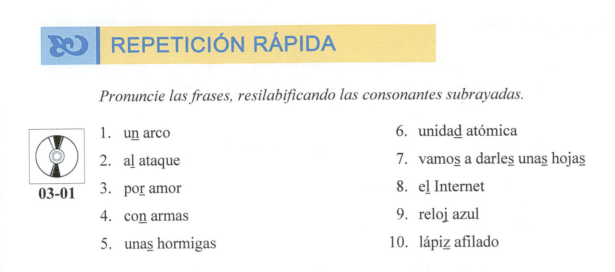

REPETICIÓN RÁPIDA

Pronuncie las frases, resilabificando las consonantes subrayadas.

03-01

1. u<u>n</u> arco
2. a<u>l</u> ataque
3. po<u>r</u> amor
4. co<u>n</u> armas
5. una<u>s</u> hormigas

6. unida<u>d</u> atómica
7. vamo<u>s</u> a darle<u>s</u> una<u>s</u> hoja<u>s</u>
8. e<u>l</u> Internet
9. relo<u>j</u> azul
10. lápi<u>z</u> afilado

VEO VEO

Diga lo que ve, resilabificando debidamente la consonante final de la primera palabra con la vocal inicial de la segunda.

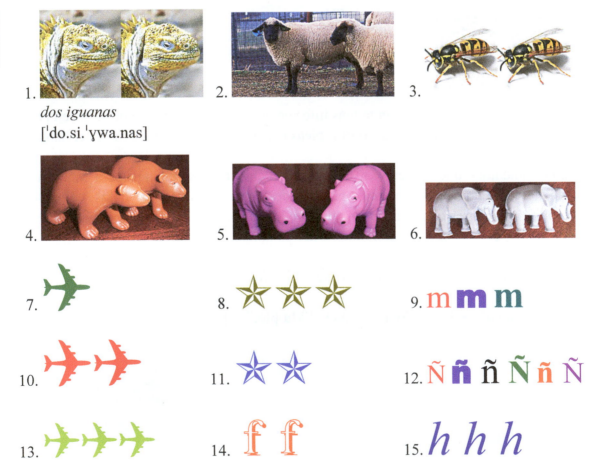

03-02

1. *dos iguanas*
['do.si.'ɣwa.nas]

2.

3.

4.

5.

6.

7.

8.

9. m m m

10.

11.

12. Ñ ñ ñ Ñ ñ Ñ

13.

14. f f

15. *h h h*

APLICACIÓN

Señale todos los casos de resilabificación consonántica, enlazando las palabras afectadas. Lea las oraciones en voz alta.

1. El amigo imprudente con una piedra te mata el mosquito en la frente.

2. Quien mal anda, mal acaba.

3. Todos los caminos conducen a Roma.

4. Quien canta su mal espanta.

5. Juntando los bienes con males, resultan todos los años iguales.

6. Nadie diga "bien estoy" sin añadir "hoy por hoy".

7. Buen enero, mal febrero.

8. Abril y mayo componen el año.

9. Ofrecer y no dar es lo mismo que robar.

10. Ya que la casa se quema, calentémonos en ella.

46

REPETICIÓN RÁPIDA

Lea cada oración sin hacer pausa entre palabras. Cada palabra se resilabifica con la que le sigue.

03-03

1. Las hondureñas hicieron unas obras importantes.

2. Los heridos ingresaron ayer en el hospital.

3. ¿Cuántos hombres altos ascendieron al ático?

4. Con el abad hicieron un ataúd elegante.

5. Tus amigas están enviándonos unos impresos importantes.

6. El análisis es imprescindible.

7. Es ideal hacer antes el ensayo.

8. Ellos imitan al emperador.

9. ¿Nos abres estos estuches?

10. Doy alabanzas al Omnipotente.

11. El avestruz es un animal increíble.

12. Por Adán estábamos esperando.

13. Eran apuntados al azar en el álbum ancestral.

14. Los últimos inviernos eran horribles.

15. David es el operador español.

4 [ka.ˈpi.tu.lo.ˈkwa.tro]

Acentuación

Generalidades

Ahora que sabemos identificar las sílabas, tenemos que distinguir entre sílabas que llevan acento (sílabas **tónicas**) y las que no llevan acento (sílabas **átonas**). El acento, igual que el lenguaje en general, puede verse desde tres ópticas: la fonética, la ortografía y la fonología. Fonéticamente, el acento es el énfasis de la voz que hace que algunas sílabas sean más prominentes que otras. Ortográficamente, el acento es la forma de indicar por escrito cuáles son las sílabas prominentes. Fonológicamente, el acento es un elemento (entre muchos otros) que puede usarse para distinguir una palabra de otra.

El acento en términos fonéticos

El acento de la voz se llama **acento prosódico.** Este acento es un hecho físico, producido por el hablante al expulsar aire de los pulmones y al manipularlo mientras articula. Hay tres propiedades físicas en particular que contribuyen a lo que percibimos como acento: el tono de la voz, la duración de ciertas sílabas y la intensidad con la que se producen las mismas. Sin embargo, a las sílabas tónicas no les corresponden un tono, una duración y una intensidad *absolutos;* lo importante es el *grado relativo* de tono, duración y, hasta cierto punto, intensidad entre sílabas—lo que asigna una prominencia perceptible a las tónicas.

El **tono** (ingl. *pitch*) es la altura musical del sonido. Solemos indicar el acento prosódico con un *cambio de tono*. Frecuentemente la sílaba tónica tiene un tono más alto, pero no siempre es así.

La **duración** (ingl. *duration*) equivale a *cantidad* en el sentido de que algunas sílabas son más largas que otras—no en el número de segmentos (vocoides y consonantes) que tienen, sino en lo que duran en el tiempo. Por regla general, las sílabas tónicas tienen una *duración más larga* que las átonas.

Intensidad se refiere al grado de esfuerzo empleado por el hablante al expulsar el aire, y corresponde a la amplitud de las vibraciones de los sonidos producidos. Curiosamente, en el castellano la intensidad *no* es la propiedad física más importante para el acento prosódico, pero sí puede contribuir algo a nuestra percepción del mismo. Es común que una sílaba tónica se produzca con un grado mayor de intensidad.

Muchos hablantes perciben el acento prosódico de manera inconsciente; no tienen que pensar para darse cuenta de las diferencias de tono, duración e intensidad manipuladas para producir una vocal tónica. Si a Ud. le cuesta percibir el acento, puede llegar a apreciar sus propiedades físicas pronunciando las siguientes palabras en voz alta. Exagere las sílabas tónicas subrayadas, produciéndolas con un tono muy alto, una duración muy larga y una intensidad fuerte.

> <u>í</u>ntegro
> in<u>te</u>gro
> inte<u>gró</u>

De la misma manera en que podemos percibir otras funciones físicas (la respiración, los latidos del corazón, etcétera), podemos tomar conciencia de las propiedades físicas que acompañan al acento prosódico. Cualquier estudiante puede aprender a sentir la sílaba tónica e identificar palabras como **agudas** (la última sílaba es la tónica), **llanas** (la penúltima es tónica) o **esdrújulas** (la antepenúltima es tónica).

🙶 REPETICIÓN RÁPIDA

Escuche estas palabras, repítalas, y trate de percibir el acto físico de acentuar la sílaba tónica. Fíjese en la duración, el tono y la intensidad de las sílabas tónicas.

ESDRÚJULAS/LLANAS/AGUDAS
1. est<u>í</u>mulo / esti<u>mu</u>lo / estimu<u>ló</u>
2. <u>á</u>nimo / a<u>ni</u>mo / ani<u>mó</u>
3. <u>ú</u>ltimo / ul<u>ti</u>mo / ulti<u>mó</u>
4. <u>ó</u>peras / o<u>pe</u>ras / ope<u>rás</u>
5. t<u>é</u>rmino / ter<u>mi</u>no / termi<u>nó</u>
6. <u>é</u>xito / ex<u>ci</u>to / exci<u>tó</u>
7. p<u>ú</u>blico / pu<u>bli</u>co / publi<u>có</u>

04-01

APLICACIÓN

Escuche las siguientes palabras, y subraye la sílaba tónica en cada caso. ¿Cuántas sílabas tiene cada palabra, y cuáles son?

1. México	6. Seúl	11. Montevideo
2. Atenas	7. Bogotá	12. Teherán
3. Madrid	8. Brasilia	13. Santiago
4. Tokio	9. Panamá	14. Trípoli
5. Moscú	10. Túnez	15. Dublín

04-02

Vuelva a leer las 15 palabras. ¿Cuáles son agudas? ¿llanas? ¿esdrújulas?

QUE POR CIERTO...

Las palabras *acento* y *acentuar* se escriben con una *c*, ¡no con dos como en inglés!

El acento en términos ortográficos

La ortografía no es una característica universal del lenguaje humano; hay muchas lenguas que no se escriben. En otras palabras, la ortografía está basada en la pronunciación, y no al revés; se aprende a hablar informalmente, por imitación, pero se aprende a escribir formalmente, en la escuela.

Todas las palabras (aisladas—no necesariamente en el habla) de más de una sílaba tienen una sílaba tónica, pero no todas las palabras tienen un acento escrito (una **tilde**). Las reglas ortográficas del español permiten identificar la sílaba tónica de varias maneras, de las que la tilde es sólo una. Desde luego, si una palabra se escribe con tilde, la tilde señala cuál es la sílaba tónica:

> <u>á</u>tona
> ortogra<u>fí</u>a
> pronuncia<u>ción</u>

Sin embargo, la gran mayoría de las palabras no llevan tilde. (Para verificar esto, mire esta página y observe que las palabras con tilde constituyen una pequeña minoría.) Pero estas palabras también tienen una sílaba tónica:

> pa<u>la</u>bras
> a<u>cen</u>to
> es<u>fuer</u>zo

El hispanohablante (si sabe leer) puede identificar la sílaba tónica de cualquier palabra de acuerdo con las reglas ortográficas que aprenderemos en este capítulo.

El acento en términos fonológicos

El contraste entre sílabas tónicas y sílabas átonas tiene consecuencias importantes en español. Primero, hay palabras que se distinguen unas de otras únicamente por el acento; hemos visto varios ejemplos de esto en un ejercicio anterior. (¿Puede indicar brevemente qué significan las palabras contrastivas de ese ejercicio de REPETICIÓN RÁPIDA? Por ejemplo: est<u>í</u>mulo es un sustantivo; estim<u>u</u>lo es un verbo—forma *yo* del tiempo presente de *estimular;* estim<u>u</u>ló también es un verbo—forma *él/ella* del tiempo pretérito de *estimular.*)

Aún cuando no hace un papel contrastivo, el acento ayuda al hispanohablante a reconocer las palabras. Cuando estamos aprendiendo español, cometemos muchos errores de pronunciación. Felizmente, algunos de estos errores son de menor importancia y se nos entiende a pesar de ellos; pero si acentuamos mal, es muy posible que no se nos entienda nada.

Reglas para la acentuación de palabras escritas y la colocación del acento ortográfico

La forma de escribir el acento ortográfico es la tilde (´), la cual marca la sílaba más prominente de la palabra.

Si una palabra no lleva tilde, la penúltima sílaba es tónica si la palabra termina en vocal (*a,e,i,o,u*) o en consonante *n* o *s;* la última sílaba es tónica si la palabra termina en una consonante distinta de *n* o *s*. En la palabra *maleta* tenemos tres sílabas *ma-le-ta* y el acento prosódico cae sobre la penúltima sílaba *le*. No tenemos acento ortográfico, pues la palabra termina en vocal. En la palabra *viajar* hay dos sílabas *via-jar* y el acento prosódico cae sobre la sílaba *jar*. Como la palabra termina en consonante distinta de *n* o *s* no tiene por qué llevar tilde. (Cabe mencionar que nuestra descripción se basa en la ortografía, no en los sonidos mismos. Aunque la *s* y la *z* finales se pronuncien igual, cada una de estas letras contribuye de manera diferente a las convenciones ortográficas de acentuación.)

¿Cuál es la sílaba tónica?

Si una palabra lleva tilde (´), esta marca indica cuál es la vocal acentuada.

Si una palabra **no** lleva tilde, la sílaba tónica es ...

(1) la **penúltima** sílaba si la palabra termina en **vocal** (*a,e,i,o,u*), *n* o *s* (ortográficas).

(2) la **última** sílaba si la palabra termina en **otra consonante** que no sea ni *n* ni *s*.

APLICACIÓN

Las palabras siguientes no llevan tilde. Señale cuál es la sílaba tónica en cada caso. (No hace falta ni conocer las palabras ni escucharlas para saber cuál es la sílaba tónica, pues se sabe por las reglas de acentuación.) Pronuncie las palabras en voz alta.

1. papaya
2. chayote
3. betabel
4. naranja
5. arroz
6. frijol
7. soja
8. porotos
9. mamey
10. chirimoya
11. laurel
12. tamarindo
13. coliflor
14. perejil
15. guayaba

Observe que todas las palabras dadas en este último ejercicio son llanas o agudas. Las llanas terminan en vocal, *n* o *s* y las agudas terminan en una consonante distinta de *n* o *s*.

Desde luego, existen palabras que terminan en vocal, *n* o *s* que se acentúan en la última sílaba. En estos casos, la sílaba tónica lleva tilde:

maracuyá   *melón*   *ananás*   *ají*

Asimismo, hay palabras que terminan en otras consonantes (aparte de *n* o *s*) que se acentúan en la penúltima sílaba, y no en la última, como era de esperar. En estos casos, también, hay que escribir la tilde:

néctar   *brécol*

Habrá observado que nuestras reglas no mencionan las palabras esdrújulas. Ello se debe a que *todas* las palabras esdrújulas llevan tilde:

brócoli   *espárrago*   *guanábana*   *níspero*

Una complicación a las reglas ortográficas de acentuación reside en la silabificación de diptongos y hiatos. Repasemos estos conceptos para no dejarnos engañar. A continuación se repite una regla de silabificación presentada en el capítulo anterior:

> La *i* y la *u* **no** acentuadas son **deslizadas** (en inglés *glides*) si se encuentran al lado de otra vocal (acentuada o no). Las secuencias **vocal + deslizada** y **deslizada + vocal** se llaman **diptongos**. La secuencia **deslizada + vocal + deslizada** se llama **triptongo**. Los diptongos y triptongos no se dividen silábicamente. La *h* ortográfica es invisible para esta regla (y no impide que dos vocales formen diptongo).

Las implicaciones de esta regla son importantes a la hora de decidir si una palabra debe tildarse o no. Las reglas básicas de acentuación nos dicen qué sílaba es tónica (por ejemplo, la última o la penúltima), pero hay que saber silabificar las vocales y deslizadas para saber... ¡en qué consiste la última o penúltima sílaba! Lo esencial es recordar que una vocal alta (*i, u*) acentuada *no* se combina con otra vocal vecina para formar diptongo. Estudie los casos siguientes:

sandía   3 sílabas, porque la *i* se tilda y **no** forma diptongo con la *a*
zanahoria   4 sílabas, porque la *i* **no** se tilda y forma diptongo con la *a*
maíz   2 sílabas, porque la *i* se tilda y **no** forma diptongo con la *a*
jamaica   3 sílabas, porque la *i* **no** se tilda y forma diptongo con la *a*

Hay que recordar también que las vocales *a, e, o* siempre son nucleares. Puesto que constituyen por sí solas un núcleo silábico, cuando dos de estas vocales van juntas, cada una representa su propia sílaba:

guineo (3 sílabas)   *cacao* (3 sílabas para cuestiones de reglas ortográficas)

Resumamos lo expuesto desde otra perspectiva:

¿Cuándo se escribe la tilde?

(1)   Todas las palabras *esdrújulas* y *sobreesdrújulas* siempre se tildan.

      trágico   **díganselo**
      sábana   **cuéntamelas**
      déficit   **llévatela**

(2)   Las palabras *llanas* se tildan si terminan en consonante que no sea *n* o *s*.

      árbol   *mapa*
      lápiz   *blando*
      estándar   *vamos*
      memorándum   *hablan*

(3)   Las palabras *agudas* se tildan si terminan en vocal, *n* o *s*.

      papá   **jamón**   *ordenador*
      grabé   **chiquitín**   *total*
      habló   **cortés**   *Madrid*
      colibrí   **compás**   *reloj*

(4)   Se tilda una *i* o una *u* acentuada para crear otra sílaba y evitar un diptongo.

      baúles (3 sílabas; no hay diptongo) *causas* (2 sílabas; hay diptongo)
      tía (2 sílabas; no hay diptongo)   *piel* (1 sílaba; hay diptongo)

APLICACIÓN

Silabifique. Escriba la tilde si hace falta. La vocal roja es la tónica.

1.   berenjena
2.   quimbombo
3.   brocoli
4.   apio
5.   badea
6.   quinua
7.   jicama
8.   cajuil
9.   judias
10. melocoton

11. habichuela
12. rabano
13. calabacin
14. mandioca
15. brecol
16. alcachofa
17. chicharo
18. yuca
19. limon
20. arandano

TEXTOS DE PRÁCTICA

CÁNTICO ESDRÚJULO
David Chericián (Cuba)

En las esdrújulas
truenan las máquinas,
ríen los párvulos
en cada círculo,
crecen los cítricos
de dulzor ácido,
flotan las túnicas
de los filósofos,
nadan las náyades
muy mitológicas,
se dan atléticos
juegos olímpicos,
trabajan físicos
junto a mecánicos

y otros científicos
en energéticos
centros atómicos—
la tierra esférica
gira en su órbita:
mágica síntesis
de lo fantástico—
tiemblan los tímidos,
no los intrépidos,
y los anímicos
bailan eufóricos—
circula el tránsito
de los vehículos,
cruzan océanos
los trasatlánticos,

se alzan mayúsculas
sobre minúsculas,
pasan los miércoles
hacia los sábados—
en su pacífico
rítmico trópico
se agranda el ámbito
de mi archipiélago,
todo es dinámico
vértigo cíclico—
y en el estrépito
de tanta música
es tan simpático
ser un esdrújulo!

04-03

APLICACIÓN

Silabifique. Escriba la tilde si hace falta. La sílaba roja es la tónica.

1. hi**ji**ta
2. aero**puer**to
3. **a**pio
4. pa**is**
5. pai**sa**no
6. ha**ga**moslo
7. en**ci**a
8. **ma**gia
9. le**ji**a
10. mau**llar**

11. ma**u**llo
12. Ra**ul**
13. perspi**caz**
14. descen**der**
15. co**rrup**to
16. con**ti**nuo
17. conti**nu**o
18. conti**nuo**
19. averi**guas**teis
20. estornu**da**bamos

21. excepcio**nal**
22. orto**do**xo
23. **den**me
24. **ha**cha
25. **vi**deo
26. vi**de**o
27. Gon**za**les
28. Gon**za**lez
29. **dios**
30. **di**as

04-04

Otro uso para el acento ortográfico

Aparte de la regla general que acabamos de presentar existe un conjunto de casos que se acentúan para distinguir palabras que tienen una forma semejante. Veamos la lista que se presenta a continuación.

sé	forma del verbo *saber*	Yo no **sé** nada, así que no me hagas tantas preguntas.
se	pronombre clítico	Los estudiantes **se** fueron porque estaban aburridos.
tú	pronombre sujeto	¿Vas **tú** con nosotras?
tu	adjetivo posesivo	**Tu** amigo Eric es muy bajito.
mí	pronombre objeto de preposición	Estas cosas son para **mí.**
mi	adjetivo posesivo	**Mi** tarea ya está hecha.
él	pronombre sujeto	A **él** no le gustan las películas cómicas.
el	artículo	Creo que **el** libro rojo es nuevo, el azul no.
té	bebida	Prefiero tomar **té** en vez de café.
te	pronombre clítico	¡No **te** creo!
dé	forma del verbo *dar*	¿Quieres que te los **dé** ahora?
de	preposición	José Ramón es el más feo **de** los tres.
sí	"afirmativo"	¿**Sí** o no?
sí	pronombre objeto de preposición	Hablaron entre **sí.**
si	conjunción	**Si** tuviera mucho dinero, se lo daría a mis papás.
más	comparativo	¿Me trae **más** café, por favor?
mas	"pero"	Quisimos salir, **mas** no pudimos.

Hay otras nueve palabras cuya acentuación con tilde no es obligatoria, según las normas más recientes de la Real Academia Española. Son dignas de mención porque muchos autores las siguen tildando:

sólo	adverbio; significa "solamente"
solo	adjetivo; significa "no acompañado"; concuerda con el sustantivo (solo, sola, solos, solas)
éste, ésta, éstos, éstas	pronombres (van sin sustantivo)
este, esta, estos, estas	adjetivos (van con el sustantivo)
aquél, aquélla, aquéllos, aquéllas	pronombres (van sin sustantivo)
aquel, aquella, aquellos, aquellas	adjetivos (van con el sustantivo)

Las palabras *ti, fe, pie, esto, eso* y *aquello* nunca llevan tilde pues no existe la necesidad de diferenciarlas de otras palabras que tengan una forma semejante. (Las mencionamos precisamente porque es común que la gente las acentúe mal.) Recordemos que la tilde se coloca en los casos anteriores para distinguir elementos con diferente función que poseen igual forma.

La acentuación de palabras interrogativas en español

Hasta ahora ha visto las reglas para escribir las tildes y ha practicado con algunos ejercicios. A manera de recapitulación, podemos decir que la mayoría de las palabras se escriben sin tilde. Las palabras que llevan acento escrito son, por mucho, aquéllas cuya sílaba acentuada (tónica) no sería predecible siguiendo tan sólo la regla general de que "las palabras que terminan en vocal, *n* o *s* llevan acento en la penúltima sílaba, y aquéllas que terminan en algo diferente a esto reciben acento en la última".

Un subconjunto del grupo comentado en la página anterior es el integrado por las palabras interrogativas en español—*qué, quién(es), cuál(es), cómo, cuándo, dónde,* y *por qué*—las cuales llevan acento escrito, a diferencia de sus contrapartes no acentuadas—*que, quien, cual, como, cuando, donde,* y *porque*—que no son en lo absoluto palabras interrogativas. (La mayor parte de las palabras inacentuadas son conjunciones subordinadas u otro tipo de conectores.) La explicación más general es que estas palabras llevan una tilde "en preguntas tanto directas como indirectas", y, de hecho, ésta es la línea que se ha seguido en la mayoría de los textos de fonética y ortografía. Al parecer, se asume que, subordinada en la oración *No sé cuándo vienen*, está la pregunta *¿Cuándo vienen?* y, por esa razón, ambos ejemplos de *cuándo* tienen una marca de acento. ¿Le ha funcionado o le funciona esta regla a usted?

¿Puede identificar las llamadas "preguntas indirectas" lo suficientemente bien como para poder identificar si llevan tilde o no? Ponga a prueba su suerte en las siguientes oraciones.

¿Cuáles de las palabras subrayadas necesitan una tilde?

1. Explícame <u>por que</u> dices esas burradas.
2. Yo no te creo <u>porque</u> dices burradas.
3. Me gustaría saber <u>que</u> es.
4. Yo sé <u>que</u> es otra cosa, no lo que tú me dijiste que era.
5. <u>Cuando</u> puedas, llámame a casa, por favor.
6. Diles para <u>cuando</u> tienen que terminar la tarea.
7. ¿<u>Cuando</u> crees que lloverá?
8. Éste es el parque <u>donde</u> jugaron los niños la semana pasada.
9. Dime <u>donde</u> jugaron los niños la semana pasada.
10. Pregúntale <u>donde</u> jugaron los niños la semana pasada.
11. Han visto una serpiente <u>donde</u> jugaron los niños la semana pasada.
12. ¿<u>Como</u> lo haces?
13. No me importa <u>como</u> lo hagas.
14. Hazlo <u>como</u> ellos te digan.
15. <u>Quien</u> mucho duerme, poco aprende.

16. No sabemos <u>quien</u> duerme.
17. Carlota, su esposa, con <u>quien</u> vive desde el año 1951, es una mujer muy activa.
18. <u>Quienes</u> hayan salido bien en el examen no tienen que repetir el curso.

Éstas son las oraciones del ejercicio anterior que necesitan tildes:

1. Explícame <u>por qué</u> dices esas burradas.
3. Me gustaría saber <u>qué</u> es.
6. Diles para <u>cuándo</u> tienen que terminar la tarea.
7. ¿<u>Cuándo</u> crees que lloverá?
9. Dime <u>dónde</u> jugaron los niños la semana pasada.
10. Pregúntale <u>dónde</u> jugaron los niños la semana pasada.
12. ¿<u>Cómo</u> lo haces?
13. No me importa <u>cómo</u> lo hagas.
16. No sabemos <u>quién</u> duerme.

¿Cómo resolvió los ejercicios? Si sus intuiciones tenían como objetivo identificar qué constituye una "pregunta indirecta" para el propósito de la regla de acentuación, está en el camino correcto. Lamentablemente, la regla no funciona para la mayoría de la gente, ya que la definición precisa de "pregunta indirecta" se vuelve bastante elusiva (y el término no es probablemente bueno, en primera instancia). Si necesita ayuda, por favor lea abajo y encontrará una estrategia diferente para trabajar con estos casos.

Para comenzar, los enunciados (1–4) no deberían resultar problemáticos, ya que la traducción en inglés distingue fácilmente entre *why* (*por qué* con tilde) y *because* (*porque* sin tilde), así como entre *what* (*qué* con tilde) y *that* (*que* sin tilde).

FORMA CON TILDE	FORMA SIN TILDE
qué what	**que** that
por qué why	**porque** because

Compare, a manera de ilustración, el siguiente par mínimo:

No sabrás qué te mordió.
No sabrás que te mordió.

El primer ejemplo es de un cartel de *El cocodrilo,* una película de terror que se exhibió en los cines hace algunos años: "You won't know what bit you." El segundo ejemplo, con *que* sin tilde, significaría simplemente "You won't know that it bit you." ¿Ve la diferencia?

Las oraciones con *cuándo/cuando, dónde/donde,* y *cómo/como* son más engañosas, pues en inglés se usa con frecuencia *when, where* y *how* ya sea como palabras (más o menos) interrogativas o simplemente como conjunciones adverbiales (conectores que enlazan cláusulas subordinadas). Una estrategia posible para trabajar con estas palabras interrogativas (así como con *quién/quien*) sería probar las traducciones al inglés que se sugieren a continuación.

FORMA CON TILDE	FORMA SIN TILDE
cuándo when (= what time)	**cuando** when (introducing adverb clause)
dónde where (= in what place)	**donde** where (introducing relative clause)
cómo how (= in what way)	**como** how (= the way that) since (= given that)
quién who (= what person)	**quien** who (introducing relative clause) the one who, he who, whoever

Si el *when* del inglés puede reformularse como *what time* (o *what day* o algo similar), entonces se traduce como *cuándo* con tilde. Esto funciona porque hemos relacionado *when* con la distinción *what/that,* la cual es más transparente para nosotros. Ahora probemos la estrategia:

5. Cuando puedas...   (No lleva tilde porque no podemos decir **<u>what time</u> you can...*)

6. Diles para cuándo tienen que terminar... (Lleva tilde porque podemos decir *Tell them by <u>what time</u>...*)

7. ¿Cuándo crees que lloverá? (Lleva tilde porque podemos decir *<u>What day</u> do you think it will rain?*)

Inténtelo ahora con las oraciones 8–18 sustituyendo *<u>in what place</u>* por *dónde*, *<u>what way</u>* por *cómo*, y *<u>what person</u>* por *quién*.

MUESTRA MUSICAL

EVANGELINA
Flórez – Valle

Canta: Pablo Ruiz (Argentina)

AMOR SIN FRONTERAS
Manolo Tena, Jaime Asua

Canta: Ana Belén (España)

> Diríjase a nuestro sitio web para que tenga acceso a la letra, la música y más información sobre las muestras musicales no incluidas en el CD.

APLICACIÓN

Silabifique. Escriba la tilde si hace falta.

1. Dios
2. adios
3. Diaz
4. dias
5. dio
6. ascensor
7. pua
8. previa
9. Azua
10. baul
11. aerea
12. lapida
13. buho
14. exito
15. rehen
16. estoy
17. desagüe
18. retrospectivo
19. achicharrar
20. estetoscopio
21. avestruz
22. abriendo
23. himno
24. ogro
25. linea
26. gracias
27. mantequilla
28. Ortiz
29. lapiz
30. sonreir

04-05

Coloque las tildes necesarias, según las reglas de ortografía española.

31. ¿Que dijo el cuando ella entro?

32. ¿Cuando crees que vendra tu padre? ¿Y el mio?

33. Se fueron hace un rato, y no se cuando volveran.

34. Cuando llegue algo para mi, dimelo.

35. Queria saber si iban a ayudarme con el trabajo. Se lo pregunte, y me dijeron que si.

36. Jose Maria queria que fueras tu con el.

37. ¿A que hora llegaron ustedes el dia que se cancelo la clase?

38. ¿Les gustaron esos libros que les di, o quieren que les de estos tambien?

EN EQUIPO

Identifiquen el error ortográfico que aparece en cada foto. En cada caso, o falta una tilde o aparece una que no tiene que estar. Expliquen por qué es necesario—o por qué no es admisible—el acento escrito. ¿Por qué creen Uds. que se cometió el error en cada caso?

1.
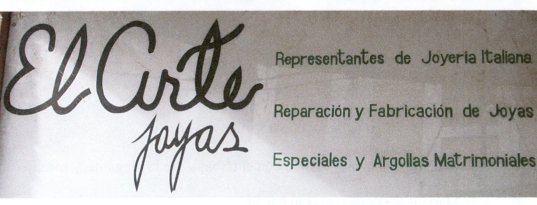

2.

3.

4.

5.

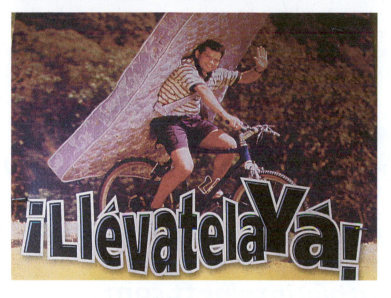

6.

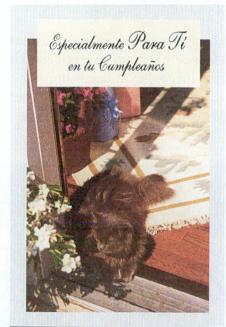

7.

🐚 CULTURA LINGÜÍSTICA

Tildes, tecnología y ortografía "popular"

Desde tiempos inmemoriales, es común que no se tilden las letras mayúsculas. Tanto las imprentas de antaño como las máquinas de escribir de hace apenas una generación (¡y algunas computadoras de hoy en día!) dificultan la colocación de acentos ortográficos sobre las vocales *A, E, I, O, U* mayúsculas, y los hispanohablantes han llegado fácilmente a concluir que las tildes en cuestión son innecesarias. Se acostumbra leer *Africa, Opera* y *Erase una vez*, sabiendo que el acento cae en la vocal inicial aunque la tilde no se escriba.

Ocurre lo mismo cuando aparecen palabras enteras en letras mayúsculas. En el rótulo que se ve a continuación, por ejemplo, no encontramos tildes en las palabras *análisis* y *tecnología*. Esta ortografía no es chocante para el lector, quien sabe intuitivamente cuáles son las sílabas tónicas y quien da por sentado el desuso de la tilde.

Curiosamente, la Real Academia Española nunca ha aceptado que se violen así las normas. Es una falta ortográfica, dicen, si las reglas piden la tilde y ésta no se escribe; no importa que la vocal tónica se escriba con mayúscula. Desde luego, hay muchos impresos que cumplen con las normas de la RAE, a pesar de la creencia popular a la que nos hemos referido. A continuación vemos tres rótulos en los que salen bien marcadas todas las palabras.

Efectivamente, la tecnología digital está facilitando cada vez más el uso de símbolos y diacríticos antes difíciles de conseguir. Sin embargo, perdura el "mito" de las mayúsculas en la ortografía popular, y no es probable que esto cambie muy pronto.

 **EN EQUIPO**

En los rótulos y textos que se ven a continuación, no aparecen tildes—aparentemente porque todo se escribe con mayúsculas. ¿Cuáles son las palabras que necesitan tildarse, según las normas de la Real Academia Española? Lean todos los textos en voz alta.

1.

**FOTOCOPIAS DIGITALES
SERVICIO DE FAX
TARJETAS PARA TELEFONO**

2.

3.

4.

**FABRICA DE JOYAS
ARGOLLAS MATRIMONIALES
ANILLOS DE GRADUACION**

5.

6.

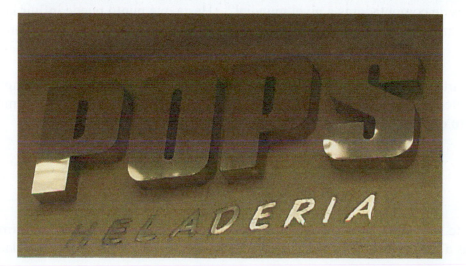

7.

8.

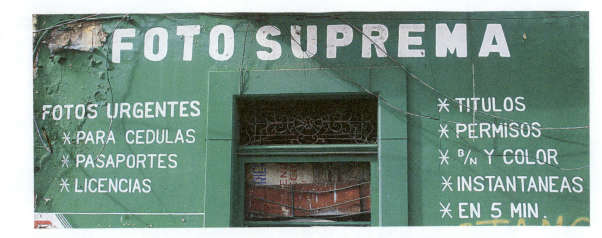

9.

🙞🙜 INVESTIGACIÓN

Tal como hemos expresado anteriormente, la llegada de la tecnología digital ha hecho posible la fácil representación de muchos símbolos, diacríticos y fuentes. En efecto, el Internet está al alcance de más de mil millones de personas, y el manejo digital de textos (búsquedas, procesamiento de palabras, almacenamiento de datos, etcétera) es hoy en día tan importante en español como en inglés.

Aunque facilita mucho el procesamiento de datos, la tecnología digital crea también controversias culturales y dudas lingüísticas relacionadas con la incorporación del sistema ortográfico del español en una red digital global basada en un alfabeto latino universal sin *eñe* y donde no figuran cómodamente los acentos ortográficos. Ya hemos visto que la Real Academia Española respondió a la problemática de la *che* y la *elle* decretando que estas letras ya no servirían como tales en el orden alfabético del siglo XXI. La *eñe* supuestamente se salvó de la purga globalizante, pero ¿cómo la alfabetizan las computadoras? Al decir que *nube* tiene que preceder alfabéticamente a *ñame*, ¿qué ha hecho la RAE? ¿Ha establecido una norma para los hispanohablantes, o para los programadores de computadoras a nivel mundial? ¿Hasta qué punto puede influir la RAE en los avances tecnológicos que, tarde o temprano, se aplicarán desinteresadamente al castellano?

Un ejemplo particularmente oportuno es la polémica que produjo Telefónica, la empresa española de telecomunicaciones, al adoptar recientemente un logo basado en su nombre esdrújulo, pero que carecía de tilde:

Telefónica

Aparentemente la falta de tilde servía para "globalizar" la marca y, de hecho, su forma se aproxima más a la que se tiene que usar para acceder al sitio web de la compañía, dado que las tildes no se escriben en las direcciones electrónicas: www.telefonica.es. Otros dos logotipos que van (o por lo menos iban) por el mismo camino son los siguientes:

 EL PAIS

Como era de esperar, la reacción de algunos académicos fue muy negativa. Entre otros, Fernando Lázaro Carreter, el ex Director de la RAE, opinó que la Telefónica no debía participar en la supresión de la tilde porque "el acento gráfico pertenece a nuestro sistema de escritura igual que las letras; significa también o ayuda a significar".

Pero, ¿hasta qué punto es realmente necesaria la tilde? ¿Cómo de difícil sería leer el español si no existieran acentos ortográficos?

Como ejemplo, fíjese en otro rótulo, éste de una empresa menos conocida que las otras mencionadas. ¿Cómo cree Ud. que se pronuncia el nombre de la compañía? ¿Es una palabra llana o esdrújula? ¿Le falta tilde, según las reglas de la Real Academia?

Hable con unos(-as) hispanohablantes nativos(-as) para ver cómo leen estos cuatro logos. ¿Cómo reaccionan frente a la falta de tildes? ¿Les importa en un sentido práctico? O sea, ¿pueden pronunciar bien las palabras sin la ayuda de una tilde? ¿Cómo reaccionan en un sentido académico o cultural? ¿Les molesta el "error"? ¿Les gusta la idea de que desaparezcan totalmente las tildes en español? ¿Y Ud. qué opina? ¿Es un problema que en inglés no haya tildes para ayudarnos a ubicar las sílabas tónicas? ¿Por qué tiene que ser diferente el español?

Y por último, ¿de quién es la decisión? ¿Tenemos en el mundo anglohablante un equivalente a la Real Academia Española? ¿Quién determina lo que es «correcto» y lo que no? ¿De quién *debe* ser la decisión?

Bibliografía

Lázaro Carreter, Fernando. 1999. "Telefonía sin tildes." *El País* (Madrid), 29 de agosto de 1999.

Real Academia Española. 2003. *Ortografía de la lengua española.* Madrid: Espasa-Calpe.

Sitios de interés

http://www.telefonica.es
http://www.elpais.es

∽ | REPETICIÓN RÁPIDA

Escuche y observe que las palabras que se escriben con tilde (sé, tú, etcétera) se acentúan en el contexto de la frase, mientras que las palabras que no llevan tilde (se, tu, etcétera) no se acentúan:

sé	No sé la respuesta.
se	No se sabe la respuesta.
tú	Prefiero que lo hagas tú.
tu	Prefiero que lo haga tu hija.
mí	Me lo dio a mí.
mi	Se lo dio a mi amigo.
él	El problema es él.
el	El problema es el jefe.
té	Necesito un té.
te	Necesito un "te quiero".
dé	Quiere que le dé los libros.
de	Quiere cuatro de los libros.
sí (afirmativo)	¿Sí o no? Llámame.
si	Si no, llámame.
sí (pronombre)	Lo dijo por sí.
si	Lo dijo por si acaso.
más	José siempre pide más.
mas	José siempre pide, mas no paga.

04-06

Ahora, observe que las palabras interrogativas que llevan tilde son igualmente acentuadas en la frase:

qué Explicó qué significa la palabra.
He explained what the word means.

que Explicó que significa "la palabra".
He explained that it means "the word."

04-07

por qué No entendía por qué no sabía.
I/He didn't understand why I/he didn't know. (The subject of the two verbs can be the same, but doesn't have to be.)

porque No entendía porque no sabía.
I didn't understand because I didn't know. / He didn't understand because he didn't know. (The subject of the two verbs has to be the same.)

cómo No me cabe en la mente cómo lo pudo hacer.
I can't get my mind around how he managed to do it.

como No me cabe en la mente. Como lo pudo hacer...
I can't get my mind around it. Because he managed to do it...

dónde Es un misterio dónde los hay.
It's a mystery where there are some (that is, where we might find some of them).

donde Es un misterio donde los haya.
It's a mystery if ever there was one.

quién ¿Quién lo hizo? Se merece un premio.
Who did it? He/She deserves a prize.

quien Quien lo hiciera se merece un premio.
Whoever did it deserves a prize.

cuándo Saldrá en el periódico cuándo será.
It'll come out in the newspaper when it's going to be.

cuando Saldrá en el periódico cuando sea.
It'll come out in the newspaper whenever.

Hemos visto claramente que algunas palabras (monosilábicas o de varias sílabas) no se acentúan en el habla, otras sí. Ahora podemos dejar de pensar solamente en el **acento ortográfico** y dedicar unas páginas al **acento prosódico.**

El acento prosódico

Hasta ahora, la "acentuación" de la que hemos hablado tiene que ver solamente con formas aisladas. Por ejemplo, hemos categorizado las palabras *María, ochenta, entre* y *nuestro* como llanas o graves (o sea, acentuadas en la penúltima sílaba), comentando que únicamente la primera de ellas (es decir, *María*) lleva tilde, gracias a las convenciones ortográficas. Resulta que esas convenciones se basan, por regla general, en el **acento léxico,** el ritmo que se le da a la palabra cuando se cita—por ejemplo, cuando se aísla o se lee en una lista de palabras: [las.pa.ˈla.βras.ma.ˈɾi.a | o.ˈtʃen̪.ta | ˈen̪.tɾe | i.ˈnwes.tro].

Ahora bien, es verdad que en el español todas las palabras se acentúan cuando aparecen sueltas. Cuando aparecen en una frase o en una oración, sin embargo, en el habla hay algunas palabras que son totalmente inacentuadas, sean de una sílaba o de dos o más. Tales formas "se apoyan" acentualmente en otra palabra que sí se acentúa, formando así una **frase prosódica.** Esto es lo que pasa con los artículos definidos y las preposiciones: no tienen acento propio, sino se apoyan en algún sustantivo: *la mano* [la.ˈma.no], *los incas* [lo.ˈsiŋ.kas], *en España* [e.nes.ˈpa.ɲa], *con el zapato* [ko.nel.sa.ˈpa.to], *contra nosotros* [kon̪.tra.no.ˈso.tros]. Nótese que en todas estas frases prosódicas, sólo hay una sílaba acentuada.

Para transcribir bien—y, de hecho, para pronunciar bien—es importante reconocer qué palabras se acentúan en el habla y qué palabras se pronuncian sin acento. Ahora nos referimos no al acento de palabras aisladas, sino al llamado **acento prosódico,** que tiene en cuenta la agrupación sintáctica y enfoques semánticos especiales. Sabiendo cómo es el comportamiento lingüístico, no nos debe sorprender que el acento prosódico siga reglas bastante intuitivas. Vemos a continuación una categorización por las partes de la oración.

Verbos. Toda forma verbal **se acentúa**, sea finita o infinita, auxiliar o no.

voy [ˈboj], *aman* [ˈa.man], *has vuelto* [ˈaz.ˈβwe̞l.to], *estamos haciendo* [es.ˈta̞mo.sa.ˈsjen̪.do]

Sustantivos. Normalmente **se acentúan**, pero hay varias excepciones.

madera [ma.ˈðe.ɾa], *Virginia* [biɾ.ˈxi.nja], *Hugo Chávez* [ˈu.ɣo.ˈtʃa.βes]

Títulos de tratamiento. **No se acentúan** *Sor, don, San, Santo, Santa* usados con el nombre propio. Los más largos **se acentúan** excepto en vocativos.

Sor Juana [soɾ.ˈxwa.na], *don Pepe* [dom.ˈpe.pe], *San Gabriel* [saŋ.ga.ˈβrjel]
el doctor García [e̞l.doɣ.ˈtoɾ.ɣar.ˈsi.a], *Hola, doctor García* [ˈo.la.ðoɣ.toɾ.ɣar.ˈsi.a]

Nombres compuestos. **No se acentúa** el primer elemento.

María José [ma.rja.xo.ˈse], *José María* [xo.se.ma.ˈɾi.a], *Puerto Rico* [pweɾ.to.ˈri.ko]

NOMBRES PREPOSITIVOS. **No se acentúan**.

patas arriba [pa.ta.sa.ˈri.βa]

NÚMEROS COMPUESTOS. Entre 16 y 99, **no se acentúa** el primer elemento.

cincuenta y cinco [siŋ.kwen̪.taj.ˈsiŋ.ko]

ADJETIVOS. Normalmente **se acentúan** (pero algunas excepciones se detallarán a continuación).

un hombre delgado [ˈu.ˈnom.bɾe.ðel.ˈɣa.ðo], *la blanca nieve* [la.ˈβlaŋ.ka.ˈnje.βe]
tal cosa [ˈtal.ˈko.sa], *muchos gases* [ˈmu.tʃoz.ˈɣa.ses]

ARTÍCULOS. Los indefinidos **se acentúan** (**excepto** cuando tienen valor aproximativo); los definidos **no se acentúan** nunca.

una comida [ˈu.na.ko.ˈmi.ða], *unos filetes* [ˈu.nos.fi.ˈle.tes]
unas veinte libras de mantequilla [u.naz.ˈβejn̪.te.ˈli.βɾaz.ðe.man̪.te.ˈki.ja]
la comida [la.ko.ˈmi.ða], *los filetes* [los.fi.ˈle.tes]

DEMOSTRATIVOS. Siempre **se acentúan**, sean adjetivos o pronombres.

esta tarea [ˈes.ta.ta.ˈre.a], *con éste o aquél* [ko.ˈnes.te.o.a.ˈkel], *¿Qué es eso?* [ˈke.ˈe.ˈse.so]

POSESIVOS. **Se acentúan** los posesivos pronominales, también los adjetivos pospuestos o aislados; **no se acentúan** los (adjetivos) prepuestos.

dame los míos [ˈda.me.loz.ˈmi.os], *cosas mías* [ˈko.saz.ˈmi.as], *esto es mío* [ˈes.to.ˈez.ˈmi.o]
mi gato [mi.ˈɣa.to]

PRONOMBRES PERSONALES. **se acentúa** el pronombre sujeto, también el que es objeto de preposición; **no se acentúan** los clíticos.

yo [ˈyo], *nosotras* [no.ˈso.tras], *a ti* [a.ˈti], *con Uds.* [ko.nus.ˈte.ðes], *para vos* [pa.ɾa.ˈβos]
me divierto [me.ði.ˈβjer.to], *dáselo* [ˈda.se.lo], *te las arreglas* [te.la.sa.ˈre.ɣlas]

RELATIVOS. **No se acentúan**, **excepto** *el cual, la cual, los cuales, las cuales* (y los interrogativos y exclamativos).

la tía que murió [la.ˈti.a.ke.mu.ˈrjo], *la facilidad con la que entró* [la.fa.si.li.ˈðað.kon.la.ken̪.ˈtro]
Lo sabía mi prima, quien me lo dijo a mí. [lo.sa.ˈβi.a.mi.ˈpri.ma kjem.me.lo.ˈði.xo.a.ˈmi]
la razón por la cual lo hago [la.ra.ˈsom.por.la.ˈkwal.lo.ˈa.ɣo]

PREPOSICIONES. **No se acentúan excepto** *según* (o en preguntas elípticas).

entre tú y nosotros [en̪.tre.ˈtuj.no.ˈso.tros], *para los demás* [pa.ra.loz.ðe.ˈmas]

hasta el tope [as.ta.e̞l.ˈto.pe], *ante sus ojos* [an̪.te.su.ˈso.xos]
según yo [se.ˈɣun̪.ˈɟo]   *¿Por...?* [ˈpoɾ]

CONJUNCIONES. Normalmente **no se acentúan**.

pitos y flautas [ˈpi.to.si.ˈflaw.tas], *quise **pero** no pude* [ˈki.se.pe̞.ɾo.ˈno.ˈpu.ðe]
*No lo hicimos, **pues** no nos dio tiempo.* [ˈno.loj.ˈsi.mos pwe̞z.ˈno.noz.ˈðjo.ˈtjem.po]
*Entró **mientras** dormíamos.* [e̞n̪.ˈtro.mje̞n̪.traz.ðoɾ.ˈmi.a.mos]
***Puesto que** quieren hacerlo, no digas nada.* [pwe̞s.to.ke.ˈkje.ɾe.na.ˈseɾ.lo ˈno.ˈði.ɣaz.ˈna.ða]

ADVERBIOS. Normalmente **se acentúan**, pero hay varias excepciones.

bien [ˈbje̞n], *ahora* [a.ˈo̞.ɾa], *después* [des.ˈpwe̞s], *muy feos* [ˈmwi.ˈfe̞.os], [ˈmuj.ˈfe̞.os]

ADVERBIOS EN *-MENTE*. Conviene notar que los adverbios en *-mente* tienen **dos sílabas tónicas**; es decir, se acentúan como si fueran dos palabras (el adjetivo femenino, seguido del sustantivo *mente*).

libremente [ˈli.βɾe̞.ˈme̞n̪.te], *felizmente* [fe̞.ˈliz.ˈme̞n̪.te], *rápidamente* [ˈra.pi.ða.ˈme̞n̪.te]

SUBORDINADORES ADVERBIALES. Ya queda dicho que **no se acentúan** las conjunciones por regla general. Sin embargo, **sí se acentuan** los adverbios que se juntan con una preposición y un conector (típicamente *de + que*) para formar conjunciones subordinadas del tipo *después (de) que*, *antes (de) que*, etcétera. De manera paralela, se acentúan también las frases *con tal (de) que*, *debido a que*, *a no ser que*, *gracias a que*, *en vista de que*, etcétera.

Lo haré con tal de que me ayudes tú. [lo.a.ˈɾe.kon̪.ˈtal̪.de.ke.me.a.ˈju.ðes.ˈtu]
Limpiemos la casa antes de que vuelvan. [lim.ˈpje.moz.la.ˈka.sa.ˈan̪.tez.ðe.ke.ˈβwel.βan]

Algunos contrastes didácticamente representativos

sílaba acentuada	sílaba no acentuada
*Esta noche **dé** los exámenes.* [VERBO]	*Es la noche **de** los exámenes.* [PREPOSICIÓN]
*Ma**rí**a es mi mejor amiga.* [NOMBRE SIMPLE]	*Ma**rí**a José es mi mejor amiga.* [NOMBRE COMPUESTO]
*Vinieron o**chen**ta personas.* [NÚMERO SIMPLE]	*Vinieron o**chen**ta y siete personas.* [NÚMERO COMPUESTO]
***En**tre Ud., no tenga pena.* [VERBO]	***En**tre Ud. y yo no hay nada.* [PREPOSICIÓN]
*El **nues**tro funciona.* [POSESIVO PRONOMINAL]	***Nues**tro plan funciona.* [ADJETIVO POSESIVO PREPUESTO]
***Juan** Flores es mi primo.* [NOMBRE Y APELLIDO]	***Juan** Miguel es mi primo.* [NOMBRE COMPUESTO]
*Subieron la mon**ta**ña ayer.* [SUSTANTIVO, OBJETO]	*Viven mon**ta**ña adentro.* [ADVERBIO COMPUESTO]
*Las quejas **su**yas no importan.* [POSESIVO POSPUESTO]	***Sus** quejas no importan.* [POSESIVO PREPUESTO]
*Saldrá **un** monstruo.* [ARTÍCULO INDEFINIDO]	*Saldrá **el** monstruo.* [ARTÍCULO DEFINIDO]
***No** lo hicieron.* [ADVERBIO]	***Nos** lo hicieron.* [PRONOMBRE CLÍTICO]
*Aquí hay **más** papeles.* [ADJETIVO]	*Ocho **más** tres son once.* [CONJUNCIÓN]
*No lo hacían **tan**to.* [FORMA LARGA]	*No era **tan** alto.* [FORMA ACORTADA]

04-08

Resumiendo, podemos decir que la mayoría de las palabras se acentúan. Las palabras inacentuadas nunca son enfáticas y tienden a ser pronombres clíticos, artículos definidos, conectores (por ejemplo, conjunciones, preposiciones y relativos), formas especiales inacentuadas o acortadas (por ejemplo, clíticos, posesivos prepuestos, *tan*) o el primer elemento de una frase que ya se siente como una palabra y no dos (nombres o números compuestos, adverbios compuestos, etcétera).

Aunque puede haber alguna variación según el énfasis, el dialecto, la semántica o el individuo, las normas aquí establecidas nos servirán para las transcripciones de este libro. Para una descripción más detallada, consúltese Navarro 1985 (pp. 185-196); para una explicación de algunas de las categorías sintácticas mencionadas, véase Teschner 1996 (pp. 54–57).

Bibliografía

Navarro Tomás, Tomás. 1985. *Manual de pronunciación española*. 22ª ed. Madrid: CSIC.
Teschner, Richard V. 1996. *Camino oral: Fonética, fonología y práctica de los sonidos del español*. Nueva York: McGraw-Hill.

APLICACIÓN

Identifique las vocales tónicas en el contexto de las siguientes frases:

1. Ve y dile a Juan José que don Filiberto viene llegando ya.

2. Esas quejas tuyas me tienen harta.

3. La guerra sigue y nuestros jóvenes están en peligro.

4. No me mientas, cariño, que yo contigo he sido totalmente sincero.

5. Tus papeles parecen estar en orden, pero necesitas ofrecer más dinero.

6. La abogada va a representar a un delincuente.

7. Si hubiera sido tan feo como usted dice, ella no se habría casado con él.

8. Vamos a descansar donde tengan un banco limpio y un toldo que nos proteja.

∞ | EN EQUIPO

En grupos de dos o más personas, identifiquen las sílabas tónicas y practiquen la división de las citas siguientes en frases prosódicas. Sigan el modelo.

1. La gu**e**rra n**o** **e**s m**á**s natur**a**l que la tubercul**o**sis o la mortalid**a**d infant**i**l.
    (Fraus E. Sillanpaa, finlandés)

2. No hay camino para la paz; la paz es el camino. (Mahatma Gandhi, hindú)

3. La última voz audible antes de la explosión del mundo será la de un experto que dirá: «Es técnicamente imposible». (Peter Ustinov, inglés)

4. Las guerras seguirán mientras el color de la piel siga siendo más importante que el de los ojos. (Bob Marley, jamaicano)

5. Todas las guerras son santas. Os desafío a que encontréis un beligerante que no crea tener el cielo de su parte. (Jean Anouilh, francés)

6. Las madres de los soldados muertos son jueces de la guerra.
    (Bertold Brecht, alemán)

7. No se puede ganar una guerra, como tampoco se puede ganar un terremoto.
    (Jeannette Rankin, estadounidense)

8. Si el rey, el presidente, el primer ministro y el general en jefe debieran ser los primeros en ir a la línea de fuego al declararse la guerra, ésta no tendría lugar. (Anónimo)

TEXTOS DE PRÁCTICA

1. Lo que me asombra es no haber abandonado por completo mis esperanzas, que parecen absurdas e irrealizables. Y, sin embargo, me aferro a ellas a pesar de todo y sigo creyendo en la innata bondad del hombre. (Ana Frank, *Diario*, 15 de julio de 1944)

04-09

2. Así, queridos americanos, no nos preguntemos qué puede hacer mi país por mí, sino qué podemos hacer por nuestro país. Amigos ciudadanos del mundo, no preguntéis qué hará América por vosotros, sino qué podemos hacer juntos por la libertad de los hombres. (J. F. Kennedy, *Discurso inaugural*, 20 de enero de 1961)

04-10

3. María Antonieta no se daba cuenta exactamente de lo que pasaba en ese momento. Un día en que la multitud se aglomeraba frente a la verja del palacio de Versalles, la reina los vio desde una ventana y preguntó:

    —¿Por qué hacen tanto ruido? ¿Qué es lo que quieren?

    Alguien le dijo que no tenían pan y lo pedían a gritos. Y la reina, según cuenta la leyenda, respondió de esta manera:

    —Pues si no tienen pan, que coman pasteles.

04-11

NOCIONES AFINES

El ritmo y la entonación

Un aspecto importante del sistema fonológico de una lengua es su **ritmo,** es decir, la regularidad con la que se suceden las sílabas en el habla, la duración relativa entre ellas y la relación que éstas tienen con el compás de la melodía lingüística.

Se ha dicho tradicionalmente que el español tiene un **ritmo silábico** (en inglés, *syllable-timed rhythm*): la sílaba juega un papel más importante que el acento en la construcción del compás rítmico. En las lenguas de **ritmo acentual** (en inglés, *stress-timed rhythm*), por otro lado, las sílabas átonas se juntan para crear espacios más o menos iguales entre las sílabas tónicas. Hoy en día se reconoce que la realidad es todavía más compleja; no hay una distinción categórica entre los dos "extremos" rítmicos. No obstante, podemos afirmar que el español—con su preponderancia de sílabas abiertas, escasez de palabras monosilábicas y falta de reducción vocálica, entre otras características—goza de un ritmo muy diferente al del inglés.

Entonación (en inglés, *intonation*) se refiere a las subidas y bajadas de tono (en inglés, *pitch*) que sistemáticamente se usan en el habla—a veces contrastivamente, a veces no. Tanto la entonación como el ritmo componen la melodía del habla.

La entonación del español varía bastante según el dialecto, algunos de los cuales destacan por sus melodías tan características. Aunque existen patrones comunes entre muchos dialectos, nuestro consejo es que el estudiante trate de imitar las melodías que tenga en su entorno, sea en forma grabada, en la televisión, o en la voz de sus amigos e instructores.

CULTURA LINGÜÍSTICA

Poesía, música y ritmo

La fonetista Ilse Lehiste afirma que "el ritmo de una lengua se cristaliza en su poesía folklórica". Comparando muestras de sus tradiciones poéticas populares, podemos llegar a apreciar algunas diferencias importantes entre el ritmo del castellano y el del inglés.

La distinción entre ritmo silábico y ritmo acentual se refleja en las estrategias poéticas populares de los dos idiomas. La tradición literaria española valora los versos medidos en sílabas, mientras que la poesía inglesa se basa más frecuentemente en pies métricos, asegurando así cierto número de sílabas tónicas pero no necesariamente cierto número de sílabas.

Una de las diferencias más curiosas entre el español y el inglés surge donde se cruza el ritmo lingüístico con el ritmo musical. Como Ud. puede haber notado en canciones de todos los géneros, en español es común que se acentúen sílabas que tendrían que ser átonas en la lengua hablada. Los anglohablantes, sin embargo, evitan tales desajustes; es muy raro que se acentúe en la música una sílaba átona de una palabra inglesa. En la MUESTRA MUSICAL que se presenta a continuación, escuchamos claramente la acentuación *vestidá* y *muchó* en el contexto cantado, en contraste con la acentuación llana normal que se oye en el habla (es decir, *vestida* y *mucho*, con acento prosódico en la penúltima sílaba de cada palabra). Tales cambios de acento son chocantes para los anglohablantes, pero parecen encajar perfectamente bien en el sistema poético del castellano, donde puede ser más importante el número de sílabas que la acentuación prosódica de ellas.

MUESTRA MUSICAL

Escuche la canción y observe el desajuste entre el compás musical y el ritmo normal del texto. En particular, notará que las palabras vestida *y* mucho *se cantan con acento en la sílaba "equivocada". Las sílabas rojas coinciden con el compás musical acentuado.*

TENGO UNA MUÑECA
Canción infantil

Canta: Esperanza Roselló Morgan (España)

Tengo una mu**ñe**ca vesti**da** de a**zul**	1
Con su cami**si**ta y su **canesú**;	2
La saqué a pa**se**o, se me **constipó**	3
La tengo en la **ca**ma con mu**cho** do**lor**.	4

Esta mañanita me dijo el doctor	5
Que le dé jarabe con un tenedor;	6
Dos y dos son cuatro, cuatro y dos son seis,	7
Seis y dos son ocho y ocho, dieciséis.	8

Y ocho veinticuatro y ocho treinta y dos,	9
Ánimas benditas me arrodillo yo.	10

04-12

BIS

∞ INVESTIGACIÓN

Busque un ejemplo del cambio de acento en una canción de cualquier género de música en español. No tendrá que escuchar muchas canciones para que le salga un ejemplo bueno.

∞ PROBLEMA DE FONOLOGÍA

Las siglas son series de letras (por ejemplo, *PNP* [pe.ne.ˈpe]), de sílabas (*UNICEF* [u.ni.ˈsef]) o de las dos cosas (*PSOE* [pe.ˈso.e]), pero siempre terminan pronunciándose como una palabra, con su propio acento léxico (y prosódico, ya que son sustantivos). Pero ¿en qué sílaba se acentúan? Formule reglas que den cuenta de la acentuación de las siglas que se presentan a continuación.

PNP	[pe.ne.ˈpe]	*UNESCO*	[u.ˈnes.ko]
UNICEF	[u.ni.ˈsef]	*OPEP*	[o.ˈpep]
OTAN	[o.ˈtan]	*FIFA*	[ˈfi.fa]
ONG	[o.e.ne.ˈxe]	*OEA*	[o.ˈe.a]
NASA	[ˈna.sa]	*PP*	[pe.ˈpe]
PRD	[pe.re.ˈðe]	*MERCOSUR*	[mer.ko.ˈsur]
ONU	[ˈo.nu]	*CD*	[se.ˈðe]
UCAMAYMA	[u.ka.ˈmaj.ma]	*ISA*	[ˈi.sa]
IBM	[i.βe.ˈe.me]	*PC*	[pe.ˈse]
RENFE	[ˈreɲ.fe]	*NCR*	[e.ne.se.ˈe.re]
ETA	[ˈe.ta]	*11-M*	[on.se.ˈe.me]
BMW	[be.me.ðo.βle.ˈu]	*DVD*	[de.βe.ˈðe], [dew.βe.ˈðe]

5 [ka.ˈpi.tu.lo.ˈsiŋ.ko]

El fonema

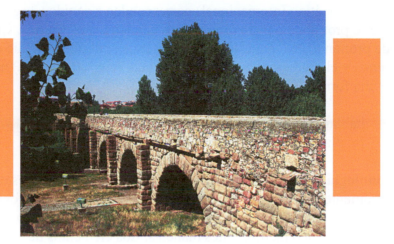

Al lado de la realidad articulatoria de los sonidos, existe también una realidad sicológica. Un mismo sonido puede ser percibido de una manera por los hablantes de una lengua, y de otra manera por los hablantes de otra lengua. Para entender esto, tenemos que dar cuenta de unos contrastes básicos. Hay tres sistemas muy diferentes de representar el habla:

La ortografía es el sistema que usamos para escribir una lengua. Todo hablante sabe hablar su lengua nativa (tal como sugiere la palabra "hablante"), pero sólo los que tienen estudios la saben escribir. Hay que aprender, formalmente, cuáles son las convenciones para representar una lengua por escrito.

Cada lengua tiene su propio sistema ortográfico. En español, los elementos del sistema, las letras, representan un solo sonido en muchos casos; por ejemplo, cada letra de la palabra *letra* corresponde a un sonido. Pero, hay otras posibilidades:

- Algunas letras corresponden a más de un sonido. Por ejemplo, la letra *c* representa un sonido en *cano* y otro sonido en *ceno*.

- Una sola letra puede corresponder a dos sonidos. Por ejemplo, la *x* de *taxi* representa dos sonidos, [k] y [s].

- Dos letras pueden representar un solo sonido. Por ejemplo, *ll* corresponde no a dos sonidos, sino a uno, el primer sonido de *lleno*.

- También hay letras que se tienen que escribir por convención, sin corresponder a ningún sonido. La *h* de *hasta*, por ejemplo, no corresponde a ningún sonido.

La ortografía del español no es totalmente ajena a la pronunciación, pero las letras del alfabeto no constituyen una fiel representación de la pronunciación.

La fonética tiene que ver con la pronunciación de los sonidos. No hay un alfabeto ortográfico universal, pero sí hay un alfabeto fonético universal. Los símbolos del AFI (Alfabeto Fonético Internacional) corresponden a sonidos, organizados según la manera en que se pronuncian y sin referencia a una lengua específica. Cualquiera que sepa el AFI puede pronunciar lo que está escrito con esos símbolos. Ya que el alfabeto fonético es universal y el alfabeto del español (o de cualquier otra lengua) no lo es, hay diferencias entre una forma de representación y la otra.

> hablar = representación ortográfica (en letras)
> [a.ˈβlaɾ] = representación fonética (en sonidos)

La fonología tiene que ver con la manera en que los hablantes de una lengua organizan (mentalmente) los sonidos para crear palabras. Los sistemas fonológicos no son universales, porque los hablantes de diferentes lenguas perciben y manipulan su repertorio fonético de diferentes maneras. Los elementos de este sistema son conjuntos de sonidos que tienen una función contrastiva en una lengua; estos conjuntos de sonidos se llaman **fonemas**. Fíjese que los sonidos aparecen entre corchetes mientras que los fonemas aparecen entre barras oblicuas.

> [a.ˈβlaɾ] = representación fonética (en sonidos)
> /a.ˈblaɾ/ = representación fonológica (en fonemas)

El fonema

Todos hemos oído lo siguiente: Hay un accidente en la calle y lo ven tres personas. Luego, al ser entrevistados por la policía, los testigos describen el accidente de tres maneras diferentes. Esta historia lleva a la conclusión de que la percepción humana varía según el punto de vista de la persona y su experiencia previa.

De la misma manera, lo que oímos depende de los sonidos que forman parte de nuestra experiencia. Todos los seres humanos hablan (por lo menos) una lengua y, basándose en esa lengua, han aprendido a percibir ciertos contrastes fonéticos—y a no hacer caso de otros. Si hablamos inglés, por ejemplo, hemos aprendido que la diferencia entre [s] y [z] es capaz de producir diferencias de significado:

> *hiss* vs. *his*
> *seal* vs. *zeal*
> *lacy* vs. *lazy*

Estos pares de palabras se llaman **pares mínimos,** y confirman la existencia en una lengua de contrastes **fonémicos,** contrastes entre unos sonidos y otros que permiten distinguir entre palabras. En ingles, el contraste fonético entre [s] y [z] tiene estatus fonémico: /s/ vs. /z/. Dos palabras constituyen un par mínimo si coinciden en todos sus fonemas menos uno.

Una de las dificultades del aprendizaje de una nueva lengua es precisamente que cada lengua tiene su propio sistema de contrastes fonémicos. En español, por ejemplo, no hay pares mínimos basados en el contraste [s] vs. [z]. En muchos dialectos se oye el sonido [z] al lado de una consonante sonora.

> *mi*[z]*mo*
> *de*[z]*de*

Sin embargo, no hay un cambio de significado si se sustituye [s] en estos casos. Tampoco cambia el significado de las palabras siguientes si las pronunciamos con [z], aunque suene raro decirlas así.

> *presidente*
> *música*
> *Susana*

El contraste /s/ vs. /z/ sencillamente no existe en español. Cuando el hispanohablante trata de aprender inglés, entonces, le cuesta oír la diferencia entre *hiss* y *his*, por muy real que sea, porque su experiencia previa le ha dicho que no hay que prestar atención a este detalle.

inglés:	/s/ vs. /z/	*En inglés hay dos fonemas /s/ y /z/, y estos fonemas*
	| |	*se realizan como los **alófonos** [s] y [z], respectivamente.*
	[s] [z]	

español:	/s/	*En español hay un fonema /s/, y este fonema se realiza*
	/ \	*como los alófonos [s] y [z] (entre otros).*
	[s] [z]	

A veces ocurre al revés: un contraste es meramente fonético en inglés, mientras que tiene estatus fonémico en otra lengua. Consideremos el fenómeno de la nasalización de las vocales. En el inglés americano hay vocales nasalizadas delante de consonante nasal; por ejemplo, pronunciamos palabras como *mom* o *land* con nasalización: [mãm], [lænd]. Sin embargo, esta nasalización no produce pares mínimos; no hay ninguna diferencia de significado entre palabras pronunciadas con o sin nasalización.

En francés, en cambio, la nasalización es fonémica; la presencia o ausencia de este rasgo en la vocal produce diferentes palabras.

> *peau* [po] piel vs. *pont* [põ] puente
> *beau* [bo] bello vs. *bon* [bõ] bueno

Entonces, las dos lenguas se diferencian en cuanto al estatus de la nasalización.

inglés: /o/   *En inglés hay un fonema /o/, y este fonema se realiza como*
             / \   *los alófonos [o] y [õ] (entre otros).*
          [o] [õ]

francés: /o/ vs. /õ/   *En francés hay dos fonemas /o/ y /õ/, y estos fonemas*
             | | *se realizan como los alófonos [o] y [õ], respectivamente.*
           [o]   [õ]

Entonces, al anglohablante, que ha aprendido que la nasalización no sirve para producir pares mínimos en su propia lengua, le va a costar percatarse de la importancia de la nasalización en el sistema fonológico del francés. De esta manera el sistema fonológico de una lengua determina la percepción de los sonidos de otras lenguas.

En resumen, el fonema es un conjunto de sonidos (fonéticamente parecidos, por lo general) que los hablantes de una lengua perciben como un solo sonido. Mediante la manipulación de los fonemas de su lengua, los hablantes producen contrastes entre una palabra y otra. Los fonemas de una lengua no existen, necesariamente, en otra; por esta razón, el aprendizaje de una lengua implica el aprendizaje de los contrastes (fonémicos) y los no-contrastes (alofónicos)
de esa lengua.

APLICACIÓN

Pares mínimos

Pronuncie las dos palabras inglesas. ¿Constituyen un par mínimo? Si constituyen un par mínimo, ¿cuál es el contraste fonémico ilustrado?

1. park, part
2. baked, brake
3. waste, waist
4. grease, greet

5. shared, cared
6. sleigh, slow
7. Mary, marry
8. chip, chick

Pronuncie las dos palabras españolas. ¿Constituyen un par mínimo? Si constituyen un par mínimo, ¿cuál es el contraste fonémico ilustrado?

1. tapa, capa
2. trapo, tripa
3. foto, voto
4. llave, clave

5. heder, Edén
6. tico, tipo
7. tuvo, tubo
8. casa, caza

EN EQUIPO

Pares mínimos

Busquen varios pares mínimos (en <u>inglés</u>) que ilustren el contraste fonémico entre…

1. /t/ y /d/   *to/do, trill/drill, wants/wands, right/ride*
2. /f/ y /v/
3. /p/ y /b/
4. /b/ y /v/
5. /m/ y /n/
6. /s/ y /z/
7. /l/ y /r/
8. /g/ y /k/

Busquen varios pares mínimos (en <u>español</u>) que ilustren el contraste fonémico entre…

1. /t/ y /d/   *ten/den, ata/hada*
2. /i/ y /e/
3. /p/ y /b/
4. /m/ y /n/
5. /f/ y /p/
6. /g/ y /k/
7. /s/ y /t/
8. /e/ y /o/

La transcripción

La ortografía sirve para representar una lengua por escrito. Para que la ortografía sea útil, tiene que ser estable; los usuarios—vivan donde vivan, hablen como hablen—tienen que respetar las mismas convenciones. Por eso, mientras que las lenguas son cambiantes, los sistemas ortográficos son muy conservadores y, como resultado, no representan con absoluta fidelidad lo que se dice.

Hay una manera de representar lo que se dice, que se llama transcripción. En la transcripción un solo símbolo corresponde a cada sonido, de tal manera que cualquiera que sepa los símbolos pueda reproducir la palabra o frase original al leer la transcripción.

¿Por qué aprendemos a transcribir en este curso? Primero, porque todos estamos tan acostumbrados a la ortografía que no nos damos cuenta de todo lo que no se representa ortográficamente. Segundo, porque el proceso de aprendizaje sirve para enfocar la atención sobre estos aspectos del lenguaje. En fin, la transcripción, como cualquier otra disciplina, ayuda a agudizar la percepción.

En la transcripción, lo que no se pronuncia no se transcribe. En cambio, hay que marcar la sílaba tónica, ya que no puede identificarse por convención ortográfica.

hasta [ˈas.ta]
guerra [ˈge.ra]
quema [ˈke.ma]

La diéresis, un símbolo ortográfico que significa "esta letra se pronuncia" no se usa en la transcripción—porque no se transcribe lo que no se pronuncia.

lingüista [liŋ.ˈgwis.ta]

La [ŋ] velar de la transcripción anterior ejemplifica una de las ventajas de la transcripción: da cuenta de detalles fonéticos que la ortografía no puede captar, o que confunde. Otro ejemplo útil:

tuvo [ˈtu.βo]
tubo [ˈtu.βo]

🎵 MUESTRA MUSICAL

Esta canción es característica de los juegos lingüísticos infantiles del mundo hispanohablante. Después de cantar la primera estrofa, se vuelve a cantar quitando todas las vocales y reemplazándolas por la vocal /a/. Después se canta únicamente con la vocal /e/, luego con la /i/, etcétera.

DAME EL PERRO
Canción infantil

Canta: Esperanza Roselló Morgan (España)

Dame el perro que te regalé

Porque no supiste cuidar de él

Porque no le diste pan y chocolate

Porque no le hiciste dormir en colchón.

05-01

/a/:   Dama al parra...

/e/:   Deme el perre...

/i/:   Dimi il pirri...

/o/:   Domo ol porro...

/u/:   Dumu ul purru...

∞ | TRANSCRIPCIÓN

*Desde luego, el juego lingüístico no se basa en la representación ortográfica de la canción, sino en la representación mental que construye cada hablante. (De hecho, los niños cantan perfectamente bien "Dame el perro" sin saber leer o escribir.) De no ser así, la pronunciación de la segunda consonante de re**ga**lé cambiaría según la vocal que le siguiera: ra**ga**lá con [g], pero re**ge**lé con el sonido de la <j>, ¿no? Obviamente, tiene que ser la **representación fónemica** la que sirve como punto de partida. Tal como vamos a ver en otros casos más adelante, los juegos lingüísticos proveen evidencia importante de las estructuras cognitivas relacionadas con el idioma. Vuelva a escuchar la canción, fijándose esta vez en su representación fónemica.*

/ˈdame el ˈpero/
Canción infantil

Canta: Esperanza Roselló Morgan (España)

/ˈdame el ˈpero ke te regaˈle/

/poɾke ˈno suˈpiste kuiˈdaɾ de ˈel/

/poɾke ˈno le ˈdiste ˈpan i t͡ʃokoˈlate/

/poɾke ˈno le iˈθiste doɾˈmiɾ en kolˈt͡ʃon /

/a/:   /ˈdama al ˈpara ka ta ragaˈla/...

/e/:   /ˈdeme el ˈpere ke te regeˈle/...

/i/:   /ˈdimi il ˈpiri ki ti rigiˈli/...

/o/:   /ˈdomo ol ˈporo ko to rogoˈlo/...

/u/:   /ˈdumu ul ˈpuru ku tu ruguˈlu/...

TRES NIVELES DE REPRESENTACIÓN

Representación ortográfica   Ejemplo: *Has enviado los cheques.*
- Se escriben **grafemas** (letras), además de puntos, comas, diéresis, etcétera.
- Las inconsistencias de la ortografía incluyen: la \<h\> y la \<u\> mudas, la arbitrariedad de \<b\> versus \<v\>, etcétera.
- Existen normas convencionales para el uso de mayúsculas, puntuación, etcétera.
- Las tildes se escriben según las normas de ortografía establecidas por la Real Academia Española.
- Existe una ortografía estándar para todo el mundo hispanohablante, con pocas excepciones.

Transcripción fonémica (fonológica)   Ejemplo: /ˈas enˈbiado los ˈt͡ʃekes/
- Se escriben **fonemas**.
- Se escribe la transcripción entre barras oblicuas: / /.
- No se escriben detalles que no sean fonológicamente distintivos.
- El número de símbolos usados (es decir, de fonemas) es finito y relativamente bajo—normalmente entre 22 y 24 para cualquier dialecto del español moderno.
- La transcripción fonémica es casi la misma para todos los hablantes de todos los dialectos del español.
- Toda sílaba acentuada (es decir, toda vocal tónica) se indica, tenga tilde o no en su representación ortográfica estándar.
- Cada fonema se representa de una sola manera (es decir, no debe haber variación dentro de un sistema dado). No se usan mayúsculas ni marcas diacríticas (exceptuándose la marca del acento).

Transcripción fonética   Ejemplo: [ˈa.sem.ˈbja.ðo.loh.ˈt͡ʃe.kes]
- Se escriben **alófonos**, con todo el detalle fonético que se quiera.
- Se escribe la transcripción entre corchetes: [ ].
- El número de símbolos usados varía según la estrechez de la transcripción fonética. Se emplearán alrededor de 35 símbolos en una transcripción fonética muy "ancha", y muchísimos más en una muy "estrecha" (muy detallada).
- Cada frase fonética se escribe como una cadena de sílabas separadas por un punto. La frase fonética es todo lo que se articula entre pausas.
- Se emplean reglas de silabificación (dentro de una palabra) y de resilabificación (entre palabras, o sea, "enlace") para llegar a la representación silábica dada.
- Cada símbolo representa sistemáticamente a un sonido. Una letra mayúscula no equivale a la minúscula correspondiente.

🐍 TRANSCRIPCIÓN

En el resto de este libro, se presentarán, con lujo de detalles, todos los sonidos del español y sus símbolos fonéticos correspondientes. No obstante, sería útil estudiar ahora las correspondencias entre los tres niveles de representación que se ilustran en los siguientes ejemplos.

REPRESENTACIÓN ORTOGRÁFICA	TRANSCRIPCIÓN FONÉMICA	TRANSCRIPCIÓN FONÉTICA
Has enviado los cheques.	/ˈas enˈbiado los ˈt͡ʃekes/	[ˈa.sem.ˈbja.ðo.los.ˈt͡ʃe.kes]
Dame cinco.	/ˈdame ˈsinko/	[ˈda.me.ˈsiŋ.ko]
Arrugan tus hojas blancas.	/aˈrugan tus ˈoxas ˈblankas/	[a.ˈru.ɣan̪.tu.ˈso.xaz.ˈβlaŋ.kas]
Vamos a vivir en España.	/ˈbamos a biˈbiɾ en esˈpaɲa/	[ˈba.mo.sa.βi.ˈβi.ɾe.nes.ˈpa.ɲa]
¿Por qué razón hacen eso?	/poɾ ˈke raˈson ˈasen ˈeso/	[poɾ.ˈke.ra.ˈso.ˈna.se.ˈne.so]
Guillermo lo ha sugerido.	/giˈɟermo lo ˈa suxeˈrido/	[gi.ˈɟer.mo.lo.ˈa.su.xe.ˈɾi.ðo]

6 [ka.ˈpi.tu.lo.ˈsejs]

Las vocales

Las características físicas de las vocales

Los sonidos que constituyen la materia audible del habla se dividen en dos grandes grupos: las vocales y las consonantes. La diferencia entre ellas tiene que ver con su articulación; mientras que las vocales se caracterizan por el libre paso del aire, las consonantes se caracterizan por la obstrucción del aire.

El aire pasa libremente, entonces, cuando se produce una vocal. Sin embargo, el paso del aire puede ser modificado (sin que esta modificación llegue a obstruir el aire) por los movimientos de la lengua. La lengua puede moverse en el eje vertical (para arriba y para abajo) y en el eje horizontal (para adelante y para atrás). Usando el eje vertical, podemos clasificar las vocales en altas, medias y bajas:

> /i/ y /u/ son altas
> /e/ y /o/ son medias
> /a/ es baja

El grado de apertura de la boca acompaña automáticamente estos movimientos de la lengua: conforme se levanta la lengua, se cierra la boca, y vice-versa. Según la apertura de la boca, entonces, las mismas vocales pueden clasificarse así:

> /i/ y /u/ son altas/cerradas
> /e/ y /o/ son medias
> /a/ es baja/abierta

Usando el eje horizontal, podemos clasificar las vocales en anteriores y posteriores:

/i/ y /e/ son anteriores
/u/ y /o/ son posteriores
/a/ es central, ni anterior ni posterior

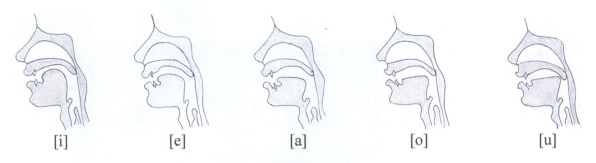

[i]   [e]   [a]   [o]   [u]

Los labios también participan en la modificación de los sonidos vocálicos. Las vocales posteriores [u] y [o] se producen con redondeamiento de los labios; sin embargo, esto no sucede en las demás vocales. (Aún más, las vocales anteriores [i] y [e] se producen con estiramiento de los labios; en la producción de la [a] los labios no están ni redondeados ni estirados.)

[i]

[u]

[e]

[o]

[a]

Combinando estos criterios, se produce lo que se llama el "triángulo vocálico":

lengua alta y anterior   [i]   [u]   lengua alta y posterior
labios no redondeados   labios redondeados

lengua media y anterior   [e]   [o]   lengua media y posterior
labios no redondeados   labios redondeados

[a]
lengua baja y central
labios no redondeados

Las vocales en términos ortográficos, fonéticos y fonológicos

El inglés y el español son muy diferentes en cuanto a la pronunciación de las vocales, pero no en cuanto a la ortografía. En las dos lenguas, las letras que se clasifican como vocales son *a, e, i, o, u*; las demás letras se consideran consonantes, sea cual sea el sonido al que correspondan. Esta distinción nos permite entender, por ejemplo, por qué la palabra *Paraguay* no lleva tilde. Esta palabra es aguda y termina en la letra *y*, que es ortográficamente (¡pero no fonéticamente!) una consonante; como resultado, no hay que indicar con una tilde que se acentúa en la última sílaba.

Fonéticamente, las vocales del español son muy tensas. Esta tensión muscular hace que sean "puras", que el timbre de las vocales cambie relativamente poco durante su articulación. En inglés, en contraste, muchas vocales se diptongan al pronunciarse; puede observar este fenómeno al decir lentamente el nombre de las cinco vocales en inglés. (Aunque se pronuncie muy lentamente en español *a, e, i, o, u*, el timbre no va a variar.) Desde luego, hay diptongos en español, pero la distinción entre una vocal pura y un diptongo es muy clara en español, fonética y ortográficamente.

Hay un proceso fonético en inglés que los anglohablantes practican de manera inconsciente: la reducción. Las vocales átonas inglesas tienden a pronunciarse de manera indistinta; en muchos casos, se pronuncian [ə] (como la vocal que producimos al decir *uh*, cuando no sabemos qué decir), a pesar de su ortografía. Las vocales átonas de las siguientes palabras, por ejemplo, tienen casi la misma pronunciación en inglés, mientras que se diferencian claramente en español:

announce vs. anunciar
event vs. evento
infinite vs. infinito
polemic vs. polémica
subzero vs. sub-cero

El español tiene un sistema vocálico bastante sencillo, constituido por sólo cinco fonemas (o sea, cinco elementos vocálicos que sirven para producir contrastes entre una palabra y otra). El inglés tiene un sistema vocálico mucho más complejo, con muchos más contrastes (a pesar de la pérdida de dichos contrastes en sílabas átonas).

El redondeamiento de los labios

Al pronunciar las cinco vocales españolas, Ud. notará que en la producción de las posteriores, *y sólo en la producción de éstas,* los labios se redondean. Este **redondeamiento** nos ayuda a distinguir aun más claramente entre las vocales anteriores y las posteriores, dado que hay dos pistas fonéticas que distinguen entre, por ejemplo, la /o/ (posterior y redondeada) y la /e/ (anterior y no redondeada). Sin embargo, el rasgo redondeamiento no sirve por sí solo para distinguir entre vocales en el castellano, porque no hay dos vocales españolas que se diferencien sólo por la configuración de los labios. El redondeamiento que se emplea en la producción de las vocales españolas es, entonces, **redundante**.

En algunos idiomas no es así el caso. En el francés, por ejemplo, existen vocales anteriores redondeadas y no redondeadas. El inglés, en contraste, comparte con el castellano un redondeamiento redundante. Dado que el rasgo redondeamiento sirve comúnmente para distinguir entre vocales en las lenguas del mundo, solemos incluirlo en la descripción completa de cada vocal.

Hacia una buena pronunciación de las vocales

En resumen, las diferencias entre la pronunciación de las vocales en inglés y en español son importantes. Las vocales del español no varían mucho de acuerdo con la acentuación de la sílaba y mantienen un mismo timbre durante su articulación; en contraste, las vocales del inglés se reducen en sílabas átonas y se alargan muchísimo en sílabas tónicas. Para aprender a pronunciar correctamente las vocales en español, hay que:

* evitar la diptongación de vocales sencillas.
* evitar la reducción de vocales átonas.
* evitar el excesivo alargamiento de vocales tónicas.

REPETICIÓN RÁPIDA

CONSEJOS PRÁCTICOS: Dos tendencias que hay que evitar al pronunciar las vocales castellanas:

- diptongación
- reducción

¡Palabras pentavocálicas! *Cada palabra contiene las cinco vocales españolas.*

06-01

ecoturista	subordinante	denticulado
republicano	ineducado	turronería
comunicable	nebulosidad	resucitado
educativo	centrifugado	etnomúsica
unipersonal	reconstructiva	multilátero
relunático	imperturbado	luteranismo

¡Cognados! *Hay que tener cuidado con estas palabras porque se parecen mucho a las formas inglesas correspondientes—pero las vocales españolas no se reducen y no se hacen diptongos.*

06-02

Canadá	colectivo	individuo	delicioso	Panamá
monótono	mecanismo	particular	Virginia	gingivitis
personal	La Florida	diferente	Carolina	diploma
operador	inteligencia	América	Dakota	monopolio
económico	teléfono	África	marimba	banana

¡Animales del zoológico! *Casi todas estas palabras también tienen cognados en inglés. ¿Reconoce todos los animales?*

06-03

el hipopótamo	el elefante	el avestruz	el perezoso	el tiburón
el rinoceronte	los pájaros	el pingüino	el armadillo	la iguana
la jirafa	el cocodrilo	las serpientes	el oso polar	la tortuga
el gorila	los moluscos	el manatí	el leopardo	el chimpancé
los reptiles	el escorpión	el canguro	el orangután	el ornitorrinco

 **VEO VEO**

Identifique los animales.

 **TEXTOS DE PRÁCTICA**

CADA ABEJA CON SU PAREJA
Gloria Fuertes (España)

Cada abeja con su pareja.

Cada pato con su pata.

Cada loco con su tema.

Cada tomo con su tapa.

06-04

Cada tipo con su tipa.

Cada pito con su flauta.

Cada foco con su foca.

Cada plato con su taza.

© **Heredera de Gloria Fuertes**

INVESTIGACIÓN

Pares mínimos (vocales)

Siguiendo el modelo, escriba cinco palabras que ilustren la diferencia fonémica entre las cinco vocales del español en cada caso. ¿Conoce Ud. todas las palabras? ¿Se le ocurre un ejemplo más para el número 15?

1. /l/ ___ /s/   *las, les, lis, los, luz*

2. ___ /s/ /a/

3. /p/ ___ /s/

4. /b/ ___ /s/

5. /r/ ___ /t/ /a/

6. /r/ ___ /x/ /a/

7. /r/ ___ /s/ /o/

8. /p/ ___ /s/ /o/

9. /p/ ___ /p/ /a/

10. /m/ ___ /s/ /a/

11. /b/ ___ /y/ /a/

12. ___ /b/ /a/

13. /p/ ___ /s/ /e/

14. ___ /s/ /o/

15. ?

TEXTOS DE PRÁCTICA

Los envases de productos comestibles son una fuente curiosa de información lingüística y cultural. Lea estos textos en voz alta, prestando atención a la pronunciación de las vocales. Tenga cuidado, sobre todo, con los cognados. ¡Evite la diptongación de vocales sencillas acentuadas y la reducción de vocales átonas! ¿Conoce los productos?

YERBA MATE TOSTADA

Milmate

Composición General	Mg./100Gr.*
Proteínas	13,7
Minerales	Mg./100Gr.
Calcio	704
Magnesio	684
Hierro	10,2
Zinc	2,98
Vitaminas	Mg./100Gr.
C (ácido ascórbico)	1,59
Riboflavina - B2	0,031
Tiamina - B1	7,53

Nuestro objetivo es mantener calidad.

INTN

1.

Horchata
de Chufa de Valencia
UHT

Ingredientes: -
Agua, chufas, azúcar, emulgente E-472b, estabilizante E-407 y aromas naturales de limón y canela.

INFORMACION NUTRICIONAL
Valor medio por 100 g de producto

-Valor energético 66 Kcal /278 KJ	
-Proteínas	0,5 g
-Hidratos de carbono	11,5 g
Azúcares	10,5 g
-Grasas	2 g
Ácidos grasos saturados	0,4 g
-Colesteral	0 mg
-Fibra alimentaria	0,6 g
-Sodio	0,1 g

2.

FRITURAS DE MAIZ
CUATES LIMON

INGREDIENTES:
Maíz, Aceite Vegetal, Sal, Ácido Cítrico, Suero de leche, Sabor Barbacoa-Limón, colorantes artificiales: Amarillo No. 5 (tartrazina) y Azul No. 1 y antioxidante terbutilhidroquinona (TBHQ).

Distribuido por:
GUATEMALA. CALSA, 19 Calle 29-90, Zona 12. Tel. 2472-7600
EL SALVADOR. EDT El Salvador, Km 19.5 Carretera a Pto. La Libertad frente a Zaragosa, Tel. 2314-0853.
HONDURAS. EDT Honduras, Tegucigalpa. Tel. 236-8739

Reg. Sanitario
D.G.R.V.C.S. D.R.C.A.
No.B -17170

Producto Centroamericano hecho en Guatemala por Alimentos, S. A:
Km. 15 Carretera a El Salvador

VEASE ABAJO:
FECHA Y LOTE DE PRODUCCION (dd mm aa lote)
FECHA DE VENCIMIENTO (dd mm aa)

3.

Señorial

INFORMACION NUTRICIONAL
Tamaño de porción 14g
Porciones por paquete: 3

Cantidad por porción	
Energía (cal)	72
Calorías provenientes de grasa	36
Grasa Total	4 g
Colesterol (0 mg/100 g)	0 mg
Sodio	130 mg
Carbohidratos	8 g
Proteínas	1 g

Calorías por gramo
Grasa 9 • Carbohidratos 4 • Proteínas 4

LIMPIEZA ES SALUD

4.

5.

7 [ka.ˈpi.tu.lo.ˈsje.te]

Fonema /a/

[a.ta.ˈka.ma]

[e.la.ta.ˈka.ma.ˈe.sel.lu.ˈɣaɾ.ˈma.ˈsa.ɾi.ðo.ðel.pla.ˈne.ta.ˈtje.ɾa ‖ la.
ma.ˈjoɾ.ˈpaɾ.te.ðe.ˈes.te.ðe.ˈsjer.to.es.ˈta.eɲ.t͡ʃi.le | eṉ.tre.la.ˈkos.ta.ðel.
pa.ˈsi.fi.koj.la.ˈsje.ɾaṉ.ˈdi.na ‖ a.ˈβaɾ.ka.tam.ˈbje.ˈnu.na.ˈfɾaŋ.xa.ðe.la.
ˈkos.ta.pe.ˈrwa.na | i.ˈje.ɣas.ta.βo.ˈli.βja ‖ laz.ˈju.βja.se.ne.la.ta.ˈka.ma.
ˈsoŋ.ka.si.ˈnu.las]

[la.sju.ˈðað.t͡ʃi.ˈle.na.ðe.a.ˈɾi.ka | en.la.re.ˈxjoṉ.de.ta.ra.pa.ˈka |
ˈtje.ne.ˈfa.ma.ðe.ˈser.la.ˈmas.ˈse.ka.ðel.ˈmuṉ.do ‖ las.ˈpla.jaz.ðe.a.ˈɾi.ka.
ˈso.ˈnu.ni.ka.se.nel.pa.ˈis.por.ke.a.ˈji.laz.moṉ.ˈta.ɲaz.ˈno.ˈje.ɣa.nas.ta.
el.ˈmaɾ ‖ la.sju.ˈðað.ˈfwe.βi.si.ˈta.ða.por.pi.ˈɾa.ta.sen.la.ˈe.po.ka.ko.lo.ˈnjal |
ˈja.eɣs.pe.ɾi.meṉ.ˈta.ðo.ˈmu.t͡ʃas.ka.ˈtas.tro.fez.na.tu.ˈɾa.les | eṉ.tre.ˈe.jas.
te.re.ˈmo.tos | ma.ɾe.ˈmo.to.si.la.fa.ˈmo.sa.ɾi.ˈðez.ðe.la.ta.ˈka.ma]

🔊 LECTURA TRANSCRITA

Fonema /a/

07-01

ATACAMA

El Atacama es el lugar más árido del planeta Tierra. La mayor parte de este desierto está en Chile, entre la costa del Pacífico y la sierra andina. Abarca también una franja de la costa peruana y llega hasta Bolivia. Las lluvias en el Atacama son casi nulas.

La ciudad chilena de Arica, en la región de Tarapacá, tiene fama de ser la más seca del mundo. Las playas de Arica son únicas en el país porque allí las montañas no llegan hasta el mar. La ciudad fue visitada por piratas en la época colonial, y ha experimentado muchas catástrofes naturales, entre ellas terremotos, maremotos y la famosa aridez del Atacama.

ARTICULACIÓN Y ACÚSTICA

[a]   vocal baja central no redondeada

DISTRIBUCIÓN FONOLÓGICA

/a/ → [a] en todos los contextos

REPETICIÓN RÁPIDA

Práctica con /a/

1. lana	9. atrapa	17. sábana	
2. tapa	10. amasa	18. lámpara	07-02
3. daña	11. pachanga	19. tápala	
4. saca	12. trabaja	20. ráfaga	
5. vaga	13. callada	21. matará	
6. facha	14. halaga	22. trabajar	
7. raja	15. hamaca	23. cavarás	
8. llama	16. hazaña	24. Samaná	

🎵 QUE POR CIERTO...

La vocal /a/ es el segmento más común de la lengua española. Según Navarro (1968:25), la frecuencia con la que aparece el fonema /a/ llega a más del 13% de los segmentos en un texto dado. Luego le sigue la /e/ con un 12%.

🎵 NOCIONES AFINES

La regla variable

Hemos comentado en este capítulo que el fonema /a/ se realiza con el alófono [a] en todos los entornos. Ése es el caso en el español normativo enseñado a los extranjeros, pero en la práctica, la /a/ a veces tiene otra realización: cero fonético (o sea, ∅). Esta elisión constituye un fenómeno del habla rápida y dialectal, y se describe formalmente mediante una **regla variable**.

$$/\breve{a}/ \rightarrow \emptyset \ / \ \underline{\qquad} \ \# \ \breve{v}$$

Una /a/ átona, al final de palabra, se elide en algunos dialectos si la palabra siguiente empieza por vocal átona. Siguiendo esta regla, se podrían elidir sólo las vocales subrayadas en el texto siguiente.

> Estab<u>a</u> el hijo de Marí<u>a</u> Eugenia con un<u>a</u> invitación que querí<u>a</u> ofrecerle a su amig<u>a</u> Enriqueta, la que estaba sentad<u>a</u> en el sofá en frente de nosotras.

Decimos que esta regla de elisión es **variable;** eso significa que no se aplica todo el tiempo, aunque se presente el contexto fonológico necesario. La aplicación de la regla depende de varios factores, entre ellos el dialecto del hablante (no ocurre en todos), la formalidad de la conversación (cuanto más informal, más elisión) y la rápidez del habla (cuanto más rápida, más elisión).

🎵 MUESTRA MUSICAL

Identifique cuáles son los casos de /a/ (final de palabra) que se eliden en esta versión de la canción.

BATELERO
Nijelson

Canta: Elsa Baeza (Cuba)

> Diríjase a nuestro sitio web para que tenga acceso a la letra, la música y más información sobre las muestras musicales no incluidas en el CD.

8 [ka.ˈpi.tu.lo.ˈo.t͡ʃo]

Fonema /e/

[e.ˈla.ðo]

[e.le.ˈla.ðo.ˈe.ˈsum.ˈpos.tre.koŋ.xe.ˈla.ðo.ke.ˈti.pi.ka.ˈmen̪.te.ˈez. ˈðul.sej.koṉ.ˈtje.ne.ˈle.t͡ʃe | pe.ɾo.en̪.tre.lo.se.ˈla.ðos.tam.ˈbjen.seŋ. ˈkwen̪.tran.sor.ˈβe.te.ˈse.t͡ʃoz.ðe.ˈa.ɣwaj.ˈfru.tas ‖ em.ˈme.xi.ko.a. le.ˈla.ðo.se.le.ˈði.se.ˈnje.βe]

[sje.le.ˈla.ðo.se.ˈsir.βe.ˈnum.ˈpa.lo.se.ˈja.ma.pa.ˈle.ta | em. ˈme.xi.koj.pe.ˈru | ˈpo.lo | e.nes.ˈpa.ɲa | o.ˈsim.ple.ˈmen̪.te.ˈla.ðo.ðe. pa.ˈli.to | em.be.ne.ˈswe.laj.pweɾ.to.ˈri.ko.po.ɾe.ˈxem.plo ‖ en.laz. ne.βe.ˈri.az.me.xi.ka.naz.ˈβeṉ.dem.pa.ˈle.taz.ðe.a.ɣwa.ˈka.te | e.ˈlo.te | ma.ˈmej | me.ˈlo.ni.ˈfre.sa ‖ ˈez.ˈmas | a.le.ˈla.ðo.se.le.ˈpwe.ðe. ˈt͡ʃar.ˈt͡ʃi.le ‖ ˈke.ˈri.ko]

𝄋 LECTURA TRANSCRITA

Fonema /e/

HELADO

El helado es un postre congelado que típicamente es dulce y contiene leche, pero entre los helados también se encuentran sorbetes hechos de agua y frutas. En México al helado se le dice nieve.

Si el helado se sirve en un palo se llama paleta (en México y Perú), polo (en España) o simplemente helado de palito (en Venezuela y Puerto Rico, por ejemplo). En las neverías mexicanas venden paletas de aguacate, elote, mamey, melón y fresa. Es más, al helado se le puede echar chile. ¡Qué rico!

08-01

ARTICULACIÓN Y ACÚSTICA

[e]   vocal media anterior no redondeada

DISTRIBUCIÓN FONOLÓGICA

/e/ → [e] en todos los contextos

REPETICIÓN RÁPIDA

Práctica con /e/

1. teje	9. decente	17. rétele	08-02
2. eñe	10. hereje	18. échense	
3. dengue	11. tembleque	19. célebre	
4. Cefe	12. gerente	20. pésete	
5. reme	13. semestre		
6. leche	14. rebelde	21. tereré	
7. seque	15. pesebre	22. segmenté	
8. pele	16. deleble	23. perecés	
		24. descrecer	

🐍 | NOCIONES AFINES

La transcripción fonética estrecha

Cuando transcribimos fonéticamente un enunciado, tenemos que decidir cuántos detalles vamos a documentar. En la LECTURA TRANSCRITA de cada capítulo de este libro, optamos por una transcripción bastante **ancha** (en inglés, *broad transcription*) porque nuestro objetivo es enseñar los detalles fonéticos más útiles para la enseñanza de la pronunciación y para el análisis fonológico en general. En una transcripción **estrecha,** sin embargo, seríamos más meticulosos y expondríamos todavía más minuciosidades.

Como ejemplo, volvamos a considerar la transcripción del fonema /e/. La regla que hemos presentado anteriormente reconoce sólo el alófono [e], sugiriendo que no hay otras realizaciones contextualmente determinadas. En realidad, todos los hispanohablantes producen esta vocal de varias maneras, abriéndola o cerrándola según el entorno. La regla (descripción formal) para este entorno es algo complicada, y no es necesariamente la misma para todos los dialectos y hablantes, pero en términos generales lo que ocurre es que la /e/ tiende a abrirse (o sea, que la lengua baja más y se produce una vocal media anterior abierta [ɛ]) ante la *erre* múltiple, ante /x/ ("jota") y en muchas sílabas cerradas (es decir, en sílabas que no terminan en vocal).

Ejemplos:

La vocal /e/ se abre ante [r] *múltiple y ante* [x]*:*

  /e/ → [ɛ] / ___ {[r], [x]}   *perro, lejos, le rogó, te juro*

También se abre si hay segmento (excepto /s/) en la coda:

  /e/ → [ɛ] / ___ {C, G} $ (C ≠ /s/)   *cerca, inepto, piel, peine*

  /e/ → [e] en los demás contextos   *pero, ve, mete, gema, esto*

Otro fenómeno que indicamos solamente en la transcripción estrecha es la nasalización de las vocales. Igual que en el inglés, en el castellano la nasalización vocálica es perfectamente predecible y no tiene valor fonémico. Se resume así: una vocal se nasaliza cuando se encuentra entre dos consonantes nasales, o en posición inicial absoluta (es decir, después de pausa) ante consonante nasal.

  V → Ṽ / {N, ##} ___ N   (N = consonante nasal)   *la mano* [la.ˈmã.no],
                                                        ¡Amén! [ã.ˈmẽn]

A continuación se vuelve a transcribir el texto "Helado" (de la introducción de este capítulo) más estrechamente, incorporando las reglas detalladas para el fonema /e/ y la nasalización vocálica.

[e.ˈla.ðo]

[e.le.ˈla.ðo.ˈe.ˈsum.ˈpos.tre.koŋ.xe.ˈla.ðo.ke.ˈti.pi.ka.ˈmẽ̞n̞.te.ˈez.
ˈðul.sɛj.koŋ.ˈtje.ne.ˈle.t͡ʃe | pe.ɾo.ɛ̞n̞.tre.lo.se.ˈla.ðos.tam.ˈbjɛn.sɛŋ.
ˈkwɛ̞n̞.tran.soɾ.ˈβc.te.ˈse.t͡ʃoz.ðe.ˈa.ɣwaj.ˈfru.tas ‖ ẽm.ˈmɛ.xi.ko.a.
le.ˈla.ðo.se.le.ˈði.se.ˈnje.βe]

[sje.le.ˈla.ðo.se.ˈsir.βe.ˈnũm.pa.lo.se.ˈja.ma.pa.ˈle.ta | ẽm.
ˈmɛ.xi.koj.pe.ˈru | ˈpo.lo | ẽ.nes.ˈpa.ɲa | o.ˈsim.ple.ˈmẽ̞n̞.te.ˈla.ðo.ðe.
pa.ˈli.to | ẽm.be.ne.ˈswe.laj.pwɛr.to.ˈri.ko.po.ɾɛ.ˈxem.plo ‖ ẽn.laz.
ne.βe.ˈri.az.mɛ.xi.ˈka.naz.ˈβe̞n̞.dɛm.pa.ˈle.taz.ðe.a.ɣwa.ˈka.te | e.ˈlo.te |
mã.ˈmɛj | me.ˈlo.ni.ˈfre.sa ‖ ˈez.mas | a.le.ˈla.ðo.se.le.ˈpwe.ðe.
ˈt͡ʃar.ˈt͡ʃi.le ‖ ˈkɛ.ˈri.ko]

En el resto de este libro no transcribimos ni el alófono abierto de /e/ ni la nasalización de las vocales por considerar que son detalles de menor importancia. En particular, pensamos que los anglohablantes no suelen tener problemas con estos dos fenómenos a la hora de pronunciar el español, ya que tienden a aplicarse naturalmente en el habla.

APLICACIÓN

Refranes

Busque contextos apropiados para (1) elisión dialectal de la /a/, (2) nasalización vocálica y (3) la [ɛ] abierta.

1. Con pan y vino se anda el camino.
2. Dijo el perro al hueso: si tú estás duro, yo tengo tiempo.
3. Hasta el rabo, todo es toro.
4. La mancha de mora con otra verde se quita.
5. En los viejos está el saber y en los mozos el poder.
6. Cada cosa en su lugar, ahorra tiempo en el buscar.
7. Ninguno oye su ronquido, pero sí el de su vecino.
8. La ropa sucia en casa se lava.

∞ NOCIONES AFINES

La vocal de menor esfuerzo

En todos los idiomas hay una vocal que se produce con menos esfuerzo que las demás y que por eso puede considerarse como la vocal menos marcada. También suele denominarse como vocal *neutra*. Existen varias formas de averiguar cuál es la vocal neutra de un determinado idioma. En primer lugar, haremos referencia a la vocal neutra del inglés para luego establecer comparaciones con el español.

Algunos autores definen la vocal de menor esfuerzo como aquélla que se produce cuando la lengua está en posición de descanso. Esto sugiere que la lengua no descansa en la misma posición en todas las lenguas del mundo. También se puede reconocer la vocal de menor esfuerzo al observar lo que dicen los hablantes cuando no tienen un contenido preciso en mente. Este sonido, que constituye una especie de transición entre enunciados, es la vocal *schwa* [ə] en inglés, escrita *uh* (o a veces *um*) en la ortografía norteamericana (y, por cierto, *er* en la británica): *I'm thinking that,* **um,** *maybe we should return those,* **uh,** *satin sheets you bought yesterday at that,* **uh,** *white sale.*

Los procesos de reducción vocálica también nos sirven para identificar la vocal neutra. En el caso del inglés todas las vocales átonas se convierten en [ə] (o en una vocal similar) la cual es la vocal de menor esfuerzo en esta lengua. Observe, por ejemplo, que las vocales átonas de la palabra *Canada* se reducen en *schwa*: [ˈkʰænərə]. En *Canadian* la segunda sílaba es ahora la tónica, pero la primera y la última se vuelven [ə]: [kʰəˈnejriən].

También hay procesos históricos de reducción que pueden ayudar a identificar la vocal neutra. Diacrónicamente, el inglés tenía una vocal similar a la [e] española que aparecía en posición final de palabra; con el tiempo se convirtió en schwa y luego desapareció. Se puede decir que la schwa (pero no otras vocales finales) pudo desaparecer precisamente porque era casi como si no estuviera presente; es la vocal que menos se siente, que menos se nota. Inclusive en el inglés moderno hay palabras en las que la vocal schwa no se percibe de la misma manera que otras vocales inglesas; la segunda vocal de *Catholic*, supuestamente [ə], normalmente desaparece, tal como ocurre a menudo con la primera vocal de *Canadian* o de *potato*.

Uno de los casos más interesantes de analizar son los referidos a la llamada vocal de apoyo o epentética. Se dice que una vocal es *epentética* cuando se introduce en una secuencia de consonantes que no se puede producir sin ella. Por ejemplo, el nombre *Nkrumah* (figura histórica de la independencia de Ghana) en inglés se produce [ə]*nkrumah* o *N*[ə]*krumah* debido a que en inglés no es posible producir una secuencia de consonantes como *nk-* en el ataque. También ocurre lo mismo en el caso del nombre de la ciudad polaca Gdansk en cuya pronunciación se introduce una [ə] en ingles. De esta forma la pronunciación sería *G*[ə]*dansk*.

En el caso del español, la vocal de menor esfuerzo es la [e]. Cuando los hablantes de español hacen una transición entre enunciados suele aparecer la [e] si no saben qué otra cosa decir. (A veces es simplemente la vocal [e], pero otra *muletilla* común es *este, este, ...*, en la que figura esa misma vocal). Históricamente, también, la [e] ha podido elidirse en posición final de muchas palabras españolas: *mare >mar; pane >pan; pace >paz*. Asimismo, en los casos en que nos encontramos con grupos consonánticos que no pueden ser pronunciados en la lengua se intruduce la vocal de apoyo [e]. Por ejemplo, en préstamos como *stop* o *slip* se introduce una [e] lo cual da como resultado las pronunciaciones [e]*stop* y [e]*slip*. Es más, ¿qué hace el hispanohablante al aprender inglés? Pues la combinación de /s/ más consonante en posición inicial requiere la vocal [e] de apoyo hasta que el hablante se acostumbra y aprende a manejar la estructura silábica inglesa: *[e]slow, *[e]strike, *[e]Spanish, *[e]school*.

Resumiendo, podemos decir que diacrónica y sincrónicamente se pueden observar procesos vocálicos de reducción, elisión e inserción (entre otros) en los que se evidencia convergencia hacia la vocal de menor esfuerzo—sea la [ə] inglesa o la [e] del español.

INVESTIGACIÓN

Las muletillas fonéticas

El habla espontánea se caracteriza por numerosos "errores de actuación"(en inglés, "performance errors"), entre ellos los falsos inicios ("false starts"), palabras inapropiadas e interrupciones constantes. Cuando no nos salen rápidamente las palabras que buscamos, frecuentemente llenamos los huecos con **muletillas fonéticas,** palabras o seudopalabras "de relleno" que no tienen ningún contenido semántico y que sirven para darnos más tiempo para pensar en lo que vamos a decir. En inglés es común la expresión *uh*—o sea, la vocal [ə]—pero en español tales muletillas generalmente aprovechan la vocal [e], la cual es la de menor esfuerzo en esa lengua.

Lea y escuche el monólogo siguiente, subrayando todas las "muletillas fonéticas". Después, lea Ud. el mismo texto en voz alta, tratando de imitar al hablante salvadoreño en su uso de **este** *y* **eh**.

Hola, mi nombre es Agustín. Este, soy de El Salvador. Nací en un, este, pueblo llamado Jucuarán del Departamento de Usulután. Eso, este, es al oriente de mi país. Pero, por causas, ¿no? de, de guerra, este, tuvimos que movernos de varios sitios. De Usulután pasamos a un Departamento llamado San Miguel y todo, ¿no? Pero como la guerra se extendía en todo el, el territorio fuera donde uno fuera, este, se encontraba con lo mismo de guerra. Este, y así fue como pasando de un Departamento a otro llegamos hasta, en el ochenta y ocho, hasta un lugar que se llama, es-, Ahuachapán. Luego en Ahuachapán llegué yo a la edad de, de seis años. Luego en El Salvador, ¿no? la edad escolar comienza siempre al, a los siete años. Pero como siempre, por eso de guerra y todos los problemas, ¿no? económicos y luego la guerra, este, uno no podía empezar a ese tiempo la escuela. Empecé a la edad de casi para los nueve años, la escuela. Este, empezamos en la noche. Por querer estudiar, comenzamos a, este, en la noche, que en El Salvador la, la escuela en la noche es prácticamente para adultos. Pero, como no podíamos nosotros de otra manera, tuvimos que, em- empezar ahí. Y ya se imaginarán un niño, este, entre, entre adultos, ¿no? eh, se en-, se encuentra fuera de lugar, ¿no? todo, uno desea estar con compañeros de tu misma edad. Pero, bueno, empezamos y todo eso, este, acarreó que aplazara, este, el primer grado, entonces. Pero bueno, luego repetí el primer grado y así, este, luego de repetir primero, ¿no? Ya entonces sí pasé a segundo, tercero, que en mi país, ¿no? va de primero a tercer grado, es un ciclo. De cuarto a sexto es el segundo. Eh, séptimo a noveno grado ya es tercer ciclo. Terminando los nueve años ya uno pasa a la, la educación media, que decimos nosotros. Bueno, con todo y todo, este, terminé, este, el bachillerato que decimos nosotros, ¿no? Pero, ya, gracias a Dios hasta ese tiempo ya había terminado el periodo de guerra, y El Salvador ya estaba en paz. Este, ya era diferente, ¿no? Ya todo lo de la guerra ya empezaba a pasar. La guerra, este, terminó en El Salvador, este, en el noventa y dos. Fueron como doce años de, de guerra, ¿no? Bueno, todos, ustedes sabrán que, lo que pasa en una guerra, muertes por todos lados, ¿no? Bueno.

08-03

9 [ka.ˈpi.tu.lo.ˈnwe.βe]

Fonema /o/

[ˈo.kɾa]

[la.ˈo.kɾa.ˈe.ˈsu.na.ˈplaṉ.ta.o.ri.xi.ˈna.rja.ðe.lo̞ɣ.si.ˈðen̪.te.ðel.kon̪.ti.ˈnen̪.te.a.fri.ˈka.no ‖ su.ˈta.jo.ˈe.ˈsal̪.toj.ˈreɣ.to | su.ˈso.xas.ˈson̪.ˈgɾan̪.de.si.su.ˈflo.ɾe.sa.ma.ˈri.ja | ko.mo.la.ðe.lal̪.ɣo.ðo.ˈne.ɾo ‖ pɾo.ˈðu.se.ˈuɱ.ˈfru.to.ˈka.si.si.ˈlin̪.dɾi.ko | ɟe.no.ðe.se.ˈmi.jaz.ˈβlaŋ.kas.ke.ko.nel̪.ˈtjem.po.se.ˈa.sen̪.de.ko.ˈlo.ɾos.ˈku.ɾo]

[se.ko.ˈno.se.ðon̪.de.ˈa.ja.ˈβi.ðo.ˈfweɾ.tejɱ.ˈflwen.sja.fri.ˈka.na | po.ɾe.ˈxem.plo | e.nel.ka.ˈri.βe | em.bɾa.ˈsil | ɟe.nel.ˈsuɾ.ðe.lo.ses.ˈta.ðo.su.ˈni.ðos ‖ poɾ.ˈre.ɣla.xe.ne.ˈɾal | ˈno.se.ˈko.me.nes.ˈpa.ɲa | em.ˈme.xi.ko | en.los.pa.ˈi.se.san̪.ˈdi.nos | o.e.nel.ˈko.no.ˈsuɾ]

[en.san̪.to.ðo.ˈmiŋ.go.se.ko.ˈno.se.ko.mo.mo.lon̪.ˈdɾon ‖ em.pweɾ.to.ˈri.ko.ˈtje.ne.ˈβa.rjoz.ˈnom.bɾes | ˈto.ðoz.ðe.o.ˈri.xe.na.fri.ˈka.no | kiŋ.gom.ˈbo | giŋ.gam.ˈbo | i.kim.bom.ˈbo ‖ swa.ˈpo.ðo.ˈe.ses.ˈpa.ɾa.ɣo.ðel.ˈpo.βɾe]

[la.pa.ˈla.βɾa.ˈo.kɾa.je.ˈɣo.kon.lo.ses.ˈkla.βoz.ˈne.ɣɾo.sa.liŋ.ˈglez.noɾ.te.a.me.ɾi.ˈka.no ‖ ˈa.en̪.ˈtɾa.ðo.ˈa.se.ˈpo.ko.e.ne.les.pa.ˈɲol̪.de.al.ˈɣu.nos.pa.ˈi.sez.ðe.la.ti.no.a.ˈme.ɾi.ka.ke.ˈno.ko.no.ˈsi.a.ˈno.tɾo.βo.ˈka.βlo]

LECTURA TRANSCRITA

Fonema /o/

09-01

OCRA

La ocra es una planta originaria del occidente del continente africano. Su tallo es alto y recto, sus hojas son grandes y su flor es amarilla, como la del algodonero. Produce un fruto casi cilíndrico, lleno de semillas blancas que con el tiempo se hacen de color oscuro.

Se conoce donde haya habido fuerte influencia africana—por ejemplo, en el Caribe, en Brasil y en el sur de los Estados Unidos. Por regla general, no se come en España, en México, en los países andinos o en el Cono Sur.

En Santo Domingo se conoce como *molondrón*. En Puerto Rico tiene varios nombres, todos de origen africano: *quingombó*, *guingambó* y *quimbombó*. Su apodo es *espárrago del pobre*.

La palabra *ocra* llegó con los esclavos negros al inglés norteamericano; ha entrado hace poco en el español de algunos países de Latinoamérica que no conocían otro vocablo.

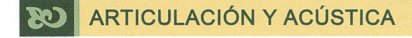

ARTICULACIÓN Y ACÚSTICA

[o]   vocal media posterior redondeada

DISTRIBUCIÓN FONOLÓGICA

/o/ → [o] en todos los contextos

REPETICIÓN RÁPIDA

Práctica con /o/

1. moco	9. goloso	17. fósforo
2. pozo	10. mondongo	18. tórtolo
3. Toño	11. poroto	19. cónsono
4. ojo	12. socorro	20. prólogo
5. codo	13. otoño	
6. logo	14. cogollo	21. rococó
7. bono	15. ozono	22. comportó
8. foro	16. frondoso	23. pororó
		24. mogollón

09-02

Una correspondencia interesante y útil.

INGLÉS	ESPAÑOL
-us	-o
-um	-o

Aquarius   *Acuario*
asparagus   *espárrago*
Julius Caesar   *Julio César*
coliseum   *coliseo*
anus   *ano*
Tagus River   *Río Tajo*
platinum   *platino*

 ## APLICACIÓN

Según esta correspondencia, ¿cuál es la forma española de cada palabra inglesa?

hippopotamus   sarcophagus
circus   forum
esophagus   hiatus
Titus   narcissus
museum   opium
Uranus   fetus
census   Damascus

EN EQUIPO

Los signos del zodiaco

¿Cuál es su cumpleaños? ¿De qué signo es Ud.?

Invierno
   Capricornio
   Acuario
   Piscis

Primavera
   Aries
   Tauro
   Géminis

Verano
   Cáncer
   Leo
   Virgo

09-03

Otoño
   Libra
   Escorpio
   Sagitario

¿Cuál es el signo del zodiaco que le corresponde a cada símbolo?

1.

Aries

5.

9.

2.

6.

10.

3.

7.

11.

4.

8.

12.

APLICACIÓN

Práctica: La tabla periódica de los elementos

helium → *helio*

lithium → *litio*

sodium

magnesium

calcium

scandium

titanium

rhodium

barium

potassium

radium

plutonium

californium

phosphorus

TEXTOS DE PRÁCTICA

TABLA PERIODICA DE LOS ELEMENTOS

ACTUALIZADA

LIB. UNIVERSAL
E X E N T O
¢ 175.00

CLAVE

- Número atómico
- Símbolo
- Nombre
- Peso atómico
- Valencia
- Punto de ebullición, °C
- Punto de fusión, °C
- Densidad (g / ml)

1 — H — Hidrógeno — 1.0079 — 1
-252.7 / -259.2 / 0.071

- Elementos de transición
- Metales Normales
- No Metales
- Gases Inertes
- Lantánidos
- Actínidos

INDICACIONES IMPORTANTES

- Grupo o Familia
  Elementos ordenados en forma vertical en la tabla.
- Períodos
  Elementos ordenados en forma horizontal en la tabla.
- El Kurchatovio (Kd), también se conoce como Rutherfordio (Rf).
- El símbolo del Hahnio (Ha), también se puede escribir como Hm.
- Todos los demás elementos son sólidos.

Elementos gaseosos en estado natural:
- Hidrógeno (H)
- Nitrógeno (N)
- Oxígeno (O)
- Flúor (F)
- Cloro (Cl)
- Grupo de los Gases Inertes

Elementos Líquidos:
- Cesio (Cs)
- Francio (Fr)
- Mercurio (Hg)
- Galio (Ga)
- Bromo (Br)

MAS ELECTRONEGATIVO — MAS ELECTROPOSITIVO

NIVEL ELECTRONICO

GASES INERTES (Grupo Cero)

METALES ALCALINOS — I A

METALES ALCALINOS TERREOS — II A

ELEMENTOS DE TRANSICION

III B — IV B — V B — VI B — VII B — VIII B — I B — II B

TERREOS III A — CARBOIDES IV A — NITROGENOIDES V A — ANFIGENOS O CALCOGENOS VI A — HALOGENOS VII A — VIII A

NO METAL

DISMINUYE EL CARACTER METALICO

METAL

ZONA DE ANFOTERISMO (METALOIDES)

ELEMENTOS DE TRANSICION INTERNA

LANTANIDOS

ACTINIDOS

PERIODOS 1 2 3 4 5 6 7

MAS NO METALICO — MAS METALICO

NOTA: En las propiedades descritas para los elementos de reciente descubrimiento, podrían existir algunas diferencias en sus valores, por razones obvias en su muy corta existencia.

EN EQUIPO

Sopa silábica: Ríos del mundo

PO	GO	NAC	LLO	RO	YO
BRA	CON	RI	MA	DUE	MA
VO	MA	E	BRO	DA	TU
A	MA	U	DAN	NU	PU
MA	PO	CHO	JOR	BIO	LAS
RA	PO	A	MA	ZO	NAS
ÑON	LIM	TA	REN	O	DO
LO	JO	LO	RI	VOL	IN
NI	SAN	NO	LOI	GA	PO
LE	CO	LO	RA	DO	GO

Amarillo	Congo	Indo	Mapocho	Putumayo
Amazonas	Danubio	Jordán	Marañón	San Lorenzo
Bravo	Duero	Limpopo	Nilo	Tajo
Colorado	Ebro	Loira	Orinoco	Volga

¿Cuál de estos ríos pasa por el Canadá?

¿Cuáles forman parte de la frontera entre Estados Unidos y México?

¿Cuál pasa por Santiago de Chile? ¿por el Cairo? ¿por Moscú? ¿por Toledo y Lisboa?

INVESTIGACIÓN

Diptongos y monoptongos

Sabemos que, diacrónicamente, las vocales medias abiertas del latín vulgar, [ɛ] y [ɔ], se convirtieron en diptongos en sílabas tónicas. Esto quiere decir que esas mismas vocales se mantuvieron como monoptongos en sílabas átonas. Como resultado, hay muchos pares de palabras tipo **siete/setenta** [ˈsje.te]/[se.ˈten̪.ta] o **nueve/noventa** [ˈnwe.βe]/[no.ˈβen̪.ta]. Los casos más obvios son probablemente las formas verbales donde hay cambio de raíz (por ejemplo, **pienso** y **piensan** con diptongación en la sílaba tónica vs. **pensar**, **pensamos** y **pensabas** con el monoptongo átono), pero hay centenares de palabras de otras categorías sintácticas (sustantivos, adjetivos, etcétera) que muestran las mismas alternancias.

En el ejercicio que sigue, escriba una palabra (puede haber varias) en la que un monoptongo corresponda al diptongo subrayado. Trate de pensar en palabras de varias categorías sintácticas. Use su diccionario si hace falta, o hable con hablantes nativos para sacarles palabras semánticamente relacionadas con las que tienen el diptongo.

ié ~ ĕ	ué ~ ŏ
[ˈje] ~ [e]	[ˈwe] ~ [o]
siete - *setenta*	nueve - *noventa*
diez -	sueño -
cierre -	mueble -
diente -	duelo -
ciego -	fuerte -
miente -	huevo -
miel -	muestra -
piedra -	nuevo -
quiero -	rueda -
sierra -	fuego -
viejo -	tueste -

10 [ka.ˈpi.tu.lo.ˈðjes]

Fonema /i/

[is.ˈto.ɾja]

[lajs.ˈto.ɾja.ˈe.se.les.ˈtu.ðjo.ðel.pa.ˈsa.ðo.ðe.law.ma.ni.ˈðað ‖ ˈe.ˈsu.na.ðe.las.ˈsjen.sjas.so.ˈsja.le.si.ˈtje.ne.sus.ˈpɾo.pja.se.ra.ˈmjen.ta.si.me.to.ðo.lo.ˈxi.as]

[se.le.ˈði.sejs.ˈto.ɾja.tam.ˈbje.nal.pa.ˈsa.ðo.ˈmiz.mo | iŋ.ˈklu.so.pa.ɾa.re.fe.ˈɾiɾ.se.a.ˈu.na.ˈe.po.kan̪.te.ˈɾjo.ɾa.lajs.ˈto.ɾjaw.ˈma.na ‖ la.ja.ˈma.ðajs.ˈto.ɾja.na.tu.ˈɾal.peɾ.te.ˈne.se | ˈmas.ˈteɣ.ni.ka.ˈmen̪.te | a.la.pɾejs.ˈto.ɾja ‖ lo.sim.bes.ti.ɣa.ˈðo.rez.ðis.ˈtiŋ.ge.nen̪.tre.xe.o.lo.ˈxi.a | pa.le.on̪.to.lo.ˈxi.a | aɾ.ke.o.lo.ˈxi.a.ejs.ˈto.ɾja.ˈpɾo.pja.ˈmen̪.te.ˈði.t͡ʃo | pe.ɾo.en.la.ˈpɾaɣ.ti.ka.ˈta.lez.ði.si.ˈpli.nas.ˈtje.nen.ˈli.mi.te.sim.pɾe.ˈsi.sos]

[laz.ˈleŋ.gwas.tam.ˈbjen̪.ˈtje.nen.swis.ˈto.ɾja ‖ en.la.liŋ.ˈgwis.ti.kajs.ˈto.ɾi.ka.ses.ˈtu.ðja | po.ɾe.ˈxem.plo | ˈko.mo.el.la.ˈti.ni.ˈβe.ɾi.ko.se.kom.biɾ.ˈtjo | a.tɾa.ˈβez.ðe.ˈβejn̪.te.ˈsi.ɣlos | e.nel.kas.te.ˈja.no.mo.ˈðeɾ.no]

∞ LECTURA TRANSCRITA

Fonema /i/

HISTORIA

10-01

La historia es el estudio del pasado de la humanidad. Es una de las ciencias sociales y tiene sus propias herramientas y metodologías.

Se le dice «historia» también al pasado mismo, incluso para referirse a una época anterior a la historia humana. La llamada "historia natural" pertenece, más técnicamente, a la prehistoria. Los investigadores distinguen entre geología, paleontología, arqueología e historia propiamente dicho, pero en la práctica tales disciplinas tienen límites imprecisos.

Las lenguas también tienen su historia. En la lingüística histórica se estudia, por ejemplo, cómo el latín ibérico se convirtió, a través de veinte siglos, en el castellano moderno.

∞ ARTICULACIÓN Y ACÚSTICA

[i] vocal alta anterior no redondeada

[j] deslizada alta anterior no redondeada

∞ DISTRIBUCIÓN FONOLÓGICA

/i/ → [j] si es átona y se encuentra al lado de una vocal

/i/ → [i] en los demás contextos

Formación de deslizadas

Una vocal alta (/i/, /u/) átona se convierte en deslizada cuando se encuentra al lado de otra vocal.

/i/ → [j]   *bien* [ˈbjen], *baile* [ˈbaj.le]
           mi amor [mja.ˈmoɾ], *la hinchó* [lajɲ.͡tʃo]

/u/ → [w]   *buen* [ˈbwen], *auge* [ˈaw.xe]
           tu ojo [ˈtwo.xo], *la usó* [law.ˈso]

Tal como hemos visto, esta formación de diptongos ocurre no sólo dentro de la palabra sino también cuando se juntan dos vocales entre palabras y (por lo menos) una de las vocales es alta. Desde luego, en el habla lenta y cuidadosa, el hiato se mantiene fácilmente, pero ésa no es el habla que se transcribe en este libro.

También cabe mencionar que, en algunos dialectos, hay ciertas palabras que parecen ser excepciones a esta regla. En el norte de España, por ejemplo, se escucha *piano* [pi.ˈa.no], *cliente* [kli.ˈen̯.te] y *dueto* [du.ˈe.to] pero *limpiando*, [lim.ˈpjan̯.do], *diente* [ˈdjen̯.te] y *duelo* [ˈdwe.lo].) Desafortunadamente, resulta difícil predecir cuáles son las palabras que se pronuncian con el hiato, ya que esto varía según el dialecto (hasta entre individuos) y no tienen ninguna marca ortográfica—tampoco, en la mayoría de los casos, una característica semántica—que nos indique su excepcionalidad. Por otro lado, nos consuela el hecho de que millones de hablantes nativos evitan totalmente el hiato cuando uno de los vocoides es alto (*piano* [ˈpja.no], *cliente* [ˈkljen̯.te], *dueto* [ˈdwe.to]) y conviene remarcar que la pronunciación con diptongo suena bien en el mundo hispanohablante entero. Por consiguiente, nuestras transcripciones seguirán al pie de la letra la regla, aquí expuesta, de formación de deslizadas.

✦ APLICACIÓN

¿Vocales o deslizadas?

Fíjese bien en el segmento subrayado.   ¿Es una vocal nuclear o una deslizada?

1. pe_ine   *deslizada*

2. Marí_a   *vocal nuclear*

3. v_i otro   *vocal nuclear (recuerde que se acentúan los verbos)*

4. pí_o

5. b_ucal

6. lo ú_til

7. lo h_ice

8. s_uegro

9. m_i examen

10. s_u obra

11. ataú_d

12. ca_usa

13. la _usas

14. vudú_ auténtico

15. rec_ién

✦ QUE POR CIERTO...

¿Ud. se ha preguntado alguna vez por qué los fotógrafos nos dicen "Say *cheese*!" cuando toman una foto? Por supuesto, no tiene nada que ver con el significado de la palabra; es simplemente una estrategia para conseguir que los sujetos sonrían, pues la vocal de *cheese*, /i/, es la que produce la configuración labial más parecida a una sonrisa (por producirse con los labios estirados). Desde luego, en el mundo hispanohablante los fotógrafos no van a conseguir el mismo resultado con la palabra *queso*, con su /e/ media y su /o/ redondeada. Entonces, ¿qué se dice? Muchas personas aprovechan el préstamo *whisky* /ˈwis.ki/, que contiene dos instancias de la vocal /i/. Podemos decir que por su semántica y su fonética, esa palabra pone "alegres" a los sujetos de la foto.

REPETICIÓN RÁPIDA

Práctica con /i/

1. sí	13. colibrí		
2. ti	14. iraquí		
3. mí	15. iraní		
4. vi	16. guaraní	**10-02**	
5. ni	17. casi		
6. pi	18. mili		
7. di	19. Pili		
8. esquí	20. taxi		
9. así	21. crisis		
10. pipí	22. dosis		
11. aquí	23. jipi (hippie)		
12. maní	24. quinqui (kinky)		

Sustantivos en *-ina*

Existen muchos sustantivos terminados en -ina que se refieren a sustancias químicas (naturales y de laboratorio, pero no elementos básicos de la tabla periódica). En la lista que se da a continuación, observamos que en inglés no todas las palabras comparten el mismo sufijo; en español, sí. Dé la palabra española, respetando las normas de ortografía para evitar combinaciones consonánticas inadmisibles y otras imposibilidades ortográficas.

morphine → *morfina*
codeine → *codeína*
vitamin
medicine
aspirin
dopamin
protein
benzine
glycerin
toxin
Vaseline®

paraffin
gasoline
insulin
strychnine
quinine
saccharin
nitroglycerine
endorphin
resin
pectin
gelatin

APLICACIÓN

La letra <i>: vocal tónica, vocal átona o deslizada

¿Qué sonido representa la letra <i> en cada caso? Pronuncie las palabras.

historia   *vocal átona, deslizada*

lingüística   *vocal átona, vocal tónica, vocal átona*

ciencias marinas   *deslizada, deslizada, vocal tónica*

ingeniería

terapia física

literatura

farmacia

negocios

filosofía

estudios hispánicos

economía

física

geología

química

matemáticas

ciencias agrícolas

botánica

estudios internacionales

inglés

sicología

medicina

antropología

EN EQUIPO

De la lista de arriba, ¿cuáles de las materias son ciencias sociales? ¿Cuáles son ciencias "duras"? ¿Cuáles pertenecen a las humanidades? ¿A las artes?

Si Ud. pudiera estudiar sólo cuatro *de esas materias, ¿cuáles escogería?*

11 [ka.ˈpi.tu.lo.ˈon.se]

Fonema /u/

[ˈu.βu.la]

[la.ˈu.βu.la.ˈe.ˈsu.na.es.truɣ.ˈtu.ɾa.mus.ku.ˈlo.saw.βi.ˈka.ðal.ˈfoṉ.do.
ðe.la.ka.βi.ˈðað.βu.ˈkal ‖ us.ˈteð.ˈpwe.ðe.ˈβeɾ.la.ˈu.βu.la.ðe.
swiṉ.ter.lo.ku.ˈtor.kwaṉ.do.ˈes.te.ˈa.βɾe.ˈmu.t͡ʃo.la.ˈβo.ka | pwes.ˈkwel.ɣa.so.βɾe.
la.ɾa.ˈiz.ðe.la.ˈleŋ.gwa ‖ ko.ˈmum.ˈmeṉ.te.se.le.ˈði.se.kam.pa.ˈni.ja ‖ la.
pa.ˈla.βɾa.ˈu.βu.la.ˈβje.ne.ðel.la.ˈtin | ˈleŋ.gwa.en.la.ke.siɣ.ni.fi.ˈka.βa.
ˈu.βa.pe.ˈke.ɲa]

[la.ˈu.βu.la.es.ˈta.kons.ti.ˈtwi.ða.po.ˈɾu.na.mu.ˈko.sa.ˈswa.βe.
ˈju.me.ða | ˈuṉ.te.ˈxi.ðo.koṉ.xuṉ.ˈti.βoj.ˈtrez.ˈmus.ku.los ‖ su.ti.li.ˈðað.
re.ˈsi.ðe.nu.ˈni.ɾel.pa.la.ˈðaɾ.ˈβlaṉ.do.a.la.pa.ˈreð.fa.ˈɾiŋ.xe.a | se.pa.ˈɾaṉ.do.
la.ka.βi.ˈðað.βu.ˈkaḻ.de.la.na.ˈsal ‖ a.ˈsi.ˈkum.ple.ˈðos.fun.ˈsjo.nes ‖ no.
sa.ˈju.ða.pro.ðu.ˈsir.so.ˈni.ðoz.ˈno.na.ˈsa.le.si.pro.ˈi.βe.ke.nwes.tro.
al.ˈmweɾ.so.ˈsal.ɣa.por.la.na.ˈris ‖ kwaṉ.do.eḻ.ˈdor.so.ðe.la.ˈleŋ.gwa.ˈsu.βe.
as.ta.la.ˈu.βu.la | pro.ˈðu.se.kon.so.ˈnaṉ.te.su.βu.ˈla.ɾes.ko.mo.la.ˈxo.ta.ðe.
les.pa.ˈɲol.pe.nin.su.ˈla.ro.la.ˈe.ɾe.pweɾ.to.ri.ˈke.ɲa ‖ kwaṉ.do.la.ˈu.βu.la.
ˈkwel.ɣa.en.su.po.si.ˈsjoṉ.de.ðes.ˈkan.so | nos.per.ˈmi.te.res.pi.ˈrar.por.la.
na.ˈris]

[u.βu.ˈli.ti.ˈses.kwaṉ.do.te.ˈne.moz.la.ˈu.βu.lajn.ˈt͡ʃa.ða ‖ los.ke.
ˈsu.frem.bu.ˈli.mja.kon.ˈsi.ɣem.bo.mi.ˈtar.to.ˈkaṉ.do.se.la.ˈu.βu.la ‖
jal.ˈɣu.nas.per.ˈso.nas.ke.ˈroŋ.kam.ˈmu.t͡ʃo.ˈtje.nen.la.ˈu.βu.la.ðe.ma.ˈsja.ðo.
ˈlar.ɣa ‖ pe.ɾo.ko.mows.ˈteð.ˈsa.βe.a.ˈo.ɾa | nwes.tra.ˈu.βu.la.ˈez.ˈmwi.ˈu.til ‖
kwi.ˈðe.moz.la]

❧ LECTURA TRANSCRITA

Fonema /u/ (y la <u> muda)

11-01

ÚVULA

La úvula es una estructura musculosa ubicada al fondo de la cavidad bucal. Usted puede ver la úvula de su interlocutor cuando éste abre mucho la boca, pues cuelga sobre la raíz de la lengua. Comúnmente se le dice "campanilla". La palabra "úvula" viene del latín, lengua en la que significaba "uva pequeña".

La úvula está constituida por una mucosa suave y húmeda, un tejido conjuntivo y tres músculos. Su utilidad reside en unir el paladar blando a la pared faríngea, separando la cavidad bucal de la nasal. Así cumple dos funciones: nos ayuda a producir sonidos no nasales y prohíbe que nuestro almuerzo salga por la nariz. Cuando el dorso de la lengua sube hasta la úvula, produce consonantes uvulares como la *jota* del español peninsular o la *erre* puertorriqueña. Cuando la úvula cuelga en su posición de descanso, nos permite respirar por la nariz.

Uvulitis es cuando tenemos la úvula hinchada. Los que sufren bulimia consiguen vomitar tocándose la úvula. Y algunas personas que roncan mucho tienen la úvula demasiado larga. Pero como usted sabe ahora, nuestra úvula es muy útil. Cuidémosla.

🎜 ARTICULACIÓN Y ACÚSTICA

[u]   vocal alta posterior redondeada

[w]   deslizada alta posterior redondeada

🎜 DISTRIBUCIÓN FONOLÓGICA

/u/ → [w] si es átona y se encuentra al lado de una vocal   *buen* [ˈbwen], *auge* [ˈaw.xe]
tu ojo [ˈtwo.xo], *la usó* [law.ˈso]

/u/ → [u] en los demás contextos

🎜 REPETICIÓN RÁPIDA

Práctica con /u/

1. su
2. tu
3. ñu
4. cu
5. agú
6. ñandú
7. vudú
8. champú
9. Perú
10. tribu
11. espíritu
12. muuuu

11-02

APLICACIÓN

La letra <u>: vocal tónica, vocal átona, deslizada o muda

¿Qué sonido representa la letra <u> en cada caso? Pronuncie las palabras.

Rusia	*vocal tónica*
Venezuela	*deslizada*
Sudán	*vocal átona*
Turquía	
Perú	
Portugal	
Ruanda	
Singapur	
Australia	
Suecia	
Uruguay	
Papúa Nueva Guinea	
Zimbabue	
Suiza	
Honduras	
Noruega	
Camerún	
Guinea Ecuatorial	
Guatemala	
Sudáfrica	
Luxemburgo	
Uganda	
Ecuador	
Bután	

EN EQUIPO

De los 24 países en la lista de la página anterior, ¿cuáles son de África? ¿de Asia? ¿de Europa?

¿Cuáles son de habla española?

¿Cuáles de los nombres se escriben en inglés con <w> en vez de <u>?

Paree cada capital con su país: Moscú, Quito, Jartum, Tegucigalpa.

¿En qué país se encuentra Cuzco? ¿Estambul? ¿Zúrich? ¿Guayaquil?

¿En qué país encontramos canguros? ¿las ruinas de Machu Picchu? ¿Darfur?

11-03

U

David Chericián (Cuba)

Unas uvas y una urraca,
un ulular que ululó,
una laguna en la luna,
una luz que no se vio...

Unas urracas maduras,
una uva que ululó,
una luna sin laguna,
una luz que...
                    ¡Qué sé yo!

Lunas maduras, lagunas
que ululan, urracas...
                    ¡No!
Me supe una vez la fábula—
pero ya se me olvidó.

12 [ka.ˈpi.tu.lo.ˈðo.se]

Más sobre las vocales

Fusión de vocales iguales

Cuando se juntan dos vocales iguales—dentro de la palabra o entre palabras—se funden en una vocal si ninguna de ellas va acentuada.

pequeño hospital [pe.ˈke.ɲos.pi.ˈtal]   *casi inútil* [ka.si.ˈnu.til]

barba afeitada [ˈbaɾ.βa.fej.ˈta.ða]   *anda hablando* [ˈan̪.da.ˈβlan̪.do]

hace envíos [ˈa.sem.ˈbi.os]   *su humor* [su.ˈmor]

Si una se acentúa, o si se acentúan las dos, se mantienen en dos sílabas distintas y no se colapsan en una. (Aunque puede haber otras soluciones dialectalmente y en ciertos estilos de habla, ésta es la norma que vamos a seguir en las transcripciones de este libro y, por regla general, conviene seguirla también en la práctica.)

loor [lo.ˈor]   *de hecho* [de.ˈe.t͡ʃo]   *ve eso* [ˈbe.ˈe.so]

vaciísimo [ba.si.ˈi.si.mo]   *así hicieron* [a.ˈsi.i.ˈsje.ron]   *mi isla* [mi.ˈiz.la]

Sahara [sa.ˈa.ɾa]   *papá hace* [pa.ˈpa.ˈa.se]   *tu hucha* [tu.ˈu.t͡ʃa]

pintó otro [pin̪.ˈto.ˈo.tro]   *lo odio* [lo.ˈo.ðjo]   *lee* [ˈle.e]

APLICACIÓN

Refranes

Estudie los casos de vocales contiguas iguales y decida si se funden en una o si se mantienen en dos sílabas.

1. El espejo y la buena amistad dicen siempre la verdad.

2. De la risa al duelo, un pelo.

3. Ve en lo que te metes si algo prometes.

4. Lo que el niño oyó en el hogar, eso dice en el portal.

5. El que quiera peces, que se moje el culo.

6. Quien nació para pobre jamás llegará a ser rico.

7. El niño regalado siempre está enojado.

8. Más hace el querer que el poder.

Otras vocales contiguas

Hemos visto que las vocales altas átonas (/i/, /u/) se hacen deslizadas ([j], [w]) cuando se encuentran al lado de otra vocal (*miedo* [ˈmje.ðo], *mi edad* [mje.ˈðað]), y que dos vocales contiguas iguales se funden en una si son átonas (*reemplazo* [rem.ˈpla.so], *le envío* [lem.ˈbi.o]). Ahora conviene pensar en lo que ocurre con otras vocales contiguas, dentro de una palabra y entre palabras.

Hay mucha variación, según el dialecto y el estilo. Aún así, hay tendencias claras. Por ejemplo, el mantenimiento de dos sílabas (llamado **hiato**) tiende a ocurrir más en el habla lenta, cuando se trata de vocales tónicas y/o cuando éstas están en la misma palabra. En el habla rápida, y sobre todo cuando se trata de vocales átonas que se encuentran en palabras diferentes, la fuerte tendencia es a colocar las dos en una misma sílaba—un fenómeno llamado **sinéresis** (si las dos vocales están en la misma palabra) o **sinalefa** (si están en palabras diferentes).

Aparte de los casos de vocales altas y vocales iguales, mencionados arriba, las medias (/e/, /o/) son las que más frecuentemente se ven afectadas por sinalefa en el habla normal. El hiato se deshace cuando una vocal media deja de ser nuclear, haciéndose deslizada (pero media, no alta—excepto en ciertos dialectos). En el AFI, el diacrítico [̯] se usa para demostrar que el vocoide ya no es silábico: [e̯], [o̯]. Esto suele ocurrir en contacto con otra vocal no alta:

Mediterráneo [me.ði.te.ˈra.ne̯o]	*le olvidé* [le̯ol.βi.ˈðe]
aeropuerto [ae̯.ro.ˈpwer.to]	*corta el cable* [ˈkor.tae̯l.ˈka.βle]
línea [ˈli.ne̯a]	*este ambiente* [ˈes.te̯am.ˈbjen̪.te]
poeta [ˈpo̯e.ta]	*cinco elefantes* [ˈsiŋ.ko̯e.le.ˈfan̪.tes]
toalla [ˈto̯a.ja]	*presto ayuda* [ˈpres.to̯a.ˈju.ða]

Incluso el hiato que supuestamente existe entre tres o cuatro vocales contiguas se puede deshacer en el habla rápida, dando lugar a fusiones y sinalefas como las que se aprecian en las siguientes frases:

la pongo a hervir	[la.ˈpoŋ.go̯ae̯r.ˈβir]
aprecio a Eugenia	[a.ˈpre.sjo̯ae̯w.ˈxe.nja]
puerto o aeropuerto	[ˈpwer.to̯ae̯.ro.ˈpwer.to]

Lo importante en todos estos casos es que la sílaba en cuestión tenga solamente un núcleo, y que las vocales de los márgenes (las deslizadas, las de transición) no sean más perceptibles (es decir, ni más abiertas ni más acentuadas) que la del núcleo.

En los ejercicios y transcripciones de este libro, no transcribimos las sinéresis y sinalefas que hacen deslizadas de las vocales medias: escribiremos [ˈpres.to.a.ˈju.ða] en vez de [ˈpres.to̯a.ˈju.ða]. Recuerde, sin embargo, que las que hemos descrito aquí son perfectamente aceptables en el habla normal.

Resumen de las modificaciones de estructura silábica

Universalmente hablando, la sílaba prototípica tiene la forma CV: consta de una consonante seguida de vocal. La vocal forma el núcleo de esa sílaba, y es el segmento más sonoro, más perceptible, más prominente, más vocálico. La consonante del ataque produce una obstrucción que divide esta sílaba de la anterior, separando los pulsos silábicos. Los segmentos que mejor hacen este trabajo son las consonantes "más consonánticas": las de más obstrucción y menos sonoridad (por ejemplo, las oclusivas como [p] y [k]).

El contorno silábico de un enunciado, entonces, es como una cordillera. Cada sílaba incluye un "pico" que tiende a ser abierto (sin obstrucción y de mucha perceptibilidad) y un "valle" más cerrado (donde la corriente de aire se encuentra obstruida).

La palabra española prototípica será bisilábica y llana, formada de dos sílabas CV. Encajan perfectamente bien en esta estructura palabras tales como *pato, cama, dale* y *riño*. Podemos producir oraciones con sólo palabras de este tipo: *Cada chica come papa*. La estructura silábica es óptima:

```
σ  σ   σ  σ    σ  σ   σ  σ
∧  ∧   ∧  ∧    ∧  ∧   ∧  ∧
CVCV  CVCV   CVCV  CVCV
||||  ||||   ||||  ||||
[k a.ð a .t͡ʃ i.k a .k o.m e.p a.p a]
 Cada    chica    come    papa.
```

Pero en realidad hay muchísimos casos de sílabas y palabras no prototípicas. Es más, cuando las palabras se juntan para formar grupos fonéticos, se borran las lindes que existían entre palabras y se crean nuevas secuencias que se tienen que volver a silabificar. Aquí es donde encontramos la clave de todo esto: **la tendencia natural es a recrear estructuras más prototípicas,** y eso es realmente lo que hacen las modificaciones de las que hemos estado hablando.

De hecho, la resilabificación consonántica entre palabras puede ser el ejemplo perfecto de la recreación de una estructura menos marcada (es decir, más natural). Fíjese que en el ejemplo, las sílabas V y CVC de las palabras aisladas se convierten en sílabas CV a través de la resilabificación:

```
σ    σ  σ   σ   σ  σ    σ  σ              σ  σ  σ  σ   σ  σ  σ  σ
/|\  | ∧  /|\ | /|\  | ∧              ∧ ∧ ∧ ∧  ∧ ∧ ∧ ∧
CVC  V CV CVC V CVC  V CV   →   CVCV CVCV CVCV CVCV
|||  | | | | |  | | | | | | |  | | |           | | | | | | | | | | | | | | | |
[t u s] [a.m i .ɣ a s] [a.s e n] [e.s o]       [t u.s a. m i.ɣ a.s a.s e.n e.s o]
 Tus     amigas        hacen     eso.           Tus   amigas   hacen  eso.
```

Una secuencia de dos vocales no presenta una estructura óptima, pero tampoco son buenas algunas de las alternativas. Volvamos a considerar varios casos de vocales contiguas.

Cuando una vocal átona alta (/i/, /u/) aparece al lado de otra vocal, el hiato no es aconsejable porque estos vocoides se pueden acomodar perfectamente bien como deslizadas, produciendo un diptongo con la vocal vecina. Observe que en el caso de *tu amiga*, la sílaba inicial nueva sigue teniendo un contorno que va desde sonoridad mínima [t] hasta sonoridad máxima [a], a través de sonoridad media [w]; o sea, que partiendo del "valle" de la linde silábica, se va subiendo por la escala de sonoridad hasta llegar al "pico" (el núcleo). Además, la deslizada encaja perfectamente bien en esta sílaba porque la estructura ya está permitida en palabras aisladas: *suave*, *tiene*, etcétera. En fin, la sílaba [.twa.] no viola ningún principio establecido para las sílabas españolas.

$$\begin{array}{ccc}
\sigma & \sigma\ \sigma\ \sigma & \sigma\ \sigma\ \sigma \\
\wedge & |\ \wedge\ \wedge \quad\rightarrow & /\!|\!\backslash\ \wedge\ \wedge \\
[\text{t u}] & [\text{a.m i.}\gamma\text{ a}] & [\text{t w a.m i.}\gamma\text{ a}] \\
\textit{tu} & \textit{amiga} & \textit{tu\quad amiga}
\end{array}$$

Las vocales medias son algo más difíciles de acomodar. Hemos dicho que no existen sílabas con dos vocales (no hay más de un núcleo), tampoco con deslizadas medias, pues se supone que las deslizadas españolas son altas [j], [w]. No obstante, la primera sílaba de *toalla* [ˈto̯a.ja] tiene el núcleo [a] más prominente que los dos segmentos anteriores [to̯], y así la estructura por lo menos no viola la escala de sonoridad. Aun cuando las dos vocales son medias—como es el caso de *poeta* [ˈpo̯e.ta] y de *le olvidé* [le̯ol.βi.ˈðe]—es posible justificar la sinéresis porque no hay una violación total de la escala de sonoridad: el margen no es más sonoro que el núcleo. Para que encaje mejor en el contorno intrasilábico, algunos hablantes convierten el vocoide no nuclear en deslizada alta: [ˈpwe.ta], [ljol.βi.ˈðe]. Así la transición entre "valle" y "pico" sigue una pauta más típica del español y menos marcada en un sentido universal. (Curiosamente, estas formas están estigmatizadas para la gran mayoría de los hablantes; se asocian con variedades lingüísticas no prestigiosas como las de gente de origen rural o de nivel socioeconómico bajo. El estigma social es, pues, otro factor que contraindica tendencias naturales y la "ley de menor esfuerzo".)

Donde el margen silábico no puede acomodar un vocoide es cuando la vocal contigua al núcleo es más sonora (más abierta) que éste. Así es el caso de la palabra *maestro*, donde la [a] no puede deslizarse por ser más abierta que la [e]. En este caso, las únicas soluciones parecen ser (1) el mantenimiento del hiato [ma.ˈes.tro] o (2) el corrimiento del acento para que la [a] sea nuclear [ˈmae̯s.tro] (con la posible formación de una deslizada alta [ˈmajs.tro] en variedades estigmatizadas). Entre palabras, hemos observado que la [e] se puede deslizar opcionalmente en la frase *corta el cable* [ˈkor.ta.el.ˈka.βle], [ˈkor.tae̯l.ˈka.βle]. Pensando bien en los fenómenos vocálicos mencionados en este capítulo, recordaremos que la elisión de /a/ nos ofrece una tercera solución: [ˈkor.tel.ˈka.βle]. Ahora podemos apreciar por qué la elisión de /a/ se da en tantos dialectos del español, y por qué ocurre ante cualquier otra vocal. No desaparece la

/a/ *a pesar de ser* la vocal más abierta y sonora, sino *por ser* la vocal más abierta y sonora; la /a/ complica la sinalefa porque si no es nuclear, no puede acomodarse en la sílaba.

Hemos observado cómo los fenómenos fonológicos conspiran para producir estructuras más aceptables. Los procesos de resilabificación consonántica, formación de deslizadas y elisión vocálica, entonces, no son complicaciones a la fonología, sino simplificaciones.

APLICACIÓN

Patrimonio de la Humanidad. A continuación se presenta una lista de algunos de los bienes del mundo hispanohablante inscritos oficialmente como "patrimonio de la humanidad" en los archivos de la UNESCO. *Analice la estructura silábica de las frases, prestando atención a los hiatos, sinéresis y sinalefas posibles.*

Los Glaciares (Argentina)
Parque Nacional de Iguazú (Argentina y Brasil)
Misiones Jesuíticas de los Guaraníes (Argentina, Brasil y Paraguay)
Ciudad de Potosí (Bolivia)
Parque Nacional de Rapa Nui (Isla de Pascua, Chile)
Puerto, Fortalezas y conjunto monumental de Cartagena de Indias (Colombia)
Zona de Conservación de Guanacaste (Costa Rica)
Paisaje arqueológico de las primeras plantaciones de café del sudeste de Cuba
Islas Galápagos (Ecuador)
Sitio arqueológico Joyas de Cerén (El Salvador)
Arte rupestre del Arco Mediterráneo de la Península Ibérica (España)
Pueblo de Taos (Nuevo México, Estados Unidos)
Fortaleza y sitio histórico de San Juan de Puerto Rico
La Antigua Guatemala
Ruinas mayas de Copán (Honduras)
Ciudad prehispánica de Teotihuacán (México)
Ruinas de León Viejo (Nicaragua)
Parque nacional Darién (Panamá)
Líneas y geoglifos de Nazca (Perú)
Ciudad colonial de Santo Domingo (República Dominicana)
Barrio histórico de la Ciudad de Colonia del Sacramento (Uruguay)
Parque nacional Canaima (Venezuela)

Misión jesuítica de la Santísima Trinidad, Paraguay. Para más información sobre los "patrimonios de la humanidad", diríjase a
http://whc.unesco.org/patrimonio.htm.

PROBLEMA DE FONOLOGÍA

Los datos que se presentan a continuación son de una variedad del castellano en la que las reglas de **elisión vocálica** y **formación de deslizadas** no son exactamente como las que se han descrito anteriormente. *¿Cómo son esas dos reglas en este dialecto? ¿Cuál es el contexto en que se aplica cada una de ellas?*

mi hijo	['mi.xo]	su hijo	['swi.xo]
mi hermano	[mjeɾ.'ma.no]	su hermano	[sweɾ.'ma.no]
mi alma	['mjal.ma]	su alma	['swal.ma]
mi honor	[mjo.'noɾ]	su honor	[swo.'noɾ]
mi humor	[mju.'moɾ]	su humor	[su.'moɾ]
le hicieron	[li.'sje.ron]	lo hicieron	[lwi.'sje.ron]
le echan	['le.t͡ʃan]	lo echan	['lwe.t͡ʃan]
le hacen	['lja.sen]	lo hacen	['lwa.sen]
le olvidan	[ljol.'βi.ðan]	lo olvidan	[lol.'βi.ðan]
le unieron	[lju.'nje.ron]	lo unieron	[lu.'nje.ron]
la hicieron	[li.'sje.ron]		
la echan	['le.t͡ʃan]		
la hacen	['la.sen]		
la olvidan	[lol.'βi.ðan]		
la unieron	[lu.'nje.ron]		

🐍 CULTURA LINGÜÍSTICA

La rima

¿Qué es la rima para Ud.? Señale todas las palabras que rimen con la palabra dada.

En inglés...

1.	*boat*	moat	boast	poke	goat	tote
2.	*dog*	frog	bog	dock	sought	sod
3.	*bar*	sock	tar	card	mark	war
4.	*horse*	coarse	doors	cores	chores	pour
5.	*part*	heart	Bart	park	harp	czar
6.	*birch*	Burt	starch	church	hurt	search
7.	*funny*	money	chummy	ugly	dummy	sunny
8.	*baker*	Nader	maple	faker	paper	acre
9.	*platoon*	goon	bone	tomb	baboon	swoon
10.	*machines*	string beans	gasoline	scenes	Krispy Kreme	themes
11.	*Appalachian*	scratchin'	watchin'	nation	play station	patchy

En español...

12.	*hacer*	papel	comer	haré	mujer	cerrojo
13.	*mesa*	esa	buena	fresa	paralelas	cosa
14.	*linda*	chicha	pica	guinda	liga	tamarindo
15.	*paz*	anorak	Panamá	jazz	estornudar	pipa
16.	*noción*	macarrón	ganador	dos	manchó	teléfono
17.	*fuego*	beso	remedio	ego	hecho	cofre

Existen varios tipos de rima, entre ellos la **asonante** (o vocálica) y la **consonante** (llamada también **consonántica** o **total**). La rima prototípica para los anglohablantes es la consonántica o total, en la que hay una equivalencia fonémica entre dos palabras desde la vocal acentuada hasta el final: *kernel, journal; oblique, weak; heard, absurd.* En la rima asonante, también se cuenta sólo desde la vocal acentuada hasta el final de la palabra, pero en este caso sólo las vocales son iguales (no las consonantes): *lazo, patos; ordenador, gol; lea, meta.* La rima asonante es sumamente común en el castellano, pero para muchos anglohablantes no se "siente" como rima.

Ahora que sabe apreciar las diferencias entre tipos de rima, vuelva a considerar los datos del español con los que trabajó más arriba (y algunos casos nuevos). Señale todos los casos de **rima asonante** *que sigan la definición presentada aquí.*

1.	*hacer*	papel	comer	haré	mujer	cerrojo
2.	*mesa*	esa	buena	fresa	paralelas	cosa
3.	*linda*	chicha	pica	guinda	liga	tamarindo
4.	*paz*	anorak	Panamá	jazz	estornudar	pipa
5.	*noción*	macarrón	ganador	dos	manchó	teléfono

6.	*fuego*	beso	remedio	ego	hecho	cofre
7.	*entablar*	extrañar	libertad	buscará	habla	tabla
8.	*sincero*	checo	entera	ocultarnos	inmenso	fervor
9.	*mantengo*	verlo	infierno	cofre	tenga	besó
10.	*frío*	aburrió	aburrido	burrito	labio	latido

INVESTIGACIÓN

Analice la rima de alguna canción (en español, claro), explicando si es asonante o consonante. Busque varios ejemplos de los dos tipos de rima.

EN EQUIPO

¿Palabras pentavocálicas?

En términos ortográficos, todas las palabras siguientes contienen las cinco vocales españolas. Pero sólo seis palabras tienen las vocales fonéticas [a e i o u]. En otras seis, por lo menos una de las supuestas vocales altas se realiza como deslizada. Y seis tienen una letra muda que no suena. Identifique las seis palabras de cada grupo. Pronúncielas todas.

abuelito	consecutiva	lengüilargo
hipotenusa	reconquistar	auténtico
descuidado	bufonería	jerárquico
porquería	paquidermo	confluencia
quijotesca	vomipurgante	seguidora
entusiasmo	superlativo	leguminosa

13 [ka.ˈpi.tu.lo.ˈtre.se]

Las consonantes

Las clases de sonidos

Tal como se ha explicado anteriormente, la diferencia entre una vocal y una consonante es una diferencia debida al grado de obstrucción. Las consonantes se producen con alguna obstrucción en la cavidad bucal, mientras que las **vocales** se producen sin obstrucción. En el caso de la vocal [a] observamos que no hay obstrucción. En la producción de la vocal [e] el espacio por el que pasa el aire es menor y es menor aún en el caso de la vocal [i]. Sin embargo, todavía no podemos hablar de obstrucción.

En el caso de las **deslizadas** (o semivocales), no encontramos diferencias de producción respecto del resto de las vocales, sino respecto de la posición que ocupan dentro de la sílaba. Las semivocales son elementos no nucleares, en tanto que las vocales son núcleo silábico. Algunos ejemplos de semivocales son: [j], la deslizada palatal que aparece como el segundo segmento de *pie* [ˈpje] y el tercero de *baile* [ˈbaj.le]; [w], la deslizada posterior que aparece como el segundo segmento de *fue* [ˈfwe] y el tercero de *causa* [ˈkaw.sa].

Dedicaremos el resto de este capítulo a una descripción de todas las clases de **consonantes**. Éstas se caracterizan por la obstrucción de aire, y se clasifican según la naturaleza y la ubicación de dicha obstrucción. La descripción de cualquier consonante requiere que se indique su **modo de articulación** (es decir, la naturaleza de la obstrucción), su **punto de articulación** (el lugar de la obstrucción dentro de la cavidad bucal) y su **sonoridad** (si las cuerdas vocales vibran o no durante la producción de la consonante). Veamos ahora con más detalle cada una de estas clasificaciones. (Consulte el diagrama del aparato fonador y la tabla de las consonantes del español al leer sobre cada modo y punto de articulación.)

Los modos de articulación

Los sonidos **nasales** se producen cuando el velo se encuentra en posición descendente, es decir, el velo está separado de la pared faríngea lo cual permite que la corriente de aire suba por la cavidad nasal. Ejemplos: [m], [n], [ɲ] (la *eñe*), etcétera.

Los sonidos **laterales** se producen colocando la lengua contra los alvéolos (u otra parte de la cavidad bucal) lo cual produce una obstrucción central del paso del aire, mientras al mismo tiempo la lengua permite la salida del aire por los costados. El sonido lateral por excelencia es el que produce la *ele* española: [l].

Las **vibrantes** son sonidos que se articulan colocando la punta de la lengua contra algún órgano de la cavidad bucal lo cual produce una interrupción brevísima o serie de interrupciones brevísimas en la corriente de aire. Las *erres* españolas, tanto la simple [ɾ] (la de *co<u>r</u>o*) como la múltiple [r] (la de *co<u>rr</u>o*), son vibrantes. El término **líquidas** se emplea para incluir tanto los sonidos laterales como los sonidos vibrantes. Se puede decir que forman una familia de sonidos que se comportan de manera similar desde el punto de vista fonológico.

Las consonantes **oclusivas** se articulan con un cierre breve pero total de la cavidad bucal que detiene la corriente de aire hasta soltarla con una pequeña explosión. Por ejemplo [p], [t], [k], [b], [d], [g] son sonidos oclusivos.

Las **fricativas** son consonantes obstruyentes que se producen sin que haya cierre total que detenga la corriente de aire; el aire sigue fluyendo, pero crea fricción al pasar por el punto de máxima constricción. Las consonantes fricativas del español incluyen la [f] y la [s], entre otras. Si los articuladores no se acercan lo suficiente para que haya fricción, el sonido se describe como **aproximante**. Esto es lo que ocurre comúnmente en la producción de las consonantes [β], [ð] y [ɣ] de las palabras *haba, hada* y *haga*, respectivamente.

Los sonidos **africados** se pueden caracterizar como una secuencia de oclusiva más fricativa en un mismo punto de articulación dentro de la cavidad bucal. Tal es el caso de la [t͡ʃ] en español, sonido que se corresponde a la *ch* de la ortografía.

Finalmente, podemos dividir todos los sonidos en dos categorías incluyentes: sonidos **obstruyentes** y **sonantes** (o **resonantes**). La categoría obstruyente incluye oclusivas, fricativas y africadas, en tanto que la categoría sonantes incluye vocales, semivocales, líquidas y nasales.

Los puntos de articulación

Otra forma de caracterizar los sonidos consiste en la descripción de su **punto de articulación,** o el lugar de máxima constricción en la articulación de una consonante. Por ejemplo, la [f] es una consonante fricativa que se produce cuando los incisivos superiores hacen contacto con el labio inferior; se dice, entonces, que su punto de articulación es *labiodental.* A continuación aparece una lista de los puntos de articulación útiles para describir el español.

Bilabial: sonido que se produce mediante el contacto o la aproximación de los dos labios como en el caso de [p], [b] y [m].

Labiodental: se produce mediante el contacto del labio inferior contra los incisivos superiores; por ejemplo, la [f] del español o la [v] del inglés.

Interdental: se produce colocando la punta de la lengua entre los dientes como en el caso de la [θ] (*zeta*) del español peninsular.

Dental: se produce mediante el contacto de la punta de la lengua contra los incisivos superiores (o la aproximación de aquélla a los mismos). Tal es el caso de [t] y [d] en español.

Alveolar: sonido que se articula mediante la aproximación o el contacto de la punta o el predorso de la lengua contra los alvéolos como en el caso de [n], [l], [ɾ] (la *erre* simple de *pero*), [r] (la *erre* múltiple de *perro*), [s], etcétera.

Palatal: estos sonidos se producen cuando el dorso o predorso de la lengua toca (o se aproxima a) la región palatal en la cavidad bucal. Algunos ejemplos son: [t͡ʃ] (la *ch* de *chapa*), [j̝] (la *y* de *haya*) y [ɲ] (la *ñ* de *uña*).

Velar: intervienen el dorso de la lengua y el velo del paladar. Los sonidos [k], [g] y [x] (siendo éste el de la llamada *jota*, es decir, el que hace la letra <j>, en el español mexicano) son sonidos velares por su punto de articulación.

Uvular: participan el dorso de la lengua y la úvula. La *jota* madrileña es frecuentemente uvular y se simboliza [χ].

Glotal: estos sonidos se caracterizan por una obstrucción de la corriente de aire al pasar por la **glotis,** el espacio que se define por la abertura y cerrazón de las cuerdas vocales. La *jota* caribeña, más o menos semejante a la [h] inglesa, es una fricativa glotal.

La acción de la cuerdas vocales o sonoridad

En la descripción de las consonantes el otro aspecto que debemos tomar en cuenta es la vibración de las cuerdas vocales. Cuando tenemos vibración hablamos de sonidos **sonoros** y cuando no tenemos vibración hablamos de sonidos **sordos.** Por ejemplo, la diferencia entre [f] y [v] es que [f] es sorda y [v] es sonora. Ponga la mano en la parte anterior del cuello donde está ubicada la laringe (la "nuez de Adán" de los hombres) y observe la diferencia entre las consonantes sordas [f s] y sus contrapartes sonoras [v z].

Diagrama del aparato fonador.

1. el **esófago**

2. la **tráquea**

3. la **laringe**

4. la **glotis** (y las **cuerdas vocales**)

5. la **epiglotis**

6. la **faringe**

7. la **úvula**

8. el **velo del paladar** (o el **paladar blando**)

9. el **paladar** (o el **paladar duro**)

10. los **alvéolos**

11. los **dientes superiores**

12. el **labio superior**

13. el **labio inferior**

14. los **dientes inferiores**

15. el **ápice** (o la **punta**) **de la lengua**

16. la **lámina**, la **corona**, la **pala**

    o el **predorso de la lengua**

17. el **dorso** (o el **cuerpo**) **de la lengua**

18. la **raíz de la lengua**

19. la **cavidad bucal**

20. la **cavidad nasal**

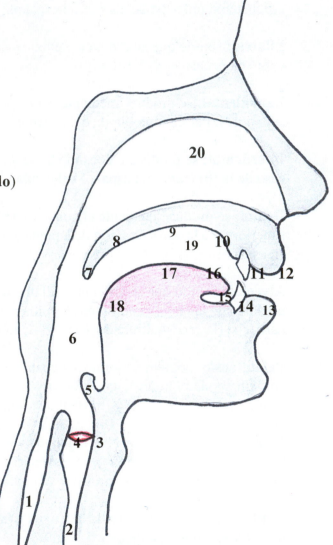

Las consonantes del español

	Bilabial		Labiodental		Dental		Alveolar		Palatal		Velar		Uvular	Glotal
Oclusiva	p	b			t	d			ɟ		k	g		
Fricativa no sibilante	ɸ		f	v	θ				ʝ		x		χ	h
Aproximante		β				ð						ɣ		
Fricativa sibilante — predorsal							s	z	ʃ	ʒ				
Fricativa sibilante — apical							s̺	z̺						
Africada									t͡ʃ	(ɟ)				
Nasal	m		ɱ		n̪		n		ɲ		ŋ			
Vibrante — simple							ɾ							
Vibrante — múltiple							r							
Lateral					l̪		l		ʎ					

Las obstruyentes se clasifican como sordas (presentadas en la casilla de la izquierda) o sonoras (en la de la derecha): p b

Los símbolos de las casillas grises ☐ *representan los sonidos de la "pronunciación americana normativa" transcrita en este curso.*

APLICACIÓN

Clases naturales

Tache con una X el sonido que no pertenezca al grupo.

1.	consonantes	[f]	[m]	[z]	[k]	[j]
2.	consonantes bilabiales	[m]	[p]	[f]	[b]	
3.	vocales no redondeadas	[e]	[o]	[i]	[a]	
4.	fricativas	[ð]	[f]	[s]	[x]	[k]
5.	nasales	[m]	[b]	[n]	[ɲ]	
6.	consonantes velares	[k]	[t͡ʃ]	[g]	[x]	
7.	consonantes palatales	[ɲ]	[t͡ʃ]	[j̞]	[t]	
8.	consonantes alveolares	[r]	[n]	[l]	[k]	[ɾ]
9.	oclusivas	[t]	[s]	[b]	[k]	[d]
10.	consonantes sordas	[x]	[t͡ʃ]	[p]	[n]	
11.	consonantes sordas	[t]	[k]	[z]	[f]	
12.	consonantes sonoras	[v]	[b]	[ɲ]	[x]	

QUE POR CIERTO...

El aparato fonador del ser humano es único en el reino animal y sirve para producir la vasta gama de sonidos que se usan en las lenguas del mundo. Sin embargo, todos y cada uno de los articuladores tiene otro propósito fisiológico en la supervivencia humana. Nuestros dientes, por ejemplo, nos ayudan a formar consonantes linguodentales y labiodentales, pero también sirven para comer—como en el caso de los demás animales dentados.

APLICACIÓN

Agregue el tercer rasgo a la descripción de cada consonante:

[f] labiodental, sorda y…

[l] lateral, sonora y…

[g] velar, oclusiva y…

[k] sorda, oclusiva y…

[n] alveolar, sonora y…

[s] alveolar, fricativa y…

[β] bilabial, sonora y…

[θ] sorda, interdental y…

[t] sorda, oclusiva y…

[m] sonora, bilabial y…

[x] velar, sorda y…

[ð] aproximante, sonora y…

[d] sonora, dental y…

[r] sonora, alveolar y…

[ɣ] aproximante, velar y…

*Describa el **contraste** entre los miembros de cada par de sonidos. Es decir, identifique el rasgo fonético que sirve para diferenciar entre los dos sonidos. En cada caso, los sonidos comparten dos de los tres rasgos consonánticos. ¿Qué es lo que **no** tienen en común?*

Ejemplo: [p] / [b]   La [p] y la [b] son bilabiales y oclusivas. La diferencia entre ellas es de sonoridad: [p] es **sorda** mientras que [b] es **sonora**.

1.   [n] / [l]

2.   [s] / [z]

3.   [k] / [x]

4.   [t] / [p]

5.   [x] / [ɣ]

6.   [f] / [s]

7.   [k] / [g]

8.   [n] / [m]

9.   [b] / [β]

10.   [θ] / [ð]

🔖 PROBLEMA DE FONOLOGÍA

Las transcripciones que se dan a continuación documentan la pronunciación de un niño de dos años de edad, de una familia de habla española (de Valencia, España).

[ˈpe.ta]	*door*	[ˈa.xa]	*orange*
[ˈbe.fa]	*head*	[ˈo.xo]	*eye*
[ˈtu.mo]	*juice*	[ˈki.ja]	*cheek*
[ˈa.fo]	*bow*	[ˈba.ɟo]	*horse*
[ˈpes]	*fish*	[ˈki.jas]	*dishwasher*
[ˈa.pis]	*pencil*	[ˈa.ɟa]	*spider*
[ˈpa.to]	*shoe*	[ˈu.ɟa]	*fingernail*
[ˈpa.to]	*duck*	[ˈto.pa]	*soup*
[ˈke.ma]	*it burns*	[ˈko.le]	*run (imperative)*
[ˈke.ma]	*cream*	[ˈta.le]	*it comes out*
[ˈmo.ka]	*fly*	[ˈta.no]	*basement*
[ˈmo.ko]	*snot*		

Partiendo del español peninsular estándar, ¿cómo se llegaría a los datos dados? Describa las simplificaciones de estructura silábica y de palabras. ¿Qué sustituciones consonánticas hace el niño? Trate de describirlas refiriéndose a las clases naturales de consonantes presentadas en este capítulo. ¿En qué sentido son "naturales" estas pronunciaciones? ¿Cómo cree Ud. que este niño pronunciaría las palabras españolas trapo, zorro, calabaza *y* basura?

APLICACIÓN

Clases de sonidos

¿Cómo se llama cada clase natural de sonidos?

_____ sonidos durante la producción de los cuales el velo está separado de la pared faríngea, dejando que la corriente de aire suba a la cavidad nasal

_____ sonidos que se producen con una interrupción (o serie de interrupciones) en la corriente de aire, normalmente producida cuando la lengua pega rápidamente contra alguna parte de la cavidad bucal

_____ laterales y vibrantes

_____ oclusivas, fricativas y africadas

_____ sonidos que se producen sin obstrucción alguna en la cavidad bucal, y que forman el núcleo silábico.

_____ sonidos en la producción de los cuales el aire pasa por un costado (o los dos costados) de la lengua, ya que ésta prohíbe que la corriente pase por el centro

_____ obstruyentes que se producen sin que haya cierre total que detenga a la corriente de aire; el aire sigue fluyendo, pero crea fricción al pasar por el punto de máxima constricción

_____ sonidos que se producen sin obstrucción alguna en la cavidad bucal, pero que están en el margen de la sílaba (es decir, que no son nucleares)

_____ secuencias de oclusiva más fricativa, en un mismo punto de articulación

_____ sonidos no obstruyentes: vocales, semivocales, líquidas y nasales

_____ consonantes producidas por un cierre breve pero total de la cavidad bucal que detiene a la corriente de aire hasta soltarla con una pequeña explosión

PROBLEMA DE FONOLOGÍA

Los hipocorísticos

Los **hipocorísticos** son apelativos afectivos usados característicamente con y por los niños y formados mediante truncamiento, regularización acentual y simplificación consonántica. Aunque tienen su origen en el habla infantil, son sumamente comunes entre hablantes de todas las edades y en todos los dialectos del castellano.

Algunos ejemplos son: *Pepa, Mito, Guille, Chema*. (¿Qué nombres representan?)

La formación de dichas formas acortadas no procede al azar, si bien las reglas que las producen tienden a variar de un dialecto a otro. A continuación vemos una lista de nombres y los hipocorísticos correspondientes de un dialecto latinoamericano. *¿Puede formalizar las "reglas" que producen los apodos en (1)–(7)? Luego, adivine cuáles serían las formas cortas de los nombres en (8)–(11).*

	Nombre	*Hipocorístico*	
1.	Alberto	Beto	['be.to]
2.	Gonzalo	Chalo	['t͡ʃa.lo]
3.	Lisandro	Chando	['t͡ʃan̪.do]
4.	Patricia	Ticha	['ti.t͡ʃa]
5.	Graciela	Chela	['t͡ʃe.la]
6.	Humberto	Beto	['be.to]
7.	Ernesto	Neto	['ne.to]
8.	Lucrecia		
9.	Ignacio		
10.	Anselmo		
11.	Rosalba		

Ahora consideremos otra lista de nombres. ¿Cómo se forman estos hipocorísticos madrileños? ¿Cuáles serán los apelativos afectivos para los nombres en (9)–(16)?

	Nombre	Hipocorístico	
1.	Alicia	Ali	[ˈa.li]
2.	Asunción	Asun	[ˈa.sun]
3.	Daniel	Dani	[ˈda.ni]
4.	Arminda	Armin	[ˈaɾ.min]
5.	Eduardo	Edu	[ˈe.ðu]
6.	Gregorio	Grego	[ˈgɾe.ɣo]
7.	Alberto	Álber	[ˈal.βeɾ]
8.	Gabriel	Gabri	[ˈga.βɾi]
9.	Esperanza		
10.	José		
11.	Aristófanes		
12.	Margarita		
13.	Manuel		
14.	Adrián		
15.	Miguel		
16.	Cristina		

14 [ka.ˈpi.tu.lo.ka.ˈtor.se]

Fonemas /p/, /t/, /k/

[ˈum.ˈpar.ðe.ˈti.ras.ˈko.mi.kas]

[ˈpe.ðɾo.pi.ka.ˈpje.ðɾa.ˈe.ˈsuŋ.goɾ.ˈði.to.ˈmwi.sim.ˈpa.ti.ko ‖ ˈe.ˈsum. peɾ.so.ˈna.xe.ke.ˈpjeɾ.ðe.la.pa.ˈsjen.sja.ˈra.pi.ða.ˈmen̪.te ‖ ˈbi.βe.nel. po.ˈβla.ðo.ðe.pje.ðɾa.ˈðu.ɾa.kon.swes.ˈpo.sa.ˈβil.maj.su.pe.ˈke.ɲa.ˈi.xa. ˈpe.βles ‖ su.me.ˈxo.ɾa.ˈmi.ɣo.ˈes.ˈpa.βlo.ˈmar.mol ‖ ˈpa.βlo.ˈβi.βe.kon. swes.ˈpo.sa.ˈβe.ti.ˈswi.xo.βam.ˈban]

[kon̪.do.ˈɾi.to.ˈe.ˈso.tro.peɾ.so.ˈna.xe.ˈko.mi.ko ‖ ˈe.ˈsum.pa.xa.ˈra.ko.ke. re.pɾe.ˈsen̪.ta.su.ˈpwes.ta.ˈmen̪.te.a.ˈlom.bre.la.ˈti.no ‖ al.ˈɣu.noz.ðe.sus. kom.pa.ˈɲe.ros.ˈsom.ˈpe.pe.koɾ.ti.ˈso.na | su.ɾi.ˈβal | t͡ʃe.ko.ˈpe.te | ˈuɲ.ˈti.po.mu.xe.ˈrje.ɣo | ko.ˈne | ˈu.na.ˈre.pli.ka.ðel.ˈmiz.mo.kon̪.do.ˈɾi.to.pe.ɾo.em. mi.nja.ˈtu.ra | doŋ.kwa.si.ˈmo.ðo | el.ˈswe.ɣro.ðel.pa.xa.ˈra.ko | i.ɟa.ˈɟi.ta | su. ˈno.βja]

✇ LECTURA TRANSCRITA

Fonemas /p/, /t/, /k/

UN PAR DE TIRAS CÓMICAS

14-01

Pedro Picapiedra es un gordito muy simpático. Es un personaje que pierde la paciencia rápidamente. Vive en el poblado de Piedradura con su esposa Wilma y su pequeña hija Pebbles. Su mejor amigo es Pablo Mármol. Pablo vive con su esposa Betty y su hijo Bam Bam.

Condorito es otro personaje cómico. Es un pajarraco que representa supuestamente al hombre latino. Algunos de sus compañeros son Pepe Cortisona, su rival; Che Copete, un tipo mujeriego; Coné, una réplica del mismo Condorito pero en miniatura; don Cuasimodo, el suegro del pajarraco; y Yayita, su novia.

∞ ARTICULACIÓN Y ACÚSTICA

Las oclusivas sordas: /p/, /t/, /k/

[p]   oclusiva bilabial sorda
[t]   oclusiva dental sorda
[k]   oclusiva velar sorda

De aquí en adelante las consonantes van a aparecer por grupos, y la naturaleza de estos grupos tiene un significado teórico. Se trata de "clases naturales" definidos por características compartidas. Al ser oclusivas y sordas, /p/, /t/ y /k/ comparten dos de los tres rasgos consonánticos; se distinguen sólo por su punto de articulación.

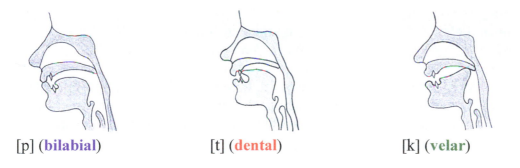

[p] (**bilabial**)   [t] (**dental**)   [k] (**velar**)

Para pronunciar estas consonantes correctamente en español, el anglohablante tiene que tomar conciencia de su pronunciación en inglés. Primero, la /t/ del inglés es alveolar, y no dental.

[t] inglesa (**alveolar**)   [t] española (**dental**)

Segundo, estas tres consonantes en inglés tienen un alófono aspirado, que aparece en posición inicial de palabra (entre otros contextos). Lea las siguientes palabras en voz alta con la mano delante de la boca para sentir el escape de aire de la aspiración.

[p^h]: *pot, peek, pill, pool, putter, pat*
[t^h]: *top, take, till, team, tool, tub, tack*
[k^h]: *cot, Kate, kill, key, cool, come, cab*

Ahora, observe que la aspiración se da sólo en posición inicial; no está presente en las siguientes palabras.

[p]: *spot, speak, spill, spool, sputter, spat*
[t]: *stop, stake, still, steam, stool, stub, stack*
[k]: *Scott, skate, skill, ski, school, scum, scab*

En español, las consonantes oclusivas y sordas no tienen un alófono aspirado; es importante **no** aspirarlas **nunca**. Observe esta diferencia en las siguientes palabras.

inglés	**español**
pan	pan
tan	tan
can	can

La aspiración de /p/, /t/ y /k/ en inglés no se extiende a las consonantes oclusivas sonoras /b/, /d/ y /g/. Estas consonantes no se aspiran.

con aspiración en inglés:
pole, tole, coal

sin aspiración en inglés:
bowl, dole, goal

Ya sabemos que /p/, /t/, /k/ no se aspiran en español. Esto lleva a un interesante error de percepción: cuando el anglohablante oye las consonates /p/, /t/, /k/ en posición inicial en español, a veces percibe la falta de aspiración en lugar de la sonoridad de la consonante. Por eso, se imagina que ha oído las consonantes /b/, /d/, /g/, que nunca se aspiran en inglés.

DISTRIBUCIÓN FONOLÓGICA

En posición inicial de sílaba (es decir, en el ataque), las oclusivas sordas se mantienen como tales (es decir, **oclusivas** y **sordas**). En nuestra formalización de este hecho, usamos el símbolo $ para marcar dónde aparece una "frontera silábica"; en este caso, el segmento que viene después de esa frontera (o sea, en posición inicial de la sílaba siguiente) no sufre ninguna modificación, realizándose como oclusiva y sorda.

/p/ → [p] / $ ___   •*papá, prisa, pulpo, apio, simple*

/t/ → [t] / $ ___   •*tú, otro, alto, vista, instante*

/k/ → [k] / $ ___   •*queso, casa, kilo, cúbico, aquí, arca, aclara*

En la coda silábica, sin embargo, las oclusivas sordas sí sufren modificaciones, realizándose como si no fueran ni oclusivas ni sordas; en fin, se "colapsan" con sus parejas sonoras /b/, /d/, /g/. Dejamos nuestro tratamiento de estos casos para el capítulo siguiente, en el que elaboramos las descripciones necesarias para comprenderlo mejor. Por ahora, concentrémonos en los casos de /p/, /t/, /k/ iniciales de sílaba, que de todas formas terminan siendo los más frecuentes.

REPETICIÓN RÁPIDA

/p/, /t/, /k/ en el ataque silábico

*En el ataque silábico, las oclusivas sordas se mantienen como tales (es decir, **oclusivas** y **sordas**).*

CONSEJOS PRÁCTICOS.

- Las oclusivas sordas inglesas—/p/, /t/ y /k/—tienden a aspirarse en ciertos contextos:
  - La /p/ se aspira: *pot, peek, pill, pool, putter, pat*
    (pero no en *spot, speak, spill, spool, sputter, spat*)
  - La /t/ se aspira: *top, take, till, team, tool, tub, tack*
    (pero no en *stop, stake, still, steam, stool, stub, stack*)
  - La /k/ se aspira: *cot, Kate, kill, key, cool, come, cab*)
    (pero no en *Scott, skate, skill, ski, school, scum, scab*)

  En español es importante **no** aspirar las oclusivas /p/, /t/, /k/ **nunca**.

- La /t/ inglesa es **alveolar**, pero la /t/ española es **dental**.

/p/

1. papa
2. Pepa
3. pipa
4. popa   14-02
5. pupa
6. Pepe
7. pipí
8. papá
9. papi
10. pupila

/t/

1. tú
2. tanto
3. tonto
4. tuteo   14-03
5. Tito
6. tata
7. tostón
8. tontita
9. total
10. títere

/k/

1. coco
2. coca
3. caca
4. Quique   14-04
5. queque
6. cuco
7. cucú
8. cueca

/p/, /t/, /k/

1. paté
2. pata
3. patata
4. patatús   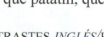 14-05
5. paquete
6. paquetito
7. capa
8. capataz
9. capitán
10. chico
11. chiquito
12. chiquitito

13. tipo
14. típico
15. pico
16. picotazo
17. picante
18. pétalo
19. petanca
20. estético
21. patético
22. raquítico
23. tápate
24. escápate
25. que patatín, que patatán

CONTRASTES *INGLÉS*/ESPAÑOL

1. *to, too, two*/tu, tú
2. *taco*/taco
3. *Coca-cola*/Coca-cola
4. *total*/total   14-06
5. *poppy*/papi

VEO VEO

Fonemas /p/, /t/, /k/

¿A qué dibujo corresponde cada palabra?

aguacate/palta
cacahuates/cacahuetes/(maní)
capa
coco frío
cocotero/palmera
cometa/papalote/papagayo/pandorga
copas
escritorio
hipopótamo
kilo (de azúcar)
papá

papas/patatas
pato
pelota
pie/pierna/patada
pito
planta
plato
puente
queso
tinta
tucán

14-07

ECLESIASTÉS 3

14-08

1. Todo tiene su tiempo, y todo lo que se quiere debajo del cielo tiene su hora.

2. Tiempo de nacer, y tiempo de morir; tiempo de plantar, y tiempo de arrancar lo plantado;

3. tiempo de matar, y tiempo de curar; tiempo de destruir, y tiempo de edificar;

4. tiempo de llorar, y tiempo de reír; tiempo de endechar, y tiempo de bailar;

5. tiempo de esparcir piedras, y tiempo de juntar piedras; tiempo de abrazar, y tiempo de abstenerse de abrazar;

6. tiempo de buscar, y tiempo de perder; tiempo de guardar, y tiempo de desechar;

7. tiempo de romper, y tiempo de coser; tiempo de callar, y tiempo de hablar;

8. tiempo de amar, y tiempo de aborrecer; tiempo de guerra, y tiempo de paz.

🐍 CULTURA LINGÜÍSTICA

Voces nahuas en -*tl*

¿Qué tienen en común las siguientes palabras?

tomate, chocolate, aguacate, coyote, ocelote

Todas terminan en -*te*, claro. Se puede decir también que nombran plantas y animales desconocidos en Europa antes de la llegada a América de Cristóbal Colón. Es más, todas estas palabras tienen su origen en el náhuatl, la lengua de los aztecas hablada en Mesoamérica desde hace siglos.

Palabras de este tipo se llaman **préstamos** (ingl. *borrowings*); llegan directamente de otro idioma, frecuentemente con productos, costumbres o conceptos que requieren un vocabulario innovador para expresarse adecuadamente. Cuando llegaron los conquistadores españoles en los siglos XV y XVI, encontraron un nuevo mundo lleno de comidas, culturas y fenómenos que jamás se podrían haber imaginado dentro del contexto europeo de la época—donde no existían todavía ni tomates, ni chocolate, ni animales tales como el coyote y el ocelote. Para referirse a estas cosas, los españoles usaron los mismos nombres que usaban los propios indígenas (en este caso los aztecas): *tomatl, chocolatl, ahuacatl, coyotl, ocelotl*. Estas formas fueron **hispanizadas,** o sea que fueron incorporadas en la fonología española; la terminación -*tl* era imposible de pronunciar en el castellano y fue convertida en -*te*. Nótese que a pesar de su fácil pronunciabilidad y su uso claramente extendido por todo el mundo hispanohablante, estas cinco formas siguen teniendo una estructura silábica y una terminación que sirven como marca indeleble de su origen mexicano.

Otras formas nahuas entraron en el castellano, pero no gozan de un uso tan extendido. Son comunes en el español mexicano las palabras que se dan a continuación.

popote	pajita	< *popotl*
petate	colchoneta	< *petlatl*
papalote	cometa	< *papalotl*
molcajete	mortero	< *mulcaxitl*
metate	piedra que se usa para moler el maíz	< *metatl*
chayote	fruto de la chayotera, con carne parecida a la del pepino	< *chayutli*

QUE POR CIERTO...

• La palabra nahua *tizatl* produjo la española *tiza*. Curiosamente, esta forma se usa en casi todo el mundo hispanohablante excepto en México, ¡de donde viene! Los mexicanos generalmente usan la palabra *gis*, de origen griego (< *gypsum*).

• La forma *cacahuate* procede directamente de la palabra nahua *cacáuatl*. Pero en España se dice *cacahuete*, porque el préstamo nahua llegó por conducto de la lengua francesa, en la que se dice *cacahuète*. Y en Centroamérica y el Caribe se dice *maní*, forma prestada del idioma taíno.

INVESTIGACIÓN

Paree cada palabra con su definición. Hable con un(a) mexicano(-a) para averiguar el significado de los nahuatlismos.

ocelote	maní
petate	jaguar pequeño americano
papalote	lobo americano
totopo	colchoneta
chayote	mortero
coyote	pavo
metate	paja, pajita, sorbete
molcajete	verdura verde
guajolote	cometa
cacahuate	piedra para moler
cuate	avispa
jicote	judía verde, poroto verde, vaina del frijol
zacate	trozo de tortilla tostada
tecolote	amigo (lit. *gemelo*)
ejote	mazorca tierna de maíz
popote	búho
cenote	buitre
zopilote	césped, hierba, pasto
elote	depósito de agua en una caverna

14-09

EN EQUIPO

Cada dígito representa una sílaba, según la clave. Descifren las oraciones que van codificadas por los números dados, procediendo de la manera siguiente. Primero un miembro del equipo lee las sílabas. Otro escribe la transcripción fonética formada por ellas. Finalmente, los demás compañeros escuchan atentamente la oración y la sacan en ortografía común y corriente.

1 = [pa]	3 = [pe]	5 = [to]	7 = [te]	9 = [la]
2 = [ti]	4 = [pi]	6 = [ka]	8 = [ki]	0 = [ta]

1.   2540   [ti.to.pi.ta]   *Tito pita.*

2.   80949

3.   91146

4.   785961

5.   7562180   te.to.ka.ti.pa.ki.ta   Te toca

6.   9210614345   la.ti.pa.ta.ka.pa.pi.pe.pi.to   La tipa

7.   3991726100   pe.la.la.pa.te.ti.ka.pa.ta.ta   Pela la patética patata

1 = [pa]	3 = [ke]	5 = [to]	7 = [te]	9 = [la]
2 = [ti]	4 = [ka]	6 = [pe]	8 = [ki]	0 = [ta]

8.   6154979   pe.pa.to.ka.la.te.b   Pepa toca la tela

9.   017910

10. 331919

11. 780964

12. 39117879625

TRANSCRIPCIÓN

Fonemas /p/, /t/, /k/

peseta　　*ficha*　　*vellón*　　*chavo*

EL PESO PUERTORRIQUEÑO

14-10　　14-11

La moneda puertorriqueña presenta un caso interesante. Es dinero norteamericano, pero tiene nombres bastante criollos. El dólar se llama *peso* y equivale a cien centavos. El cuarto de dólar es la *peseta*, como la moneda española que se quitó cuando se introdujo el euro. El penique de cobre se llama *chavo prieto* en la isla. Cinco chavitos hacen un *vellón*, la moneda de níquel que tanto pesa. Finalmente, dos vellones—diez centavos de dólar—hacen una *ficha*, la monedita más pequeñita de todas, de color plata.

TRANSCRIPCIÓN

Fonemas /p/, /t/, /k/

COPACABANA

14-12   14-13

En una península sobre el lago Titicaca encontramos la ciudad y puerto de Copacabana, capital de la provincia boliviana de Manco Cápac. Desde la época precolombina, Copacabana es un centro de peregrinación espiritual. El santuario actual, dedicado a la Virgen de la Candelaria, se levanta sobre un antiguo templo de los coyas y los incas.

Se cuenta que el inca Francisco Tito Yupanqui talló una escultura folklórica y sin proporciones que el párroco no quiso colocar en el altar. Con el paso del tiempo, el pobre artista pudo proporcionar a su pueblo la obra pintada que hoy se conoce como la Virgen de Copacabana, a la que invocan su protección peregrinos peruanos y bolivianos.

PROBLEMA DE FONOLOGÍA

Algunos hablantes del español chicano usan los siguientes anglicismos:

trampe	vagabundo
tréiler	remolque
tiví	televisión
espiche	discurso
Santa Clos	Papá Noel
yaque	gato [de un automóvil]
tíquete	billete, boleto
réquer	grúa
blaf	decepción
taxación	tributación, contribución de impuestos
taun	pueblo
suimimpul	piscina, alberca, pileta
suiche	interruptor, toma de corriente
sinque	lavabo, fregadero
sanababiche	hijo de puta
ricés	recreo

Describa formalmente el proceso de inserción vocálica que se aplica para acomodar los segmentos finales inadmisibles. ¿Cuáles son las consonantes que provocan dicha inserción? ¿Qué tienen en común esas consonantes? (O sea, ¿a qué clase natural pertenecen?)

Nótese, sin embargo, que en muchos dialectos del español, en vez de apoyar la consonante final con una /e/ epentética, se elide aquélla. ¿Cuál es la consonante final que ha desaparecido en los casos ilustrados aquí? ¿Cuál fue la palabra original?

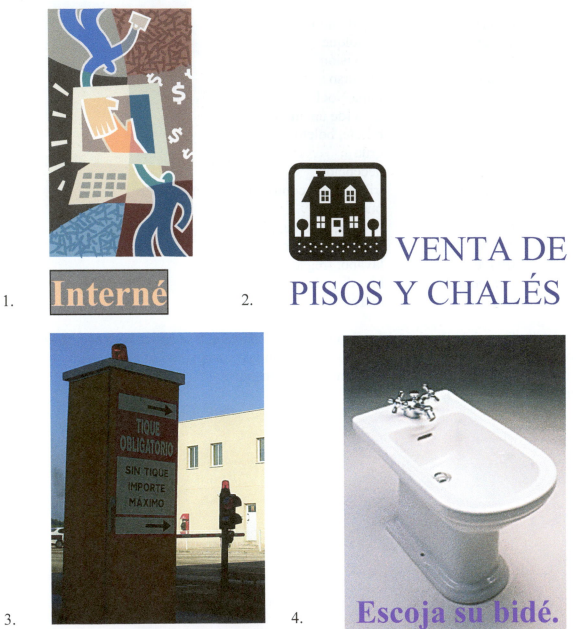

1. **Interné**

2. VENTA DE PISOS Y CHALÉS

3.

4. **Escoja su bidé.**

5. el carné por **puntos** *Entra en vigor el nuevo permiso de conducir, un sistema que busca atajar las muertes por accidentes y reducir drásticamente la siniestralidad.*

Fonemas /b/, /d/, /g/

[bo.ˈðe.ɣa.ðe.ˈβi.nos]

[la.βo.ˈðe.ɣa.ˈe.ˈsun.lu.ˈɣar.ðon̪.de.se.pro.ˈðu.se.ni.se.ˈɣwar.ðam.
ˈbi.nos ‖ ˈti.pi.ka.ˈmen̪.te.ˈsoŋ.ˈgran̪.de.se.ði.ˈfi.sjo.sen.los.ke.se.ˈðe.xa.el.
ˈxu.ɣo.ðe.ˈu.βa.em.ba.ˈri.lez.ðon̪.de | a.tra.ˈβez.ðel̪.ˈtjem.po | se.kom.ˈbjer.te.
nel.ˈβi.no.ke.ˈlwe.ɣo.sal.ˈdra.a.βor.βo.ˈto.nes.pa.ra.el̪.dis.ˈfru.te.ðe.ˈu.na.
ˈβwe.na.ko.ˈmi.ða]

[la.ˈβi.ti.ˈβi.ni.kul̪.ˈtu.ra.ˈe.ˈsu.na.ðe.la.siŋ.ˈdus.tɾjaz.ˈma.san̪.ˈti.ɣwas | i.
la.ˈsu.βas.ke.se.a.pro.ˈβe.t͡ʃa.noj.ˈði.a.ˈson̪.ka.si.tam.ˈbje.xas.ko.mo.el.
ˈβi.no.ˈmiz.mo ‖e.nal.ˈɣu.na.re.ˈxjo.nez.ðe.ˈfran.sja | ko.mo.em.buɾ.ˈðe.oz.
jem.boɾ.ˈɣo.ɲa | laz.ˈβi.ðes.ˈfwe.ron.sem.ˈbra.ðas.por.ˈmjem.broz.ðe.laz.
le.ˈxjo.ne.ro.ˈma.na.ˈsa.se.ˈmaz.ðe.ˈβejn̪.te.ˈsi.ɣlos]

[e.nel.ˈsi.ɣlo.βejn̪.ˈtju.no | es.ˈpa.ɲaj.t͡ʃi.le.ˈson̪.ˈdos.pa.ˈi.ses.
ko.no.ˈsi.ðos.por.su.pro.ðuɣ.ˈsjon̪.de.ˈβi.nos ‖ la.ˈproɣ.si.ma.ˈβes.ke.
ˈsal.ɣaws.ˈte.ða.ˈum.ˈbwen.res.taw.ˈran̪.te | ˈpi.ða.ˈum.ˈbi.no.ðe.ˈu.no.ðe.ˈes.toz.
lu.ˈɣa.re.si.βe.ˈra.lo.ke.ˈe.sel.ˈβwen.sa.ˈβo.rjel.ˈβwe.na.ˈro.ma]

LECTURA TRANSCRITA

Fonemas /b/, /d/, /g/

BODEGA DE VINOS

15-01

La bodega es un lugar donde se producen y se guardan vinos. Típicamente son grandes edificios en los que se deja el jugo de uva en barriles donde, a través del tiempo, se convierte en el vino que luego saldrá a borbotones para el disfrute de una buena comida.

La vitivinicultura es una de las industrias más antiguas, y las uvas que se aprovechan hoy día son casi tan viejas como el vino mismo. En algunas regiones de Francia, como en Burdeos y en Borgoña, las vides fueron sembradas por miembros de las legiones romanas hace más de veinte siglos.

En el siglo XXI, España y Chile son dos países conocidos por su producción de vinos. La próxima vez que salga Ud. a un buen restaurante, pida un vino de uno de estos lugares y verá lo que es el buen sabor y el buen aroma.

❧ ARTICULACIÓN Y ACÚSTICA

[b]   oclusiva bilabial sonora

[β]   aproximante (o fricativa) bilabial sonora

([v]   fricativa labiodental sonora)

[d]   oclusiva dental sonora

[ð]   aproximante (o fricativa) dental sonora

[g]   oclusiva velar sonora

[ɣ]   aproximante (o fricativa) velar sonora

Oclusivas, fricativas y aproximantes

Ud. recordará que una **oclusiva** se produce con un cierre total dentro de la cavidad bucal. Así es que en la producción de las oclusivas [b], [d] y [g] la corriente de aire es detenida por los articuladores en cuestión, siendo la [b] **bilabial**, la [d] **dental** y la [g] **velar**. Los diagramas son los mismos que hemos visto en el caso de [p], [t] y [k] porque la única diferencia que hay entre las dos series reside en la vibración de las cuerdas vocales en el caso de las oclusivas **sonoras** [b], [d] y [g]. (Recuerde que [p], [t] y [k] son **sordas**.)

En el caso de la [b] oclusiva, entonces, los labios se cierran, del mismo modo que para la producción de la [p]. Si los labios se juntan pero no llegan a cerrarse del todo, pasa la corriente de aire con fricción, produciendo la [β] fricativa. En la gran mayoría de los casos, los labios no se juntan lo suficiente para producir fricción; simplemente se aproximan, y por eso el sonido producido, [β], se denomina **aproximante**. Dado que éste es un detalle de transcripción estrecha, en nuestras transcripciones usaremos el símbolo [β] para referirnos a la aproximante sin distinguir simbólicamente entre ésta y la fricativa. (Común en el inglés, la fricativa [v] es **labiodental**, no bilabial. En español, el uso de la labiodental es esporádico y no sistemático; es por eso que no se emplea en la pronunciación normativa.)

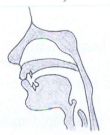 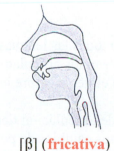 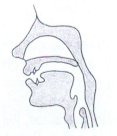

BILABIALES: [b] (**oclusiva**)   [β] (**fricativa**)   [β] (**aproximante**)

En la producción de la [d] oclusiva, la lengua hace presión contra los dientes superiores y no deja pasar la corriente de aire. (Es importante recordar que la [d] y la [t] españolas son **dentales**, no **alveolares** como las consonantes [d] y [t] en inglés.) Si el aire no se detiene, sino que escapa con fricción, el sonido que se produce es fricativo, y comúnmente la lengua se coloca entre los dientes superiores e inferiores. Como en el caso de las bilabiales [β] y [β] que hemos descrito anteriormente, la fricativa [ð] alterna con una aproximante [ð̞] que se hace sin fricción alguna. Usaremos el símbolo [ð] para referirnos a las dos variantes fricativa y aproximante, sabiendo que esta última es la más frecuente.

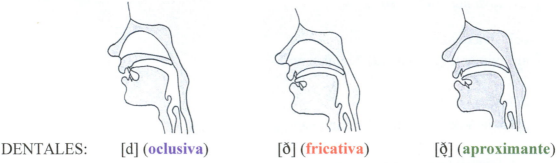

DENTALES: [d] (**oclusiva**)   [ð] (**fricativa**)   [ð̞] (**aproximante**)

La consonante [g] es oclusiva y velar, como la [k]. Si el dorso de la lengua llega a tocar el velo del paladar sin parar el flujo de aire, se produce una fricativa velar sonora [ɣ]. No nos debe sorprender, sin embargo, que muchas de las llamadas "fricativas" sean en realidad aproximantes, siendo el símbolo de la pequeña T suscrita [ɣ̞] el más apropiado. No obstante, en nuestras transcripciones emplearemos el símbolo [ɣ] para referirnos indistintamente a las dos variantes, sabiendo que la aproximante es, sin duda, la más común.

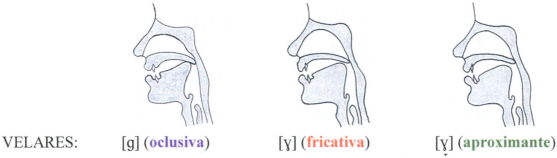

VELARES: [g] (**oclusiva**)   [ɣ] (**fricativa**)   [ɣ̞] (**aproximante**)

La asimilación

Hay un fenómeno que ocurre en todas las lenguas que se llama **asimilación**. La asimilación es la expresión en términos articulatorios de la "ley de menor esfuerzo" según la cual los seres humanos eligen siempre la manera más fácil de hacer las cosas.

Cuando hablamos, los órganos de articulación tienen que pasar rápidamente de una posición a otra. Para facilitar estos cambios de posición, *un sonido puede hacerse más parecido a otro sonido vecino*. Estos ajustes constituyen la **asimilación**.

Veamos unos ejemplos. En inglés, no es normal pronunciar la /d/ delante de /j/ como una oclusiva alveolar, sino como una africada postalveolar (o sea, como la consonante de *joy*).

Did you see that? [d͡ʒ]

Lo que pasa aquí es que la pronunciación de la /d/ se adapta al punto de articulación de la consonante que le sigue, anticipando su punto (palatal) y su carácter fricativo. Otro ejemplo, que también se da en español, es la asimilación de las consonantes nasales al punto de articulación de la consonante que les sigue. Esta asimilación frecuentemente produce los siguientes resultados:

> *in* Boston [m] (bilabial porque /b/ es bilabial)
> *in* Gary [ŋ] (velar porque /g/ es velar)

La asimilación es un concepto que arroja luz sobre muchos datos, entre ellos la distribución de los alófonos de los fonemas /b, d, g/.

Los alófonos de /b d g/

Aquí estamos ante otra clase natural: consonantes sonoras que tienen dos alófonos cada una, uno oclusivo y otro aproximante. Desde luego, hay que saber dónde ocurren estos alófonos. Su distribución es la siguiente:

[b d g]
1) después de nasal
2) después de /l/ (sólo para /d/)
3) en posición inicial absoluta (es decir, después de pausa)

[β ð ɣ]
en los demás casos (con las variantes más abiertas en posición intervocálica)

Las variantes oclusivas, entonces, se dan sólo bajo ciertas condiciones. Después de una nasal, o de una lateral en el caso de /d/, la presencia de [b, d, g] se debe a la asimilación. En la articulación de las consonantes nasales y laterales pasan dos cosas simultáneamente: hay una obstrucción pero a la misma vez el aire consigue pasar por otra parte (por la nariz, en el caso de las nasales, y por los costados de la lengua, en el caso de las laterales). Para facilitar la articulación—es decir, por obra de la asimilación—la obstrucción se mantiene entre un segmento y otro, y como resultado se producen [b d g]. (Recuerde que las consonantes nasales ya se habrán asimilado al punto de articulación de la /b d g/ anteriormente, produciendo un vínculo aún más fuerte entre los dos sonidos. La lateral /l/ se habrá asimilado al punto de articulación de la /d/, pero no al de la /b/ o la /g/, puesto que el idioma no cuenta con laterales bilabiales o velares.)

[mb]:   u**n b**eso /**con V**irgilio
[n̪d], [l̪d]:   u**n d**iente / **con D**iana / e**l d**rama
[ŋg]:   u**n g**ol, **con G**aby

La presencia de [b, d, g] en posición inicial absoluta se debe a la estructura de la sílaba en español. Recuerde que la sílaba prototípica tiene la forma CV, lo que quiere decir que la primera parte de la sílaba—el ataque—suele ser consonántica. Por esta razón, /b d g/ en posición inicial absoluta (después de pausa) tienden a ser fuertemente oclusivas. En contraste, cuando /d/ aparece en la segunda parte de la sílaba—la rima—se aleja del prototipo consonántico y se hace fricativa o aproximante (y, en el caso extremo, sencillamente se elide, dejando sólo una vocal en la rima).

> *ciudad, usted, Madrid*

Como suele pasar en las lenguas humanas, existen casos que caen entre los dos extremos. Algunas veces /b d g/ se realizan de manera muy abierta; los órganos de articulación apenas se aproximan. Estos alófonos se dan en posición intervocálica, entre sonidos producidos sin interrupción del paso del aire. Donde /b d g/ aparecen entre una vocal y una consonante (en palabras como *abrazo* o *Ricardo*, por ejemplo), los órganos de articulación se acercan más. La asimilación da cuenta de esta variación: la apertura de los sonidos vecinos determina la apertura de los alófonos de /b d g/.

DISTRIBUCIÓN FONOLÓGICA

Las oclusivas sonoras mantienen su oclusividad sólo después de pausa, de una nasal o de una lateral que se produce con el mismo punto de articulación. (Dado que no existen en el castellano laterales bilabiales ni velares, sólo la /d/ se asimila a la oclusividad de la lateral.) En otros entornos, estos fonemas se vuelven aproximantes.

/b/ → [b] después de pausa o nasal   •*ambos, envío, ¡Basta!, ¡Vamos!, un beso, un vaso*

/b/ → [β] en los demás contextos   •*haba, huevo, alba, hierba, nos vamos, los brutos, el vaso*

15-02

(/b/ → [v] esporádicamente)

/d/ → [d] después de pausa, nasal o lateral   •*hondo, toldo, ¡Dámelo!, el don*

/d/ → [ð] en los demás contextos   •*hada, los dos, arde, ¡Me lo da!*

/g/ → [g] después de pausa o nasal   •*hongo, ¡Ganamos!, un gato*

/g/ → [ɣ] en los demás contextos   •*haga, el gato, otorga, rasgo*

APLICACIÓN

Dé la descripción articulatoria de cada consonante.

1. [g] _____

2. [ð] _____

3. [p] _____

4. [v] _____

¿Oclusivas o aproximantes?

Vamos a **v**er si po**d**emos **d**arles una oportuni**dad**.
1   2   3   4   5 6

Ganamos el se**g**un**d**o parti**d**o **d**e **b**éis**b**ol.
7   8   9   10 11 12 13

Lle**g**aron **g**ritan**d**o en **v**oz alta que el **d**irector ya no **v**ol**v**ía.
  14   15   16   17   18   19 20

1. _____	11. _____
2. _____	12. _____
3. _____	13. _____
4. _____	14. _____
5. _____	15. _____
6. _____	16. _____
7. _____	17. _____
8. _____	18. _____
9. _____	19. _____
10. _____	20. _____

✂ | REPETICIÓN RÁPIDA

[β] aproximante bilabial sonora

> CONSEJOS PRÁCTICOS. No intervienen los dientes en la producción de la [β] aproximante porque es bilabial, igual que la [b]. Pero para la [β], hay que procurar que los labios no se cierren del todo; el aire tiene que seguir pasando entre ellos. Puede ser útil practicar con un lápiz entre los dientes porque así es más difícil cerrar los labios y hacer la oclusiva.

Pronuncie las frases siguientes usando la [β] *aproximante. ¡Evite totalmente la* [b] *oclusiva y la* [v] *labiodental!*

15-03

la baba   [la.ˈβa.βa]
el bebé   [el.βe.ˈβe]
los sábados   [los.ˈsa.βa.ðos]
la bodega   [la.βo.ˈðe.ɣa]
el biberón   [el.βi.βe.ˈron]
la bebida   [la.βe.ˈβi.ða]
la lavadora   [la.la.βa.ˈðo.ra]
el jueves   [el.ˈxwe.βes]
las habas y las uvas   [la.ˈsa.βa.si.la.ˈsu.βas]

Abelardo llevaba el bate verde.   [a.βe.ˈlar.ðo.je.ˈβa.βa.el.ˈβa.te.ˈβer.ðe]

Su vecina Viviana bebía vino.   [su.βe.ˈsi.na.βi.ˈβja.na.βe.ˈβi.a.ˈβi.no]

Javier va a brincar.   [xa.ˈβjer.ˈβa.a.βriŋ.ˈkar]

Qué bobo es ese viejo verde.   [ˈke.ˈβo.βo.ˈe.ˈse.se.ˈβje.xo.ˈβer.ðe]

Al abogado se le veía algo bravo.   [a.la.βo.ˈɣa.ðo.se.le.βe.ˈi.a.ˈal.ɣo.ˈβra.βo]

¿El vasco se habrá dejado barba?   [el.ˈβas.ko.se.a.ˈβra.ðe.ˈxa.ðo.ˈβar.βa]

Eva se lavaba con agua y jabón.   [ˈe.βa.se.la.ˈβa.βa.ko.ˈna.ɣwaj.xa.ˈβon]

La bibliotecaria rebobinó el video.   [la.βi.βljo.te.ˈka.rja.re.βo.βi.ˈno.el.βi.ˈðe.o]

VEO VEO

Consultando la lista, busque las 15 cosas que están escondidas en la foto. No se olvide de pronunciar correctamente la [β] aproximante.

una vaca	una batidora	una baraja	una ventana
una vela	una banana	una botella	una bandeja
una be	una biblia	una valla	una bobina
una bicicleta	una vía	una brújula	

QUE POR CIERTO...

¿Ha oído Ud. de la ballena del Manzanares? Pues le cuento.

Según fuentes de confianza (Toscano 1965), los demás europeos llevan siglos burlándose de los españoles por su "confusión" de /b/ y /v/. En la Edad Media se decía que para un español *vivere est bibere*, lo que significaba, en latín, que "vivir es beber". Y se cuenta que una vez, en Madrid, unas barricas de vino se cayeron al río Manzanares y salió el dueño gritando "Se han caído las barricas. ¡Y una va llena!" La gente oyó sólo "una va llena" y todos se pusieron a gritar: "¡una *ballena*! ¡una *ballena* en el Manzanares!"

REPETICIÓN RÁPIDA

[ð] aproximante dental sonora

> CONSEJOS PRÁCTICOS. La [ð] aproximante es **dental**, no alveolar. Puede llegar a ser **interdental**, pronunciándose con la lengua metida entre los dientes, pero lo más importante es que sea **aproximante** (o a veces **fricativa**), **no** oclusiva (como la [d]) y tampoco vibrante [ɾ] como la /d/ inglesa de *buddy*. En la producción de la aproximante [ð], la lengua no llega a tocar nada; simplemente se acerca a los dientes sin producir fricción.

Pronuncie las frases siguientes usando la [ð] aproximante. ¡Evite totalmente la [d] oclusiva y la vibrante [ɾ]!

nada	[ˈna.ða]
codo	[ˈko.ðo]
pide	[ˈpi.ðe]
alameda	[a.la.ˈme.ða]
ladra	[ˈla.ðɾa]
arde	[ˈaɾ.ðe]
mudo	[ˈmu.ðo]
ha dado	[ˈa.ˈða.ðo]
una duda	[ˈu.na.ˈðu.ða]

15-04

Vamos a Montevideo.	[ˈba.mo.sa.mon̪.te.βi.ˈðe.o]
Madrid	[ˈba.mo.sa.ma.ˈðɾið]
Dinamarca	[ˈba.mo.sa.ði.na.ˈmaɾ.ka]
la República Dominicana	[ˈba.mo.sa.la.re.ˈpu.βli.ka.ðo.mi.ni.ˈka.na]
Dallas	[ˈba.mo.sa.ˈða.las]
Dénver	[ˈba.mo.sa.ˈðem.beɾ]
Filadelfia	[ˈba.mo.sa.fi.la.ˈðel.fja]

15-05

La [ð] aproximante comparada con la [d] oclusiva y la [ɾ] vibrante

Practique la diferencia entre la [d] *oclusiva y la* [ð] *aproximante. ¡Recuerde que son* **dentales***, no alveolares!*

[d]
dama
Dámelo.
Dímelo.   **15-06**
En Dinamarca.
El dominicano.

[ð]
la dama
Me lo das.
Me lo dices.   **15-07**
A Dinamarca.
La dominicana.

CONSEJOS PRÁCTICOS. Como hemos señalado anteriormente, la /d/ inglesa tiende a convertirse en vibrante simple [ɾ] (en inglés, "tap" o "flap") en ciertos contextos—por ejemplo, cuando se encuentra entre vocales y la primera de éstas es acentuada: *buddy, raiding, moody, coded, shady, model.* Ud. asociará este sonido [ɾ] con el fonema /d/ y no con la /ɾ/, pero tiene que darse cuenta de que para el hispanohablante, no tiene nada que ver con la /d/. Preste atención a este fenómeno automático de fonética inglesa, y haga todo lo posible por eliminar sus efectos al hablar español. ¡Use la [ð] aproximante!

Practique la diferencia entre la [ɾ] *vibrante y la* [ð] *aproximante.*

[ɾ]
coro
muro
seré
cara
cerilla
toro
torito

[ð]
codo
mudo
cedé (CD)
cada
cedilla
todo
todito

15-08

Compare las palabras inglesas con las españolas correspondientes.

Inglés, con [ɾ]
armada
Granada
Toledo
Merida
Edith
al-Qaida
CD

Español, con [ð]
armada
Granada
Toledo
Mérida
Edith
al-Qaida
CD [se.ˈðe]

15-09

VEO VEO

En los dibujos aparecen cuatro de cada cosa. Así, al identificar cada palabra, la [ð] saldrá siempre aproximante. ¿Nota la diferencia entre [ˈun̪.ˈde.ðo] y [ˈkwa.tro.ˈðe.ðos] en su propia pronunciación?

dragón	dedo	ducha
helado	empanada	moneda
dentadura	delfín	dado

Identifique lo que ve:

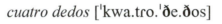

cuatro dedos [ˈkwa.tro.ˈðe.ðos]

 **EN EQUIPO**

Siguiendo los ejemplos, digan lo que ven. Cada estudiante repite lo que han dicho sus compañeros y va añadiendo un elemento más. ¡Tengan cuidado con la [ð] aproximante!

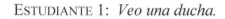

ESTUDIANTE 1: *Veo una ducha.*

ESTUDIANTE 2: *Veo una ducha y dos empanadas.*

ESTUDIANTE 3: *Veo una ducha, dos empanadas y ...*

Ahora vuelvan a empezar.

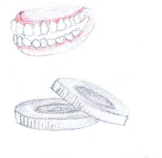

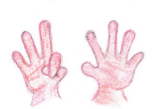

REPETICIÓN RÁPIDA

Más práctica con /b/ y /d/

1. Hay 2 hombres esperando.

2. Me daba 18 días.

3. A mi padre le dijo que 12 nadaban.

4. 22 ene 89   *("el 22 de enero del 89")*

5. 12 oct 92

6. 8 dic 59

7. 11, 12, 13

8. 15, 16, 17, 18, 19, 20

9. 21, 22, 23

15-10

QUE POR CIERTO...

Un día le conté a doña Maruja que mis profesores nos habían comentado que era común en España elidir la /d/ en palabras como *tomado* [to.ˈma̯o], *empezado* [em.pe.ˈθa̯o] y *comprado* [kom.ˈpra̯o]. La señora me respondió: —Claro, chico, ¡pero es [es̪.pa.ˈɲol.ma.la.ˈβla̯o]!

REPETICIÓN RÁPIDA

[ɣ] aproximante velar sonora

CONSEJOS PRÁCTICOS. La [ɣ] aproximante es más difícil de apreciar que la [β] y la [ð], quizá porque éstas se pueden ver en un espejo. No obstante, Ud. podrá oír la diferencia entre la serie de sílabas (no españolas) [agagaga], con oclusivas, y la serie [aɣaɣaɣa] en la que el dorso de la lengua roza ligeramente el velo del paladar, o simplemente se aproxima a éste, sin que el aire deje de fluir.

Pronuncie las frases siguientes usando la [ɣ] *aproximante. ¡Evite totalmente la* [g] *oclusiva!*

la gata	[la.ˈɣa.ta]
la paga	[la.ˈpa.ɣa]
una gabardina	[ˈu.na.ɣa.βaɾ.ˈði.na]
la bodega	[la.βo.ˈðe.ɣa]
la gárgola	[la.ˈɣaɾ.ɣo.la]
la goma	[la.ˈɣo.ma]
la gasolina	[la.ɣa.so.ˈli.na]
mi grabadora	[mi.ɣra.βa.ˈðo.ra]
la guerra	[la.ˈɣe.ra]
la gloria	[la.ˈɣlo.rja]

15-11

Haga gárgaras.	[ˈa.ɣa.ˈɣaɾ.ɣa.ras]
Entra el agua gota a gota.	[ˈen̪.tra.e.ˈla.ɣwa.ˈɣo.ta.ˈɣo.ta]
Me duele la garganta.	[me.ˈðwe.le.la.ɣaɾ.ˈɣan̪.ta]
El antiguo tejado goteaba.	[e.lan̪.ˈti.ɣwo.te.ˈxa.ðo.ɣo.te.ˈa.βa]
¿Hago algo?	[ˈa.ɣo.ˈal.ɣo]
El enemigo lanzó granadas.	[e.le.ne.ˈmi.ɣo.lan.ˈso.ɣra.ˈna.ðas]
Marga grabó la gala de Praga.	[ˈmaɾ.ɣa.ɣra.ˈβo.la.ˈɣa.la.ðe.ˈpra.ɣa]
El galápago es una tortuga.	[el.ɣa.ˈla.pa.ɣo.ˈe.ˈsu.na.toɾ.ˈtu.ɣa]

VEO VEO

Identifique las palabras ilustradas, prestando atención a la [ɣ] aproximante.

1.

2.

3.

4.

5.

6.

7.

8.

9.

10.

11.

12.

 MUESTRA MUSICAL

GRACIAS A LA VIDA
Violeta Parra

Canta: Violeta Parra (Chile)

> Diríjase a nuestro sitio web para que tenga acceso a la letra, la música
> y más información sobre las muestras musicales no incluidas en el CD.

TRANSCRIPCIÓN

"Gracias a la vida" de Violeta Parra

Escuche la canción y escriba los alófonos apropiados: [b], [β], [d], [ð], [g], [ɣ].

[   ]racias a la [   ]i[   ]a que me ha [   ]a[   ]o tanto
Me [   ]io [   ]os luceros que cuan[   ]o los a[   ]ro
perfecto [   ]istin[   ]o lo ne[   ]ro [   ]el [   ]lanco
y en el alto cielo su fon[   ]o estrella[   ]o
y en las multitu[   ]es al hom[   ]re que yo amo.

[   ]racias a la [   ]i[   ]a que me ha [   ]a[   ]o tanto
Me ha [   ]a[   ]o el oí[   ]o que en to[   ]o su ancho,
[   ]ra[   ]a noche y [   ]ía, [   ]rillos y canarios,
martillos, tur[   ]inas, la[   ]ri[   ]os, chu[   ]ascos
y la [   ]oz tan tierna [   ]e mi [   ]ien ama[   ]o.

Gracias a la vida que me ha dado tanto
Me ha [   ]a[   ]o el soni[   ]o y el a[   ]ece[   ]ario
con él las pala[   ]ras que pienso y [   ]eclaro
ma[   ]re, ami[   ]o, hermano y luz alum[   ]ran[   ]o
la ruta [   ]el alma [   ]el que estoy aman[   ]o.

TEXTOS DE PRÁCTICA

PLEGARIA QUE RECITABAN AL ALBA LOS NAVEGANTES DE COLÓN

15-12

BENDITA SEA LA LUZ
Y LA SANTA VERACRUZ
Y EL SEÑOR DE LA VERDAD
Y LA SANTA TRINIDAD
BENDITA SEA EL ALBA
Y EL SEÑOR QUE NOS LA MANDA
BENDITO SEA EL DÍA
Y EL SEÑOR QUE NOS LO ENVÍA

AMÉN

gris

Gloria Fuertes (España)

15-13

Color ni malo ni bueno,
ambiguo,
el color gris
es la mezcla de blanco y de negro.
Es un color tristón, lánguido, apagado.
Si una persona es gris
significa que es un pestiño o rollazo.

© Heredera de Gloria Fuertes

DISTRIBUCIÓN FONOLÓGICA

La neutralización

Volvamos ahora a considerar las oclusivas sordas /p/, /t/ y /k/ presentadas en el capítulo anterior. Ud. recordará que las oclusivas sordas se realizaban como tales (es decir, oclusivas y sordas) en el ataque silábico, siguiendo las reglas siguientes:

/p/ → [p] / $ ___   *papá, prisa, pulpo, apio*

/t/ → [t] / $ ___   *tú, otro, alto, vista*

/k/ → [k] / $ ___   *queso, casa, kilo, mosca, aquí*

15-14

En la coda silábica, sin embargo, estas consonantes se debilitan mucho, y en términos no técnicos, cada una se confunde con su pareja sonora. Más apropiadamente, decimos que las sordas y las sonoras **se neutralizan:** una distinción fonémica se pierde en cierto(s) contexto(s).

/p/ se neutraliza con /b/ en la coda   *optimista, obtener*

/t/ se neutraliza con /d/ en la coda   *ritmo, adquirir, vodka*

15-15

/k/ se neutraliza con /g/ en la coda   *doctor, ignorar, examen*

Tomando el caso de la /t/ como ejemplo, vemos que la palabra *ritmo* tiende a pronunciarse [ˈrið.mo], con una [ð] aproximante y sonora. Tal como hemos visto anteriormente, ésta es la pronunciación que tendría el fonema /d/ en el mismo contexto (es decir, después de vocal). Lo que estamos reconociendo, entonces, es que no hay ninguna diferencia entre la pronunciación de una /t/ y la de una /d/ en la coda silábica. De hecho, si la palabra se escribiera *ridmo*, se pronunciaría igual. El contraste que existe entre los dos fonemas en el ataque silábico—recuerde que hay pares mínimos como *tía/día, bota/boda, falta/falda*—se pierde en la coda.

¿Significa esto que la pronunciación con [t] (es decir, [ˈrit.mo]) es *imposible*? Claro que no. Lo que estamos diciendo es que tal pronunciación sería algo artificial o forzada y que no se podría emplear sistemáticamente como una forma distinta a [ˈrið.mo]. Los hablantes y oyentes del español consideran estas dos pronunciaciones como variantes de una misma palabra. No es así el caso de *bota* y *boda*, donde [t] y [ð] sirven para distinguir claramente entre dos palabras.

En los casos de **neutralización,** entonces, una oposición fonémica que existe en ciertos contextos no tiene validez en otros. En la palabra *obtener*, el hablante puede escoger libremente entre [op.te.ˈneɾ] y [oβ.te.ˈneɾ] (sin mencionar otras pronunciaciones posibles) sin cambiar el significado, a pesar del contraste entre /p/ y /b/ en el ataque (*poca/boca, capa/cava*). En el caso de *recto*, la pronunciación puede ser [ˈrek.to] o [ˈreɣ.to], entre otras posibilidades. Aunque la diferencia entre [k] y [ɣ] es fonémica en el ataque (*vaca/vaga*), no lo es en la coda de la sílaba. En contextos de neutralización en el habla rápida normal, la realización más común de /p/~/b/, /t/~/d/, /k/~/g/ es la de la aproximante sonora [β ð ɣ], y así se transcribe en este libro.

∞ REPETICIÓN RÁPIDA

Las oclusivas sordas se neutralizan con las sonoras correspondientes en la coda silábica. Sea cual sea el fonema en cuestión, su realización en el habla rápida suele ser una aproximante sonora ([β], [ð], [ɣ]), aunque la oclusiva sorda es otra alternativa.

/p/, /b/	/t/, /d/	/k/, /g/
1. o**b**tener	7. ri**t**mo	13. o**c**tubre
2. a**p**to	8. a**t**mósfera	14. a**cc**ión
3. o**b**servar	9. a**d**jetivo	15. ma**g**dalena
4. o**p**ción	10. e**t**nocéntrico	16. éxito /ˈe**k**.si.to/
5. su**b**terráneo	11. a**d**quisición	17. re**c**to
6. o**b**jeto	12. ari**t**mética	18. asi**g**nar

15-16

FORMAS INESPERADAS
19. hot dog
20. Batman
21. Hotmail
22. hotcakes
23. Pac Man
24. McDonald's

∞ APLICACIÓN

¿Hay neutralización o no?

1. so**b**re	6. a**d**quirir	11. e**x**tremo
2. o**b**sidiana	7. su**b**secretario	12. pon**g**o
3. os**t**ra	8. se**p**tiembre	13. lá**g**rima
4. ar**d**e	9. a**cc**idente	14. é**t**nico
5. A**d**rián	10. ta**c**o	15. dia**b**lo

🐛 TRANSCRIPCIÓN

**UN JUEGO DE MESA
QUE USTED CONOCERÁ**

15-17 15-18

A ver si Ud. adivina el nombre del juego que se describe aquí. En él, todos los jugadores son detectives y tratan de averiguar cómo y dónde murió el Sr. don Difunto y quién lo mató. Tirando el dado, todos dan vueltas por la mansión del fallecido, recogiendo pistas mientras acusan a los demás. ¿Lo hizo el Sr. Verdi en el vestíbulo con el candelabro? ¿O fue la Sra. Blanco en el salón de baile con el tubo? ¿No sería el profesor Moradillo en la biblioteca con la cuerda? Rápido, ¡que de Ud. también sospechan!

🐍 EN EQUIPO

Siguiendo el modelo, acusen a alguien de haber cometido el crimen. Repitan las acusaciones hasta que les salgan debidamente aproximantes las [β] y las [ð].

1.

[lo.ma.ˈto.la.se.ˈɲo.ra.su.ˈli.no.kon.la.na.ˈβa.xa.e.nel.ko.me.ˈðoɾ]

2.

3.

4.

5.

6.

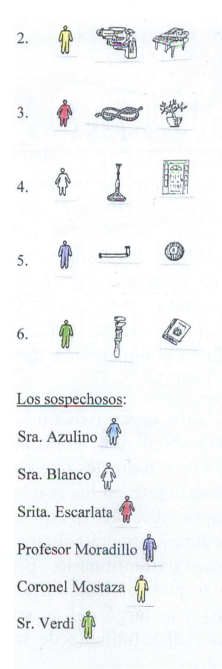

Los sospechosos:	Las armas:	Las habitaciones:
Sra. Azulino	candelabro	biblioteca
Sra. Blanco	navaja	billar
Srita. Escarlata	cuerda	comedor
Profesor Moradillo	llave de tuercas	invernadero
Coronel Mostaza	revólver	salón de baile
Sr. Verdi	tubo	vestíbulo

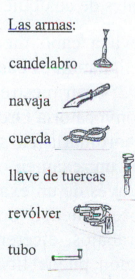

LA EDUCACIÓN UNIVERSITARIA EN ESPAÑA

15-19

El sistema universitario español comprende tanto clases teóricas como seminarios y prácticas tutorizadas. Desde el año 2002, todos los programas de pregrado siguen las normas que fueron aprobadas por el congreso en 1999. Las llamadas "asignaturas troncales" son obligatorias en todo el país. Más aparte, cada universidad pide ciertas asignaturas obligatorias y tiene otras que son optativas. En cualquier carrera, existen "créditos de libre configuración" que te dejan complementar tus estudios con cursos adicionales de cualquier facultad.

La evaluación se lleva a cabo mediante la Convocatoria Ordinaria de febrero, si la asignatura es cuatrimestral, o de junio, si es anual o cuatrimestral del 2º cuatrimestre. Los estudiantes que no superen la evaluación en Convocatoria Ordinaria pueden hacer uso de una Convocatoria Extraordinaria en septiembre. Es decir, si alguien suspende o reprueba un examen ordinario, podrá solicitar una segunda evaluación a través de un examen extraordinario. En algunos casos los profesores pueden optar por realizar varias evaluaciones (exámenes, trabajos, etcétera) a lo largo del curso cuya superación o aprobación puede liberar al estudiante de la realización del examen final.

∞ | TRANSCRIPCIÓN

BURBUJAS

15-20

Las burbujas son pedazos de gas suspendidos en una bola líquida. Son extremadamente frágiles, y tienden a reventarse sobre todo cuando un objeto seco las toca.

A todos nos gusta soplar burbujas. Gente de todas las edades puede divertirse haciendo burbujas gigantescas en su jardín. Usted mismo puede disfrutar de la siguiente actividad.

Vuelque media taza de detergente para platos en un cuarto de galón de agua. Sumerja un tubo de gran grosor y al sacarlo trate de conseguir que quede una "ventana" de jabón en un extremo. Sople suavemente en el otro lado para formar una bola grande. Pruébelo con un bote de café abierto en ambos extremos y verá qué bien sale. ¡Diviértase!

MUESTRA MUSICAL

*Escuche la canción, prestando atención a la pronunciación del fonema /b/. Notará que, en este dialecto chileno, el alófono **no** oclusivo es labiodental [v] en vez de bilabial [β]. Es importante darse cuenta de que no existe el fonema /v/, y que el contexto en el que aparece el alófono fricativo [v] es el mismo que describimos arriba para el alófono aproximante [β] de otros dialectos. Hay que reconocer, sobre todo, que la pronunciación labiodental no coincide únicamente con la <v> ortográfica.*

EL CAUTIVO DE TIL TIL
Patricio Manns

Canta: Cecilia Echenique (Chile)

Por unas pupilas claras	1
que entre muchos sables	2
viera relucir.	3
Y esa risa, que escondía	4
no sé qué secretos	5
era para mí.	6
Cuando altivo se marchó	7
entre sables de alguacil,	8
me nubló un presentimiento al verlo partir.	9
Dicen que es Manuel su nombre	10
y que se lo llevan camino a Til Til,	11
que el gobernador no quiere ver por La Cañada su porte gentil.	12
Dicen que en la guerra fue	13
el mejor y en la ciudad	14
deslumbraba como el rayo de la libertad.	15
Sólo sé que ausente va	16
que lo llevan maniatado	17
que amarrado a la montura	18
se lo llevan lejos de la capital.	19
Sólo sé que el viento va,	20
jugueteando en sus cabellos	21
y que el sol brilla en sus ojos	22
cuando lo conducen camino a Til Til.	23
Dicen que era como el rayo	24
cuando cabalgaba sobre su corcel	25
y que al paso del jinete	26
todos le decían por nombre Manuel.	27
Yo no sé si volveré a verlo libre y gentil,	28
sólo sé que sonreía camino a Til Til.	29

15-21

Escuche esta canción del cantautor español Víctor Manuel, notando su uso esporádico del alófono fricativo labiodental [v]. ¿Qué factores favorecerán dicha pronunciación?

TU BOCA UNA NUBE BLANCA
Víctor Manuel San José

Canta: Víctor Manuel (España)

Diríjase a nuestro sitio web para que tenga acceso a la letra, la música
y más información sobre las muestras musicales no incluidas en el CD.

NOCIONES AFINES

La lenición

La conversión de oclusivas en fricativas se llama **espirantización,** siendo **espirante** (en inglés, *spirant*) otra palabra para **fricativa**. A pesar de que los alófonos [β], [ð] y [ɣ] del español son aproximantes en vez de fricativas, el término **espirantización** se usa convencionalmente para describir el proceso fonológico por el que se modifican las oclusivas sonoras /b/, /d/ y /g/ en el español moderno. Hemos visto en este capítulo que todas estas consonantes se hacen aproximantes excepto cuando las precede una pausa o una nasal (o, en el caso de la /d/, una lateral).

La espirantización es, en realidad, solamente un componente de un proceso histórico llamado **lenición**. En términos generales, la lenición es un debilitamiento que se produce en las consonantes; éstas se van desgastando debido a la asimilación (una manifestación de la ley de menor esfuerzo). En la historia del español, específicamente, lenición se refiere al debilitamiento que convierte las consonantes latinas intervocálicas en las que vemos hoy en día en el castellano. Esta lenición histórica incluye cuatro tipos de debilitamiento: la **simplificación** de las oclusivas sordas geminadas, la **sonorización** de las oclusivas sordas simples, la **espirantización** de las oclusivas sonoras y, finalmente, la **elisión** de las aproximantes sonoras. Veamos ejemplos de cada fenómeno.

El latín que llegó con los romanos a la Península Ibérica tenía consonantes **geminadas** o dobles, pero todas ellas se simplificaron en el castellano. La geminada /pp/ de CUPPA, por ejemplo, se simplificó en la /p/ de *copa* en el español moderno. De la misma manera, la /tt/ doble de GUTTA dio *gota* y la /kk/ geminada de VACCA produjo *vaca*.

Aparte de las geminadas, el latín también tenía oclusivas sordas simples, pero éstas, si se encontraban entre vocales, se sonorizaron a través de los siglos. Así las palabras latinas LUPU, ROTA y FOCU nos dan las formas españolas *lobo, rueda* y *fuego*, respectivamente.

Claro está que estas oclusivas sonoras /b d g/ se espirantizan en la pronunciación española. *Lobo* es con [β], *rueda* se pronuncia con [ð] y *fuego* se dice con [ɣ]. Muchas palabras latinas que tenían la oclusiva sonora también existen en español con la aproximante: CABALLU > *caballo* con [β]; CRUDU > *crudo* con [ð]; CASTIGARE > *castigar* con [ɣ].

Finalmente, las aproximantes sonoras también sufren otro debilitamiento más: **se eliden**. La elisión es la pérdida total de un sonido. La /g/ intervocálica de la palabra latina LEGALE sufrió espirantización en algún momento histórico (dando [le.ˈɣa.le]), seguida de elisión (que produjo la forma moderna *leal*). Hoy en día, los participios en -*ado* (como en *tomado, hablado, ganado*) proveen un ejemplo buenísimo de estos últimos pasos de lenición, pues la espirante normativa [aðo] es sustituida comúnmente por la aproximante [aðo] y, en muchos dialectos y registros, se elide [ao̯].

🕮 PROBLEMA DE FONOLOGÍA

La lenición en la historia del español

A través de los siglos, las siguientes palabras latinas sufrieron varias modificaciones fonéticas, entre ellas los debilitamientos consonánticos conocidos como **lenición**. *¿Cuáles son las palabras españolas correspondientes? (A veces es útil pensar en palabras inglesas provenientes de las mismas raíces latinas, porque la pista semántica nos ayuda a adivinar la forma española. ¿Qué palabras inglesas se le ocurren en cada caso? ¿Qué otras palabras españolas provienen de las mismas raíces, sin haber sufrido lenición?)*

1. VITA >   *vida*   (ingl. *vital, vitality, vita,* etcétera)
2. MATURU >
3. SAPERE >
4. RADICE >
5. ACUTU >
6. ADVOCATU >
7. BUCCA >
8. SECURU >
9. SCUTU >
10. CREDERE >
11. SICCU >
12. DEL(I)CATU >
13. LEGALE >
14. FRIGIDU >
15. CAPILLU >
16. CATTU (con k>g) >
17. AMICA >
18. CIVITATE >
19. VACIVU >

✿ | NOCIONES AFINES

Neutralizaciones estigmatizadas

La neutralización de las oclusivas sordas y sonoras, explicada anteriormente, forma parte de la competencia fonológica de todos los hispanohablantes. Existen pronunciaciones "de lectura" (en inglés, *reading pronunciation*) en los registros más formales que sirven para distinguir artificialmente entre cada pareja de consonantes (por cuestiones de ortografía, por ejemplo), pero no es de esperar que nadie mantenga la distinción entre /p/ y /b/, entre /t/ y d/ o entre /k/ y /g/ en la coda silábica.

Más allá de estos casos de neutralización universalmente aceptados (en el español, queremos decir), existen otros casos menos universales, pero sumamente comunes—quizá con más frecuencia en ciertos dialectos y sobre todo en el habla de ciertos grupos sociales. Se trata de la neutralización no sólo de sordas con sonoras y de oclusivas con aproximantes, sino también entre todos los puntos de articulación de dichas consonantes. Así es que la supuesta /t/ de *etnia* se pronuncia tanto [ˈeð.nja] como [ˈeɣ.nja], [ˈeβ.nja] o hasta [ˈep.nja]. Otros hablantes no consiguen realizar ninguna obstruyente, optando por una copia de la consonante siguiente u otra consonante: [ˈen.nja] o [ˈeŋ.nja].

Hay que reconocer que la apariencia de oclusivas sordas no es demasiado frecuente en la coda silábica en el español moderno, dado que dos milenios de historia han servido para deshacerse de la mayoría de los casos heredados del latín vulgar. Pero para complicar el panorama, muchas palabras "cultas" entraron en el idioma a partir del siglo XV y éstas, junto con préstamos más recientes (del inglés o del italiano, por ejemplo), han aumentado el número de las llamadas **combinaciones cultas** (secuencias de consonantes como *-pt-*, *-pc-*, *-cc-*, *-bs-*, *-tn-*, *-gn-*) cuya primera consonante está en la coda y sufre, con frecuencia, las modificaciones aquí mencionadas: *su*b*terráneo, auto*p*sia, si*g*no, a*c*né, helicó*p*tero.*

En todos los países hispanohablantes se escuchan casos de neutralizaciones semejantes, pero no todos los hablantes las aceptan como deseables. Decimos que son pronunciaciones **estigmatizadas** porque se asocian (a veces equivocadamente) con hablantes menos cultos y, en fin, con la falta de prestigio. Irónicamente—como ocurre con muchos fenómenos lingüísticos naturales pero estigmatizados—algunos de los mismos hablantes que proscriben tales pronunciaciones las producen sin darse cuenta.

🙰 | EN EQUIPO

Las oraciones siguientes contienen combinaciones cultas compuestas de una oclusiva (final de sílaba) más otra consonante (inicial de sílaba): -pt-, -kt-, -gn-, etcétera. Pronuncien cada oración de dos maneras, siguiendo las sugerencias dadas.

1. ¡Vamos a pedir una pi**zz**a!   [ts]   [ks]

2. Pepito dice que toma vino, pero será Pe**ps**i.   [ps]   [ks]

3. Yo no aguanto el arte a**bs**tra**ct**o.   [aβs.ˈtraɣ.to]   [aks.ˈtrap.to]

4. Los astronautas causaron el ecli**ps**e.   [βs]   [ks]

5. No lo entiendo porque es muy té**cn**ico.   [ɣn]   [ðn]

6. Son muchos grupos é**tn**icos.   [ðn]   [ɣn]

7. Destaca su estilo eclé**ct**ico.   [pt]   [kt]

8. Es de una exce**pc**ional belleza.   [ps]   [ks]

🙰 | INVESTIGACIÓN

Busque en **www.google.es** *las siguientes palabras mal deletreadas. ¿Qué encuentra? ¿Qué nos dicen tales errores de ortografía?*

sipcología

esceccional

octalmologo

ecleptico

kepchu tomate

⊗ TEXTOS DE PRÁCTICA

El rótulo que se presenta aquí es de México, donde ha habido en las últimas décadas lo que algunos consideran una "invasión" de practicantes protestantes evangélicos y de otros grupos religiosos no católicos. Lea el texto en voz alta. ¿Dónde hay neutralización de las oclusivas? ¿Cuáles son algunas de las pronunciaciones posibles?

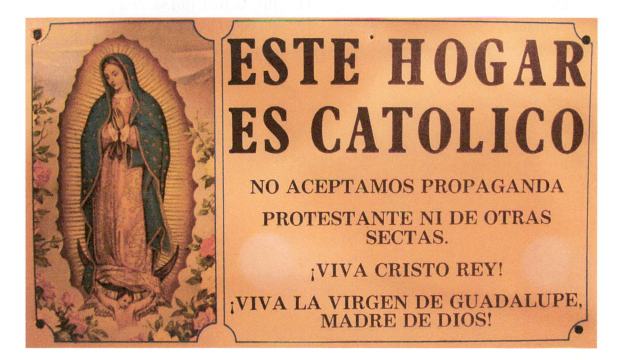

⊗ INVESTIGACIÓN

La neutralización (y, muchas veces, pérdida) de las oclusivas sonoras y sordas en posición de coda es típica en todo el léxico español. Dado que muchas palabras inglesas tienen consonantes en la coda silábica, es sumamente común que los préstamos del inglés se modifiquen al hispanizarse, llegando a pronunciarse de una manera irreconocible para el anglohablante. (¿Reconocería Ud. la palabra inglesa *Squirt* si oyera la típica pronunciación mexicana [es.ˈkweɾ]?)

A ver si Ud. identifica las marcas norteamericanas que se dan a continuación—aquí transcritas fonéticamente "a la española". Si necesita ayuda, léaselas a un(a)

*hispanohablante nativo(-a). Recuerde que la realización (o no realización) de /p/, /t/,
/k/, /b/, /d/ y /g/ depende totalmente de su entorno fonológico.*

1. [ba.se.ˈli.na]   7. [ɟu.ˈtup], [ˈɟu.tuf]
2. [ˈke.los.ˈkoɱ.flejs]   8. [maɣ.ˈðo.nal]
3. [ˈkej.maɾ]   9. [es.ˈtaɾ.kis]
4. [ˈt͡ʃe.βɾo.le]   10. [ˈdoŋ.kin̪.ˈdo.nas]
5. [ˈfoɾ]   11. [toj.sa.ˈros], [toj.sa.ˈras]
6. [ˈgwol.maɾ]   12. [bi.βa.po.ˈru], [biz.βa.po.ˈru]

16 [ka.ˈpi.tu.lo.ðje.si.ˈsejs]

Fonema /ɟ/

[ˈɟo.ku.βa.ˈjan̪.da]

[ˈɟo.ku.βa.ˈjan̪.da.ˈfwe.el.pɾi.ˈmeɾ.ði.ɾeɣ.ˈtoɾ.ðel̪.de.paɾ.ta.ˈmen̪.to.
ðes.pa.ˈno.li.poɾ.tu.ˈɣez.ðe.law.ni.βeɾ.si.ˈða.ðes.ta.ˈtal̪.de.o.ˈxa.ɟo ‖ ˈɟo.
ˈe.ɾa.o.ɾi.xi.ˈna.ɾjo.ðe.ˈɣa.na | um.ˈbe.ɟo.pa.ˈiz.ðe.ˈa.fɾi.ka.oɣ.si.ðen̪.ˈtal]

[ˈswo.βɾa.li.te.ˈɾa.ɾjajŋ.ˈklu.ɟe.ˈun.ˈli.βɾo.so.βɾe.la.po.e.ˈsi.a.ðe.
ni.ko.ˈlaz.ɣi.ˈɟe.ni.nu.me.ˈɾo.so.saɾ.ˈti.ku.los.ku.ɟos.ˈte.mas.suβ.ˈɾa.jan.lajm.
poɾ.ˈtan.sja.ðel̪.dis.ˈkuɾ.so.ðe.loz.ˈɣɾu.poz.mi.no.ɾi.ta.ɾjo.si.la.no.ˈβe.la.
la.ti.no.a.me.ɾi.ˈka.na ‖ su.ses.ˈtu.ðjos.tam.ˈbje.niŋ.ˈklu.ɟen.la.tɾa.ði.ˈsjo.
no.ˈɾal | ˈxe.ne.ɾoj.li.te.ɾa.ˈtu.ɾa | re.la.ˈsjo.nez.li.te.ˈɾa.ɾja.sen.la.li.te.ɾa.ˈtu.ɾa.
fɾojs.ˈpa.na | la.o.ɾa.li.ˈðað | i.ˈte.ma.sen̪.ˈtoɾ.no.a.kul̪.ˈtu.ɾas.ke.ˈso.
nal̪.teɾ.na.ˈti.βas]

[al.mo.ˈmen̪.to.ðe.la.ɟe.ˈɣa.ða.ðe.su.ˈmweɾ.te | el̪.doɣ.ˈtoɾ.
ku.βa.ˈjan̪.da.le.ˈða.βa.lo.ˈsul̪.ti.moz.ðe.ˈta.ɟe.sa.ˈun.ˈli.βɾo.ku.ɟo.ˈte.ma.
pɾin.si.ˈpa.ˈlez.la.li.te.ɾa.ˈtu.ɾaj.la.ðiɣ.ta.ˈðu.ɾa.e.ˈna.fɾi.ka.ɟe.na.ˈme.ɾi.ka.
la.ˈti.na | el.ˈkwal.se.ˈɾa.pu.βli.ˈka.ðo.poɾ.ˈxa.waɾ.ɟu.ni.ˈβeɾ.si.ti.ˈpɾes]

[el̪.doɣ.ˈtoɾ.ku.βa.ˈjan̪.da.tam.ˈbjeɱ.ˈfwe.ɣa.na.ˈðoɾ.ðel.ˈpɾe.mjo.ˈxaj.mes.
ka.ˈlan̪.te | ke.ˈɾin̪.de.tɾi.ˈβu.to.a.la.eɣ.se.ˈlen.sja.en.la.en.se.ˈɲan.sa ‖ su.
re.pen.ˈti.no.fa.ɟe.si.ˈmjen̪.to.kɾe.ˈo.um.ba.ˈsi.o.ˈmwi.ði.ˈfi.sil̪.de.ɟe.ˈnaɾ |
poɾ.kel̪.doɣ.ˈtoɾ.ku.βa.ˈjan̪.da.ˈe.ɾa.u.na.ˈmi.ɣo.ke.ˈɾi.ðo.ˈju.niŋ.kan.ˈsa.βle.
ko.ˈle.ɣa | ke.se.a.ˈsi.a.ðe.a.ˈmi.ɣoz.ɣɾa.sja.sa.la.ˈja.ˈne.sa.ðe.su.
peɾ.so.na.li.ˈðað]

[su.ˈkoɲ.ɟu.xe | aw.ˈɾe.lja.ˈβju.ða.ðe.ku.βa.ˈjan̪.da | ˈe.sen.laɣ.
twa.li.ˈðað.kon.se.ˈxe.ɾa.en.law.ni.βeɾ.si.ˈðað | doŋ.de.pɾo.ˈβe.e.a.ˈju.ða | ja.
ˈβe.se.ˈsu.ˈnom.bɾo.so.βɾel.ˈkwaʎ.ɟo.ˈɾaɾ.sus.ˈpe.nas | a.ˈto.ðoz.lo.
ses.tu.ˈðjan̪.tes.ke.ˈje.ɣa.na.swo.fĩ.ˈsi.na]

LECTURA TRANSCRITA

Fonema /ʝ/

JOE KUBAYANDA

16-01

Joe Kubayanda fue el primer Director del Departamento de Español y Portugués de la Universidad Estatal de Ohio. Joe era originario de Ghana, un bello país de África Occidental.

Su obra literaria incluye un libro sobre la poesía de Nicolás Guillén y numerosos artículos cuyos temas subrayan la importancia del discurso de los grupos minoritarios y la novela latinoamericana. Sus estudios también incluyen la tradición oral, género y literatura, relaciones literarias en la literatura afro-hispana, la "oralidad," y temas en torno a culturas que son alternativas.

Al momento de la llegada de su muerte, el Dr. Kubayanda le daba los últimos detalles a un libro cuyo tema principal es la literatura y la dictadura en África y en América Latina, el cual será publicado por *Howard University Press*.

El Dr. Kubayanda también fue ganador del Premio Jaime Escalante, que rinde tributo a la excelencia en la enseñanza. Su repentino fallecimiento creó un vacío muy difícil de llenar, porque el Dr. Kubayanda era un amigo querido y un incansable colega, que se hacía de amigos gracias a la llaneza de su personalidad.

Su cónyuge, Aurelia viuda de Kubayanda, es en la actualidad consejera en la universidad, donde provee ayuda, y a veces un hombro sobre el cual llorar sus penas, a todos los estudiantes que llegan a su oficina.

∂ɔ ARTICULACIÓN Y ACÚSTICA

Fonema /ɟ/

La obstruyente palatal sonora (escrita *y* o *ll*, por ejemplo) presenta mucho polimorfismo (es decir, muchas realizaciones fonéticas) en el mundo hispanohablante, hasta en el mismo dialecto o para el mismo hablante. Los alófonos más comunes son:

[ɟ]   oclusiva palatal sonora (no sibilante)
[ʝ]   fricativa palatal sonora (no sibilante)

Debido a la forma del paladar y el tipo de contacto que tiene que hacer la lengua contra aquél, la oclusión de la consonante [ɟ] tiende a soltarse con cierta fricción. La secuencia palatal **oclusiva** + **fricativa** puede describirse como **africada** y representarse con el símbolo [ɟ͡ʝ]. A diferencia de la africada [t͡ʃ] del castellano, sin embargo, la realización sonora de [ɟ]/[ɟ͡ʝ] no es sibilante y su componente fricativo no es imprescindible. Por ello, y para no perder de vista el paralelismo entre toda la serie de obstruyentes sonoras /b/, /d/, /ɟ/, /g/, nosotros seguiremos describiendo esta variante como **oclusiva** [ɟ], reconociendo que su realización fonética puede incluir algo de fricción.

La consonante [ʝ] se produce con fricción, aunque no sea una fricción estridente y aguda. Para el anglohablante es difícil de apreciar, ya que no es ni vocálica como la *y* inglesa de *Maya* ni estridente como la fricativa intervocálica inglesa [ʒ] de *measure*.

∂ɔ DISTRIBUCIÓN FONOLÓGICA

Para muchos hablantes, la distribución de los alófonos de /ɟ/ es paralela a la de los alófonos oclusivo y aproximante del fonema /d/. Ésta es la que manejaremos en nuestras transcripciones:

/ɟ/ → [ɟ] después de pausa, nasal o lateral

/ɟ/ → [ʝ] en los demás contextos

Para otros hablantes:

/ɟ/ → [ɟ], [ʝ] en variación "libre"

Para la mayoría de los hispanohablantes, la ortografía *hi* (seguida de vocal) es otra manera de representar el fonema /ɟ/, con la misma pronunciación que tienen la *y* y la *ll*. Aunque en algunos pocos dialectos se mantiene una distinción entre *hi* por un lado y *ll/y* por otro, en este libro no vamos a hacer tal distinción.

∞ | REPETICIÓN RÁPIDA

CONSEJOS PRÁCTICOS: La obstruyente palatal sonora /ɟ/ del español.

- La consonante /j/ (normalmente escrita *y* en la ortografía estándar) del inglés es una **aproximante** que frecuentemente se hace **deslizada.** Si se pronuncia con fricción suele sonar mal:
  - *yes, York, you, young, Yates, yikes, yip, ye, yuck*
  - *kayak, Maya, LaToya*
- En español la consonante /ɟ/ (escrita *y* o *ll*, por ejemplo) se realiza como **oclusiva** [ɟ] o **fricativa** [ʝ]. Ésta se produce con fricción, aunque no sea una fricción estridente y aguda. **Acústicamente** puede ser difícil apreciarla, pero sí podemos prestar atención a su **articulación,** asegurándonos de que la lengua suba hasta el paladar, produciendo algún contacto con éste.
  - *yate, llama, yegua, llegar, yo, llover, yuca, lluvia*
  - *baya, calla, boya, molla*

LA OCLUSIVA [ɟ]   **16-02**

1. el yodo
2. un yanqui
3. con Yolanda
4. un yac
5. el yugo
6. al llamar
7. corral lleno
8. llanta
9. al llover
10. un llavero
11. el hielo
12. un hierro

LA FRICATIVA [ʝ]   **16-03**

1. mayas
2. proveyó
3. uruguayo
4. Uyuni
5. la yegua
6. mi yate
7. se llama
8. bullir
9. la llanta
10. caja llena
11. mucho hielo
12. la hiena

VEO VEO

Fonema /ɟ/ en posición intervocálica (ortográficamente <ll>, <y>): [j]

Pronuncie cada palabra en voz alta al localizar el dibujo correspondiente.

acallar/callarse   destornillador   pepinillos
anillo   estampillas/sellos   pollito/polluelo
ballena   gallinas   rastrillo
billetes   malla   rayo
botella   mantequilla   repollos
boya   martillo   rodilla
caballo   milla   semillas
castillo   muelle   silla
cebollas   olla   taller
cigarrillo   pantalla   valla
cuchillo   patrulla

16-04

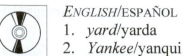

REPETICIÓN RÁPIDA

16-05

ORTOGRAFÍA DE /ɟ/: \<y>
1. vaya
2. rayito
3. payo
4. yanqui
5. yema
6. yuca

ORTOGRAFÍA DE /ɟ/: \<ll>
1. valla
2. vallita
3. llave
4. llegar
5. llora
6. llueve

ORTOGRAFÍA DE /ɟ/: \<hi>
1. hielo
2. hierro
3. hiato
4. deshielo

ORTOGRAFÍA DE /ɟ/: \<j> (en préstamos)
1. judo /ˈɟudo/
2. jockey /ˈɟoki/
3. joule /ˈɟul/
4. jazz /ˈɟas/
5. jeep /ˈɟip/

16-06

PARES MÍNIMOS /ɟ/, ∅
1. milla, mía
2. bella, vea
3. villa, vía
4. calle, cae
5. pillo, pío
6. Guille, guíe
7. sella, sea

16-07

ENGLISH/ESPAÑOL
1. *yard*/yarda
2. *Yankee*/yanqui
3. *yacht*/yate
4. *yoghurt*/yogur
5. *Yugoslavia*/Yugoslavia
6. *yoyo*/yoyo, yoyó
7. *yoga*/yoga
8. *hallelujah*/aleluya

16-08

FORMAS INESPERADAS (TODAS CON /ɟ /)
1. disyuntivo
2. inyección
3. Camboya
4. Azerbaiyán
5. Tayikistán
6. Yibuti
7. Fiyi
8. yuxtaposición
9. yugular
10. yodo
11. jeans
12. jet
13. jet lag
14. jet set
15. jogging
16. júnior
17. juke-box
18. jumbo (avión)
19. el Caballo de Troya
20. los troyanos

16-09

AHORA HABLE INGLÉS A LA ESPAÑOLA:
1. Judy
2. Jennifer
3. John
4. Mister Johnson
5. Papa John's
6. Doctor Young's
7. New York Yankees

✂ VEO VEO

/ɟ/ vs. Ø (-illo/-ío, -illa/-ía, -ella/-ea, etcétera)

Pronuncie cada palabra o frase en voz alta al localizar el dibujo correspondiente. ¡No elida la [j] fricativa!

Palabras/frases con la consonante palatal:

bombilla	cubitos de hielo	milla	
botella	ella llora	paella	
brilla	estrella	silla	
castillo	grillo	una hiedra	**16-10**
colmillos	huellas		

Palabras sin la consonante palatal, con dos vocales en hiato:

bohío	frío	río
chimenea	guía	trío
desvío	jalea	trofeo
fríe	pelea	

∞ | CULTURA LINGÜÍSTICA

Hay ciertas "cancioncillas" infantiles que usamos en situaciones bastante específicas. Pertecen principalmente al habla de los niños, pero siguen siendo parte de nuestra cultura lingüística toda la vida, y a veces las empleamos ya de adultos porque la situación lo exige y conviene aprovechar nuestra competencia cultural (y lingüística) compartida. Si bien son de interés cultural e histórico por el vocabulario que emplean y los temas que tocan, lingüísticamente lo son por su ritmo y su rima.

¿Qué diríamos en inglés en estas mismas situaciones?

Cuando se le quita la silla a alguien:
**El que va por semilla
pierde su silla,
y la rescata
con una varilla.**

Otra versión:
**El que fue a Castilla
perdió su silla,
el que fue a León
perdió el sillón.
El que fue y volvió
no lo perdió.**

Otras versiones:
**La que va a Sevilla…
Quien se va pa' Aguadilla…
Quien se va pa' Las Villas…**

*Para galopar a un(a) niño(-a)
sentado(-a) en las rodillas:*
**Alicia fue a París,
en un caballito gris.
Al paso, al paso,
al trote, al trote,
a galope, a galope, a galope…**

Otra versión:
**Piripi, gallo,
monta a caballo
con las espuelas
de mi tocayo.**

Para quien termina antes:
**El que termina primero
ayuda a su compañero.**

Cuando se pregunta qué pasa:
**—¿Qué pasa?
—Los ratones por tu casa.
—Suerte que por la tuya no pasan.**

Para ir a la cama:
**Vámonos a la cama,
vámonos a dormir.
Tú llevarás la manta,
yo llevaré el candil.**

Andando por la acera:
**El que pisa cuadro
pisa al diablo,
el que pisa raya
pisa medalla.**

Cuando se pregunta quién llama:
**Mira quién te llama.
¿Quién?
El burro por la ventana.
Mira quién te espera.
¿Quién?
El burro por la escalera.**

Al enfadarse:
**Para mí cruz y raya;
si no escupes
a la muerte estallas.**

Otra versión:
**Flor amarilla, flor colorá;
Si tienes vergüenza
No me hables más.**

INVESTIGACIÓN

¿Conoce Ud. los productos alimenticios que se ven en estas fotos? Hable con un(a) hispanohablante nativo(-a) y pregúntele si conoce la yuca, la tortilla, la crema de cacao, el flan, el maracuyá y la guanábana. (No todos estos productos se encuentran en todo el mundo hispano, y algunos de ellos tienen nombres diferentes en ciertos países.) Pregunte también si las marcas Yuquitas, Nocilla, Royal, Zuko y Yus son conocidas en el país de su informante. ¿Qué otras marcas conoce de productos similares? ¿Qué otros sabores?

1. **Rodajas de yuca con sabor a queso**

2. **Tortillas de maíz con sabor a jalapeño**

3. **Crema de cacao**

4. **Flan de vainilla**

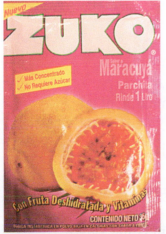

5. **Bebida instantánea de maracuyá**

6. **Bebida instantánea de guanábana**

Notas sobre las palabras terminadas en _y_

Con la excepción de la conjunción _y_, en las palabras que terminan en la letra _y_ ésta representa una deslizada /j/. Este fonema se realiza como tal (es decir, como [j] deslizada) si lo que le sigue es una consonante o una pausa.

Es el rey.	[ˈe.sel.ˈrej]	_el rey Juan Carlos_	[el.ˈrej.xwaŋ.ˈkaɾ.los]
Es para hoy.	[ˈes.pa.ɾa.ˈoj]	_Hoy me pagan._	[ˈoj.me.ˈpa.ɣan]

Sin embargo, cuando le sigue una vocal, la deslizada se refuerza en consonante fricativa palatal [ʝ]. Esto ocurre también en el plural de palabras como _rey_ (_reyes_).

los reyes	[lo.ˈre.ʝes]	_el rey es_	[el.ˈre.ˈʝes]
hoy están	[ˈo.ʝes.ˈtan]	_voy a ir_	[ˈbo.ʝa.ˈiɾ]

Notas sobre la conjunción _y_

Se supone que la conjunción _y_ es una palabra que consiste simplemente en el fonema /i/. Resulta pronunciarse como la vocal [i] cuando aparece entre consonantes, o en posición inicial de frase seguida de consonante:

C _y_ C	[i]	_Carmen y Pablo_	[ˈkaɾ.me.ni.ˈpa.βlo]
‖ _y_ C	[i]	_Y para colmo, ..._	[i.pa.ɾa.ˈkol.mo]

Dado que las conjunciones son generalmente palabras átonas, y que la vocal átona [i] no puede ser nuclear si se encuentra al lado de otra vocal, es común que la conjunción _y_ se realice como deslizada [j] en algunos contextos. Es de esperar que también, en ciertos entornos, se vuelva consonántica, produciendo fricción palatal [ʝ]. Considere los casos siguientes.

V _y_ V	[j]	_Pablo y Anita_	[ˈpa.βlo.ʝa.ˈni.ta]
V _y_ C	[j]	_Pablo y Carmen_	[ˈpa.βloj.ˈkaɾ.men]
C (excepto /s/) _y_ V	[j]	_Carmen y Anita_	[ˈkaɾ.me.nʝa.ˈni.ta]
		Miguel y Anita	[mi.ˈɣe.lʝa.ˈni.ta]
		César y Anita	[ˈse.sa.rʝa.ˈni.ta]
/s/ _y_ V	[j]	_Dolores y Anita_	[do.ˈlo.rez.ʝa.ˈni.ta]
‖ _y_ V	[j]	_Y Anita me dijo..._	[ʝa.ˈni.ta.me.ˈði.xo]

TRANSCRIPCIÓN

Fonema /ʝ/, conjunción *y*, palabras terminadas en *y*

YANQUI

16-12   16-13

"**Y**anqui" se refiere a todo lo relacionado con los Estados Unidos de América. En **Y**anquilandia se ha**ll**a de todo: cosas be**ll**as **y** cosas feas. El país es conocido por la innovadora **y**uxtaposición de instituciones culturales tan su**y**as como el **j**azz, las metra**ll**etas personales, el servicio al cliente las 24 horas **y** los jardines va**ll**ados de mi**ll**ones de casas propias, medidos en **y**ardas **y** mi**ll**as en vez de metros.

El **ll**amado "**y**anqui **y**anqui" desa**y**una, almuerza **y** cena hamburguesas, po**ll**o frito **y** perritos calientes acompañados de gigantescas coca-colas de litro **y** medio (**y**o no lo sé decir en onzas **y** galones).

Ha**y** otros deta**ll**es que también **ll**aman mucho la atención al turista a su **ll**egada a **Y**anquilandia. Aunque Nueva **Y**ork tiene fama de ser la ciudad **y**anqui por excelencia, realmente lo son Indianápolis **y** otros pueblos de las **ll**anuras del Medio Oeste. Les aconsejo que va**y**an a**ll**í para ver cómo es la vida **y**anqui de verdad.

TRANSCRIPCIÓN

Fonema /ɟ/, conjunción *y*, palabras terminadas en *y*

EL CABALLO DE TROYA

16-14

Según la leyenda griega, el Caballo de Troya fue un enorme caballo de madera en cuya barriga se escondieron los griegos para infiltrarse en la ciudad amurallada de Troya.

Los griegos batallaron diez años sin llegar a cruzar la muralla. Construyeron entonces el gran caballo, diciendo que era una ofrenda a la diosa Atenea. Los troyanos se lo creyeron, cayendo en la trampa. Aquellos soldados que habían sido escogidos para sitiar la ciudad amurallada permanecieron callados por muchas horas para no llamar la atención de los troyanos. Éstos no sabían que dentro de las entrañas del caballo les esperaba un fuerte allanamiento a su morada. Los griegos destruyeron la ciudad, cambiando así la trayectoria de la llamada Guerra de Troya y el desarrollo de la civilización occidental.

Hoy en día, el término "caballo de Troya" también se refiere a un programa de computadora malicioso. Diariamente nos llegan millares de mensajes malévolos por correo electrónico. Llevados por la curiosidad, los usuarios abrimos algunos de ellos y luego llamamos a los expertos porque algo destruyó el disco duro. De nuevo, el Caballo de Troya.

 **TEXTOS DE PRÁCTICA**

LA LEY DE MURPHY Y PRINCIPIOS AFINES

16-15

Ley de Murphy:
Si algo puede fallar, fallará.

Refinamiento de Rodríguez sobre la ley de Murphy:
Cuando las cosas fallan en algún lugar, adquieren la capacidad para fallar en cualquier lugar.

Máxima de Salcedo:
La lógica es un método sistemático para llegar a la conclusión errónea con convicción.

Regla de Llorens sobre los talleres de reparación de coches:
Pregunte si hay algún problema y lo habrá.

Regla extendida sobre la dinámica del dinero:
Un cheque dirigido a usted tarda dos semanas en llegar. Las facturas llegan el mismo día que se envían.

Ley de Johnson sobre los aviones comerciales:
Si en un avión hay un asiento con el respaldo defectuoso, será el asiento delante del suyo.

Pronóstico meteorológico de Christy:
No importa cómo de nublado esté el cielo, ni que se hayan pronosticado lluvias; si usted lleva el paraguas no lloverá.

Ley de Martín:
Cuando necesite abrir una puerta con la única mano libre, la llave estará en el bolsillo opuesto.

Primer principio de invocación:
Si lleva todo el día esperando una llamada, sonará el teléfono cuando se meta en la ducha.

HUYE SIN PERCIBIRSE, LENTO, EL DÍA
poesía metafísica de Francisco de Quevedo, escritor del Siglo de Oro español

16-16

Huye sin percibirse, lento, el día,

y la hora secreta y recatada

con silencio se acerca, y despreciada,

lleva tras sí la edad lozana mía.

La vida nueva, que en niñez ardía,

la juventud robusta y engañada,

en el postrer invierno sepultada,

yace entre negra sombra y nieve fría.

No sentí resbalar mudos los años;

hoy los lloro pasados, y los veo

riendo de mis lágrimas y daños.

Mi penitencia deba a mi deseo,

pues me deben la vida mis engaños,

y espero el mal que paso, y no le creo.

ಉ NOCIONES AFINES

El lleísmo

La existencia de las letras <y> y <ll> en el alfabeto español refleja una distinción fonémica tradicional entre dos consonantes palatales. La primera de éstas, la obstruyente /ɟ/ (con alófonos [ɟ] y [j]) es la que ha correspondido históricamente al grafema <y>, y que hemos estudiado en este capítulo: *vaya, yugo, leyes*. El segundo fonema palatal tradicional es el lateral /ʎ/, representado por la *elle* ortográfica: *valla, lluvia, ellas*. Lo que pasa es que para la gran mayoría de hispanohablantes—tanto en España como en Latinoamérica—tal distinción ha dejado de existir. Estos hablantes son **yeístas**, pues pronuncian la <ll> como si fuera una <y>. El **yeísmo**, entonces, es la falta de una distinción entre los fonemas representados tradicionalmente por las letras <y> y <ll>.

Los pocos hablantes que todavía mantienen la distinción son **lleístas**. El **lleísmo** caracteriza el español andino (desde el sur de Colombia hasta el norte de Argentina), el de Paraguay y el "castellano rural" del norte de España. En muchas zonas urbanas, sin embargo, se está perdiendo; los jóvenes bogotanos y madrileños ya son, por regla general, yeístas.

La lateral palatal [ʎ] del lleísmo tradicional es difícil de apreciar para las personas que no la tienen como fonema en su lengua o dialecto nativos. En el caso de muchos hispanohablantes yeístas, el sonido simplemente pasa por desapercibido: lo producen *y lo oyen* como si fuera una <y>.

A ver si Ud. consigue apreciar los dos fonemas en los ejemplos que se dan a continuación, pronunciados por un boliviano.

/ɟ/ → [ɟ], [j]	/ʎ/ → [ʎ]
vaya	*valla*
rayito	*vallita*
huye	*bulle*
yate	*llave*
yema	*llega*
yuca	*lluvia*

16-17

El llamado "žeísmo"

En el español *porteño* (el dialecto de Buenos Aires y alrededores), el fonema /ɟ/ se realiza, en todos sus contextos fonológicos, como una **fricativa sibilante palatal** o postalveolar. Tradicionalmente, esta sibilante ha sido la sonora [ʒ], pero en el habla de las generaciones más jóvenes se ha ensordecido en [ʃ]. Estos sonidos son muy parecidos a los que se encuentran intervocálicamente en las palabras inglesas *measure* [ˈmɛʒ.ɚ] y *masher* [ˈmæʃ.ɚ], respectivamente.

En algunos alfabetos fonéticos, se usan los símbolos [ž] y [š] en vez de los del AFI, [ʒ] y [ʃ]. El primero de aquéllos figura en el nombre que los lingüistas han dado (medio en broma) al fenómeno, **žeísmo**, el cual aprovecha un sonido que usan solamente los **žeístas** y un símbolo que no es parte del abecedario español. El término **žeísmo** es icónico de la misma manera que lo son los términos **yeísmo** y **lleísmo** presentados anteriormente, pues el sonido clave para cada fenómeno forma parte de su nombre.

El "žeísmo" porteño se extiende por gran parte de la Argentina y hasta el Uruguay, país vecino de la otra orilla del Río de la Plata. Obsérvese que esta sibilancia no es un fenómeno esporádico; es la única realización posible no sólo para <y> y <ll> ortográficas (*vaya, valla*) sino para préstamos escritos, por ejemplo, con <j> o <g> pero realizadas con /ɟ/ en otros dialectos (*jeans, Giordano*). Sin embargo, las palabras escritas con *hi* más vocal (*hielo, hiato*) parecen ser inmunes al rehilamiento (al uso de la sibilante, es decir), pronunciándose con la deslizada palatal ([ˈje.lo], [ˈja.to]) en vez de fricción.

El "žeísmo" es característico también del habla de Quito, Ecuador, pero allí el sonido [ž] sólo corresponde al grafema <ll>. En Quito, las palabras *valla* y *vaya* constituyen un par mínimo: [ˈba.ʒa], [ˈba.ja]. Podríamos decir que los quiteños son **lleístas** porque distinguen entre *valla* y *vaya*, y que al mismo tiempo son **žeístas** porque lo hacen a través del uso sistemático y consistente de una sibilante palatal. Los porteños, por otro lado, son **žeístas** por su sibilante palatal pero son **yeístas** porque no distinguen entre *valla* y *vaya* (las dos palabras se pronuncian o [ˈba.ʒa] o [ˈba.ʃa], según el hablante, y *[ˈba.ja] simplemente no se dice en Buenos Aires).

MUESTRA MUSICAL

El "žeísmo"

ESTÁS AHÍ
Sandra Mihanovich

Canta: Sandra Mihanovich (Argentina)   **16-18**

Estás ahí, estás ahí	1
y yo aquí pensando en ti	2
Estás ahí, estás ahí	3
y yo aquí pensando en ti	4
Las palabras vienen y se van	5
a tu lado siempre puedo respirar	6
aire que me estalla en soledad	7
tu presencia es una forma de mirar	8
Cuando soy capaz de detener	9
esa melodía que me brota cada vez	10
sé que soy feliz	11
porque sigo siendo fiel	12
a lo que siento	13
a lo que busco y ya encontré	14
un día claro me rodea porque sé	15
Estás ahí, estás ahí	16
y yo aquí pensando en ti	17
Estás ahí, estás ahí	18
y yo aquí pensando en ti	19

TEXTOS DE PRÁCTICA

Todas las imágenes presentadas a continuación son de Buenos Aires, donde el "žeísmo" es omnipresente y no hay distinción fonémica entre <y> y <ll> ortográficas. Practique la pronunciación porteña, empleando [ʒ] o [ʃ], como Ud. quiera.

1.

2.

16-19

Mujer con [ʒ]

3.

16-20

Hombre con [ʃ]

4.

5.

6.

7.

LOS PROFESIONALES
Imprenta · Gráfica · Sellos

SELLOS 1 Y 2 HS.

Sellos Automáticos
Sellos en Madera
Sellos Fechadores
Sellos Numeradores
Sellos para lacre
Sellos de Seguridad
Accesorios de Sellos

Sellos Urgentes

Imprenta Imprenta

8.

En su salsa

Pulpo a la gallega (español)		$ 62,20
Camarones al ajillo		$ 17,45
Filet de merluza con zapallo	$ 7,75	$ 10,30
Tallarines con mariscos		$ 30,20
Paella de verduras (demora 25')Para 3 personas		$ 24,85
Pulpo al ajillo		$ 55,85
Mejillones a la provenzal		$ 11,90

9.
Si tu problema es la pérdida de cabello en CAPILEA sabemos como ayudarte.

MARAVILLA

poema de Mario Benedetti (Uruguay)

16-21

Vamos mengana a usar la maravilla
esa vislumbre que no tiene dueño
afila tu delirio / arma tu sueño

en tanto yo te espero en la otra orilla
si somos lo mejor de los peores
gastemos nuestro poco albedrío

recupera tu cuerpo / hacelo mío
que yo lo aceptaré de mil amores
y ya que estamos todos en capilla

y dondequiera el mundo se equivoca
aprendamos la vida boca a boca
y usemos de una vez la maravilla.

17 [ka.ˈpi.tu.lo.ðje.si.ˈsje.te]

Fonema /x/

[xa.ˈri.tos]

[xa.ˈri.to.ˈsez.la.pri.ˈme.ɾa.ˈmaɾ.ka.me.xi.ˈka.na.ðe.βe.ˈβi.ða.sem.
bo.te.ˈja.ðas ‖ dez.ðe.ˈmil.no.βe.ˈsjen̪.tos.sin̪.ˈkwen̪.ta | la.ˈmaɾ.ka.xa.ˈri.toz.ˈβen̪.de.
βe.ˈβi.ðas.ke.ɾe.ˈfle.xan.loz.ˈɣus.tos.po.pu.ˈla.ɾez.me.xi.ˈka.nos ‖ oj.ˈði.a.
ˈkwen̪.ta.kon.sa.ˈβo.ɾes.ˈta.les.ko.mo.to.ˈroŋ.xa | gwa.ˈja.βa | ˈmaŋ.go | san̪.ˈdi.a |
i.ta.ma.ˈrin̪.do ‖ ˈu.no.ðe.suz.me.ˈxo.ɾe.ɾe.ˈfɾes.ko.ˈse.ˈsa.ɣwa.ðe.xa.ˈmaj.ka |
ˈu.najm.fu.ˈsjon̪.de.ko.ˈlor.ro.ˈxi.so.ke.se.ˈa.se.ko.neɣs.ˈtɾaɣ.toz.ðe.la.ˈflor.
ðe.xa.ˈmaj.ka.ðe.les.ˈta.ðo.ðe.wa.ˈxa.ka ‖ si.se.ˈðe.xa.em.ˈfɾja.ɾi.se.le.
ˈe.t͡ʃal.ˈkol | la.ˈxen̪.te.ˈði.se.ke.ˈtje.ne.ˈun̪.sa.ˈβo.ɾeɣs.ki.ˈsi.to]

[la.ˈmaɾ.ka.xa.ˈri.tos.per.te.ˈne.se.a.ˈu.na.kom.pa.ˈɲi.a.ðe.
ɣwa.ða.la.ˈxa.ɾa.xa.ˈlis.ko ‖ dez.ðe.sju.ðað.ˈxwa.ɾe.sel.pro.ˈðuɣ.to.seɣs.
ˈpor.ta | ja.ˈo.ɾa.ˈe.sel.re.ˈfɾes.ko.me.xi.ˈka.no.ˈmas.po.pu.ˈlaɾ.ðe.lo.
ses.ta.ðo.su.ˈni.ðos]

Fonema /x/

JARRITOS

17-01

Jarritos es la primera marca mexicana de bebidas em-botelladas. Desde 1950, la marca Jarritos vende bebidas que reflejan los gustos populares mexicanos. Hoy día cuenta con sabores tales como toronja, guayaba, mango, sandía y tamarindo. Uno de sus mejores refrescos es agua de jamaica, una infusión de color rojizo que se hace con extractos de la flor de jamaica del estado de Oaxaca. Si se deja enfriar y se le echa alcohol, la gente dice que tiene un sabor exquisito.

La marca Jarritos pertenece a una compañía de Guadalajara, Jalisco. Desde Ciudad Juárez el producto se exporta, y ahora es el refresco mexicano más popular de los Estados Unidos.

ARTICULACIÓN Y ACÚSTICA

[x] fricativa velar sorda

[χ] fricativa (o vibrante múltiple [ʀ̥]) uvular sorda

[h] fricativa glotal sorda

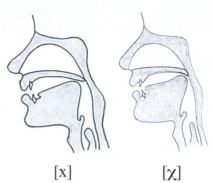

[x]   [χ]

Escuche las tres variantes:

ojo
eje
caja
gente
México (Méjico)

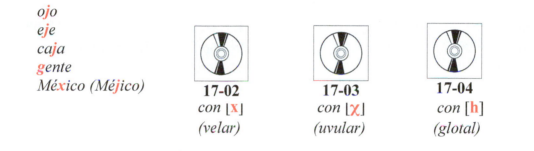

17-02   **17-03**   **17-04**
con [x]   *con [χ]*   *con [h]*
(velar)   *(uvular)*   *(glotal)*

DISTRIBUCIÓN FONOLÓGICA

La distribución alofónica es más dialectal (geográfica) que contextual. Se puede resumir así:

/x/ → [x]   en México (menos Yucatán), los Andes (menos Colombia y Bolivia) y el Cono Sur

/x/ → [χ]   en el centro y norte de España

/x/ → [h]   en Andalucía, las Islas Canarias, el Caribe, América Central (incluida la Península de Yucatán), Colombia y Bolivia

En este libro, seguiremos usando el símbolo /x/ para el fonema "jota" (así se le dice informalmente entre hispanistas). Transcribiremos la variante alofónica velar [x] en nuestras transcripciones del español normativo, excepto en muestras dialectales. Desde luego, la uvular y la glotal también son correctas y cualquiera de las tres variantes suena perfectamente bien en el habla.

REPETICIÓN RÁPIDA

17-05

ORTOGRAFÍA DE /x/: <j>
1. jota
2. jaula
3. julio
4. jinete
5. jefe
6. juego
7. ajo
8. cojo
9. baja
10. mejor
11. mujer
12. trajín

17-06

ORTOGRAFÍA DE /x/: <g>
1. gesto
2. gel
3. germen
4. gente
5. giro
6. auge
7. ruge
8. surgir
9. fingir
10. Argentina
11. Los Ángeles
12. Georgia

17-07

ORTOGRAFÍA DE /x/: <x> (en indigenismos)
1. México (Méjico)
2. mexicano (mejicano)
3. Oaxaca
4. Texas (Tejas)

ORTOGRAFÍA DE /x/: <h> (en préstamos)
1. hámster
2. hippie/jipi
3. halar/jalar
4. Hawái

17-08

FORMAS INESPERADAS
1. la faringe
2. la laringe
3. la Esfinge
4. Jerjes
5. prefijo, sufijo, retroflejo
6. jeroglífico
7. jafbac
8. jol
9. jacinto
10. jonrón
11. Sarajevo
12. jirafa
13. géiser
14. jaque mate
15. ¡ja, ja, ja!
16. ¡ji, ji, ji!

17-09

<j> = /x/ en préstamos de idiomas con /x/, a veces transcrita <kh> en inglés
1. Chéjov
2. Jartum
3. Januká
4. Jrúschef
5. Kazajistán

17-10

Todos estos dibujos corresponden a palabras que contienen /x/. Pronúncielas bien.

1.   2.   3.   **17-11**

4.   5.   6.

7.   8.   9.

10.   11.   12.

EN EQUIPO

A ver qué equipo adivina primero todas las palabras definidas. Todas empiezan con /x/.

1. no viejo

2. animal de cuello largo

3. piedra semipreciosa verde

4. cerdo salvaje

5. microbio

6. retirarse del trabajo

7. adornos (oro, plata, piedras preciosas) de mucho valor

8. no específico

9. persona superinteligente

10. salón con aparatos para hacer ejercicio físico

11. hombre enorme de los cuentos de hadas

12. dar vueltas, moverse circularmente

13. planta alta con flor amarilla del tamaño de un plato

14. caja metálica que se usa para encerrar animales

15. persona de rango superior en el trabajo

16. el sexto mes del año

17. unidos, no separados

18. selva

19. undécima letra del alfabeto

20. terreno adornado con árboles y flores

MUESTRA MUSICAL

Velar: [x]

LA MALAGUEÑA
Canción tradicional huasteca

Canta: Trío Los Aguilillas (México)

Uvular: [χ]

UNA DÉCIMA DE SEGUNDO
Nacha Pop

Canta: Nacha Pop (España)

Glotal: [h]

OJALÁ QUE LLUEVA CAFÉ
Juan Luis Guerra

Canta: Juan Luis Guerra (República Dominicana)

Diríjase a nuestro sitio web para que tenga acceso a la letra, la música
y más información sobre las muestras musicales no incluidas en el CD.

TRANSCRIPCIÓN

Conviene repasar la distinción entre /g/ y /x/ en su expresión ortográfica. El fonema /x/ se puede escribir *g* o *j* ante las vocales *e/i*, pero ante *a/o/u* sólo se escribe con *j*, o sea:

Fonema /x/: /xa/   *ja*   *jamás, Benjamín*

           /xe/   *ge, je* *gente, ruge, jerarquía, ajedrez*

           /xi/   *gi, ji* *gitano, agitar, jirafa, ají*

           /xo/   *jo*   *joven, ajo*

           /xu/   *ju*   *juntos, brújula*

El fonema /g/ se escribe *g* ante *a/o/u*, pero cuando le sigue una vocal anterior (*i/e*) hay que escribir una *u* muda para que esta *g* no se lea /x/, o sea:

Fonema /g/: /ga/   *ga*   *ganas, algas, migas, tengas*

           /ge/   *gue*   *guerra, pague, dengue*

           /gi/   *gui*   *guitarra, higuito*

           /go/   *go*   *gota, lago, hongo*

           /gu/   *gu*   *gusano, laguna*

La secuencia /gu/→[gw] se escribe *gu* ante *a/o*, pero cuando le sigue una vocal anterior (*i/e*) hay que escribir la diéresis (los dos puntos sobre la *u*) para que la *u* no sea muda, o sea:

Fonemas /gu/: /gua/ → [gwa]   *gua*   *guante*

              /gue/ → [gwe]   *güe*   *lengüeta*

              /gui// → [gwi]   *güi*   *lengüita*

              /guo/ → [gwo]   *guo*   *antiguo*

Práctica

Pronuncie las sílabas.

1. go, gue, gi, ja, ju
2. ga, gui, ge, gu, jo
3. je, gue, ge, gi, gui
4. gua, ja, go, gui, güi

Usando la ortografía española estándar, escriba las palabras transcritas fonémicamente a continuación. Luego transcríbalas fonéticamente.

1. /ˈxente/   *gente*   [ˈxe̞n.te]

2. /ˈaxo/

3. /ˈaɡo/

4. /ˈexe/

5. /aˈɡuxa/

6. /xaˈɡuaɾ/

7. /ˈpaɡe/

8. /ˈpaxe/

9. /amiˈɡita/

10. /ˈxake/

11. /neˈɡe/

12. /xubenˈtud/

13. /laˈɡito/

14. /xiˈɡante/

15. /xabaˈli/

16. /enˈxuage/

∞ QUE POR CIERTO...

El nombre de la letra *jota* y la palabra inglesa *jot* "escribir rápidamente" son cognados. Los dos se derivan, a través del latín, de la letra griega *iota*, y los dos significan, además, una cantidad pequeñísima. Se usan en expresiones de polaridad negativa como *it doesn't matter one jot* o *no sabe ni jota*. Es más, en la Biblia (Mateo 5:18) figura la expresión *ni una jota ni una tilde*, correspondiendo a la traducción inglesa antigua *not one jot or one tittle*, y en versiones más modernas *not the smallest letter, not the least stroke of a pen*.

∞ INVESTIGACIÓN

La descripción desarrollada en este capítulo es adecuada para el caso de palabras "nativas" españolas. En las últimas décadas han entrado en el idioma muchas palabras extranjeras escritas con h pero pronunciadas con /x/ (es decir, como si se escribieran con jota). En algunos casos, se ven dos ortografías: una con hache, otra con jota. Algunos ejemplos son hippie /xipi/, hobby /xobi/, hall /xol/.

Cuando se trata de préstamos, a veces es difícil saber si una <h> ortográfica se pronuncia o no. Las palabras que se ven a continuación son conocidas en el mundo hispanohablante. ¿Cómo se pronuncian en español? Entreviste a un(a) hispanohablante nativo(-a) para averiguar si la <h> es muda en cada caso.

1.

2.

3. DAIHATSU

4. HYUNDAI

5. *hula hoop*

6. **HONDA**

7.

8. *Harry Potter*

9.

✳ NOCIONES AFINES

Algunas fuentes de la <h> ortográfica en español

La **etimología** se trata del origen de las formas lingüísticas y de sus significados. Los lingüistas decimos, por ejemplo, que la palabra española *boda* (en inglés, *wedding*) tiene una etimología latina, explicando que el sustantivo VOTA del latín—que era plural y significaba *votos* (en inglés, *vows*)—fue modificado por la sonorización de la T intervocálica y otros cambios fonológicos y semánticos. A nivel ortográfico, apreciamos en este caso que la <b> de la palabra moderna procede de una <v> **etimológica**—lo cual significa que la <b> es **no etimológica**—gracias a una serie de neutralizaciones históricas entre fonemas latinos y confusiones ortográficas entre las dos grafías.

El caso de la <h> ortográfica española es algo complicado. Su análisis nos ayudará a situar la ortografía moderna dentro del marco histórico y a explicar por qué existe cierta variación dialectal hoy en día, no sólo en la fonética sino al nivel fonémico y en la ortografía misma.

En el latín clásico, la H originalmente representaba aspiración al inicio de palabra o en posición intervocálica, pero este fonema consonántico había desaparecido casi por entero del habla a principios de la era cristiana. En la Península Ibérica, la <h> latina siempre ha sido muda; no obstante, la herencia ortográfica latina es transparente en muchas formas; *hora, honor* y *hombre* se escriben todavía con *hache*:

H latina > ∅ (*h* ortográfica)

Latín	*Español*	
HORA	> hora	hour
HONORE	> honor	honor
HOMINE	> hombre	man

En otras palabras se ha perdido la *hache* latina no sólo en la pronunciación sino en la ortografía también; *España, corte* e *invierno* perdieron su *hache* original latina:

H latina > ∅ (sin representación ortográfica)

Latín	*Español*	
HISPANIA	> España	Spain (cf. *Hispanic*)
COHORTE	> corte	court (cf. *cohort*)
HIBERNU	> invierno	winter (cf. *hibernate*)

Otra fuente de la *h* española moderna es la F latina que se pronunciaba como una fricativa bilabial sorda y más tarde como una mera aspiración glotal—primero en el lejano norte de la Península Ibérica y más tarde en todos los territorios hasta el Mediterráneo. En épocas más recientes (más de un siglo después de la conquista de América), esa aspiración se ha perdido, pero la <h> ortográfica permanece. Es por esta pérdida de la /f/ latina que la *f* ortográfica aparece con mucha menos frecuencia en español que en francés, italiano, portugués, inglés o alemán.

F latina > /h/ > ∅ (*h* ortográfica)

Latín	*Español*		
FUNGU	> hongo	mushroom	(cf. inglés *fungus*)
FUMU	> humo	smoke	(cf. inglés *fumes*)
(PRO) FUNDU	> hondo	deep	(cf. inglés *profound*)
FILIU	> hijo	son	(cf. inglés *filial, affiliate*)
FERRARIU	> herrero	blacksmith	(cf. inglés *ferrous*)
FOLIA	> hoja	leaf	(cf. inglés *foliage*)

Curiosamente, esta aspiración no se perdió en parte de Andalucía, y se ha mantenido en elementos léxicos específicos en algunos dialectos del español de América. He aquí algunos casos ilustrativos que se escuchan en Andalucía y el Caribe, entre otros lugares.

F latina > /h/ > [h] del español dialectal (*h* ortográfica)

FUMU	[h]umo	smoke
FILIU	[h]ijo	son
FARTU	[h]arto	full, fed up
FEMINA	[h]embra	female
FARINA	[h]arina	flour

La aspiración glotal caracteriza la pronunciación del grafema <j> (la *jota*) en Andalucía también (*ajo* [ˈa.ho] garlic), y es importante notar que cualquier aspiración que resultó de la F latina se fusionó hace siglos con esa consonante que no ha sido fonética o fonológicamente distinta desde entonces.

Además de la H latina y la F latina, algunas otras fuentes etimológicas de la letra *h* moderna se dan a continuación:

h etimológica de otras lenguas, muda en español *(h = ∅)*

hegemonía	hegemony	< griego
huracán	hurricane	< taíno

hurra	hurrah	< inglés
hurra	hurrah	< inglés
humita	[un plato hecho con maíz]	< quechua
hache	[letter] h	< francés
halagar	to flatter	< árabe

El griego, el taíno, el inglés, el quechua, el francés y el árabe son algunos de los otros tantos idiomas que han contribuido a esta *h* etimológica.

En otros casos, la *h* española moderna no tiene una contraparte etimológica. Las formas siguientes, por ejemplo, no tenían H o F en latín; sin embargo, *húmedo* y *hombro* en español comienzan con *h*.

h no etimológica = ∅ (cero fonético) en palabras de raíz latina

| UMIDUS | > húmedo | humid |
| UMERUS | > hombro | shoulder |

De la misma manera, los préstamos de otras lenguas se alteran agregando una *h* no etimológica. Aquí se presentan algunas formas de catalán y náhuatl.

h no etimológica = ∅ (cero fonético) en préstamos

| harpillera | rough cloth | < catalán, *arpillera* |
| hule | rubber | < náhuatl, *ulli* |

Las formas que se dan a continuación también tienen una *h* no etimológica, pero aquí, al menos, la *h* es predecible por la restricción de la Real Academia Española de no poder tener (con pocas excepciones) una *i* o *u* ortográficas para representar una deslizada (o consonante) en posición inicial de palabra. (Esta regla tiene sus antecedentes en una época en la que la *u* podía representar fonemas /u/, /w/ y /b/. Con la *h* delante, se sabía que la *u* no podía leerse con la consonante bilabial.) Observe que hoy en día escribimos *oler* sin hache, pero *huelo, hueles,* etcétera con esa letra delante.

∅ → h / # ___ GV   (la G significa *deslizada* [*glide*])

OVU	> huevo (*uevo)	egg
ORPHANU	> huérfano (*uérfano)	orphan
OSSU	> hueso (*ueso)	bone
GELU	> hielo (*ielo)	ice

La última clase de *h* es la de los préstamos—aunque algunos han estado en la lengua por cientos de años—cuyas pronunciaciones generalmente no tratan a la *h* como una letra muda o silenciosa. Algunas veces, de manera alternativa, estas palabras se escriben con *j* en el castellano.

h etimológica pronunciada (*h* = /x/ → [χ], [x], [h], según el dialecto)

henequén /jenequén	henequen	< maya
hippie/ jipi	hippie	< inglés
hertz	hertz	< alemán
Hawái	Hawaii	< hawaiano

h etimológica pronunciada sólo en ciertos dialectos *h* = /x/ (→ [χ], [x], [h]), ∅

| halar/jalar | pull | < francés | (/xa.'laɾ/ en México, /a.'laɾ/ en España) |
| Sáhara | Sahara | < árabe | (/'sa.xa.ɾa/ en España, /sa.'a.ɾa/ en México) |

Hay muchos casos de la *h* no muda en préstamos del inglés: *hall, handicap, happening, hardware, heavy, hockey, holding, hooligan, hot dog.*

INVESTIGACIÓN

¿Cuál es la fuente de la hache ortográfica de cada una de las palabras que se dan a continuación? ¿Es etimológica? ¿Es muda, o se pronuncia en el español moderno?

hámster
halcón
heredar
huele
hobby
herradura
hamaca
higo
historia
hit
honesto
hierba

∞ CULTURA LINGÜÍSTICA

Más allá de las jotas dialectales

Como hemos visto, el fonema /x/ se manifiesta de varias maneras en el mundo hispanohablante. Según el dialecto, se realiza como fricativa velar [x], uvular [χ] o glotal [h]. Entre dialectos, se entiende perfectamente que éstas son variantes de un mismo fonema, aunque sus diferencias acústicas y articulatorias bastan para que, en otras lenguas del mundo, sean fonemas distintos.

En inglés nuestra *hache* glotal [h] nos sirve para reír (por ejemplo, *ha-ha-ha!* [ha.ha.ha], hehe [hɛ.hɛ]) y para otros gestos paralingüísticos y onomatopéyicos (*hey!* [hej] *hee-haw* [hi.hɔ] *uh-huh* [ʌ̃.hʌ̃]). El castellano también aprovecha la simpática fricción de su *jota* para expresar sonidos de su ambiente natural y las emociones de sus hablantes. Es más, *¡ja!* puede ser [xa], [χa] o [ha], según el origen del hablante, pero sigue siendo la misma interjección.

No obstante, es curioso notar que no todas las *jotas* dialectales se prestan para todos los mismos usos paralingüísticos. En España, donde la *jota* es uvular, se emplea la palabra *ajo* para representar el sonido que hacen los bebés cuando todavía no forman palabras. En otros dialectos los bebés emiten voces tales como *agú* o *agugutata*, donde todos los dialectos tienen fricción en la parte posterior de la cavidad bucal. (En inglés diríamos algo como *goo-goo-ga-ga*.) No debería sorprendernos que fuera de España no se entienda
el juego de palabras que sale en la selección de las tiras cómicas de *Los pitufos* que se da a continuación.

Los hispanoamericanos no asocian la palabra *ajo* con el hablar de los bebés. Para los que tienen la *jota* glotal [h], una palabra como ésa no sería apropiada precisamente porque no ofrece las consonantes velares y uvulares que caracterizan los disparates prelingüísticos infantiles.

Ahora fijémonos en otro caso. En la envoltura de este paquete sale otro juego de palabras. ¿En qué parte(s) del mundo hispanohablante funcionaría particularmente bien el chiste? ¿Por qué? ¿Sabe Ud. de dónde viene el producto? ¿Cómo lo sabe?

Fonema /x/

17-12

JUDEOESPAÑOL

El judeoespañol es la lengua de los judíos de origen español. También se le dice ladino, o sefardí, siendo Sefarad el viejo término geográfico hebreo para nombrar la Península Ibérica.

El judeoespañol conserva rasgos fonológicos antiguos que dificultan su inteligibilidad. También recoge palabras hebreas, conocidas donde hay cultura judía: *Jánuca* (fiesta de luces), *Tanaj* (la biblia judía), *Pésaj* (celebración de la salida del pueblo judío de Egipto), *menorá* (candelabro y viejo símbolo del judaísmo) y *Torá* (Génesis y otros cuatro libros bíblicos).

Entre los judíos de la región central de Europa surgió el judeoalemán (o yídish), lengua de origen germánico con influencias eslavas y del hebreo. Muchos hablantes del judeoespañol y del judeoalemán se han dirigido recientemente a Israel; otros viven en Estados Unidos, Argentina, Brasil y otros países.

TRANSCRIPCIÓN

Fonema /x/

¡JA JA JA!

17-13   17-14

Unos **j**ubilados se **j**untan con otra pare**j**a en su casa. Las dos mu**j**eres salen al **j**ardín, de**j**ando conversar a los hombres. **J**osé, uno de los vie**j**itos, le dice a su amigo: —¿Sabes qué, **J**avier? Mi mu**j**er y yo fuimos el **j**ueves a un restaurante **j**aponés lu**j**osísimo.

Javier le pregunta: —¿Cómo se llamaba?

José responde: —**J**olín, no me acuerdo. A ver, ¿cuál es el nombre de esa flor ro**j**a que tiene espinas?

Javier piensa unos segundos. —¿La rosa, quieres decir?

Sí, eso es—dice **J**osé enér**g**icamente. Entonces se **g**ira hacia el **j**ardín y grita: —¡Rosa! ¿Cuál era el nombre del restaurante **j**aponés al que fuimos el **j**ueves?

∞ | PROBLEMA DE FONOLOGÍA

La <x> mexicana

La <x> ortográfica que aparece en algunos indigenismos mexicanos es problemática para los que no están familiarizados con las palabras en cuestión. El lingüista polaco-venezolano Ángel Rosenblat nos ofrece una caricatura narrativa de esta clásica confusión ortográfica en su libro *El castellano de España y el castellano de América: Unidad y diferenciación* (Montevideo: Editorial Alfa, 1962). En la selección que se presenta a continuación (de las páginas 11–12 de dicho libro), un supuesto turista español viaja a México, donde no se aclara con la multiplicidad de valores fonémicos que tiene la <x> en ese país.

Lea la selección y trate de averiguar cuál es la pronunciación correcta de cada palabra mexicana. ¿Cómo la pronuncia el turista? ¿Cómo representa Rosenblat la pronunciación equivocada? (Conviene notar que hasta el año 1999 la Real Academia Española usó únicamente la <j> para escribir la /x/ de *Méjico, mejicano* y formas afines. Y, por cierto, un *ruletero* es, en México, un taxista.)

Nuestro turista se veía en unos apuros tremendos para pronunciar los nombres mejicanos […] que le parecían trabalenguas. Y sobre todo tuvo conflictos mortales con la *x*. Se burlaron de él cuando pronunció Méksico, respetando la escritura, y aprendió la lección:

> —El domingo pienso ir a Jochimilco.
> —No, señor, a Sochimilco.

Se desconcertó de nuevo, y como quería ver la tan ponderada representación del *Edipo Rey*, le dijo al *ruletero*:

> —Al Teatro Sola.
> —¿Que no será Shola?

¡Al diablo con la *x*! Tiene que ir a Necaxa, donde hay una presa de agua y, ya desconfiado, dice:

> —A Necaja, Necasa o Necasha, como quiera que ustedes digan.
> —¿Que no será a Necaxa, señor?

¡Oh sí, la *x* también se pronuncia *x*! No pudo soportar más y decidió marcharse.

Fíjese bien en las palabras *México, Xochimilco, Xola* y *Necaxa*. Transcriba la supuesta pronunciación mexicana. De los fonemas (o secuencias de fonemas) /x/, /s/, /ʃ/ y /ks/, ¿cuál(es) corresponde(n) típicamente a la <x> ortográfica en todos los dialectos del español, y cuál(es) pertenece(n) a un grupo muy reducido de nombres mexicanos? Dé varios ejemplos.

En Columbus, Ohio (EE.UU.) hay un restaurante que se llama *Xalisco*. ¿Cómo cree Ud. que se pronuncia ese nombre? ¿De dónde viene? ¿Por qué lo escribirán con *x*?

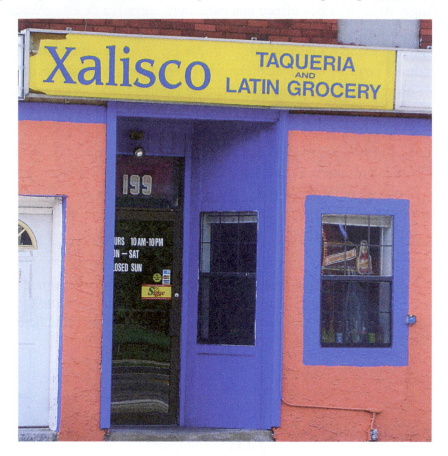

CULTURA LINGÜÍSTICA

El silabario

En el mundo anglohablante, la enseñanza de la lectura procede palabra por palabra, por lo menos al principio. A la larga, los lectores empiezan a generalizar las probables correspondencias entre sonidos y letras (a veces con la ayuda de alguna metodología en particular), pero por regla general la ortografía y fonología inglesas hacen imprescindible la visualización de palabras enteras para su reconocimiento.

No es así en el castellano. Si bien algunas letras (la *g* y la *c*, por ejemplo) pueden representar a varios fonemas, una vez empareados con una vocal, no cabe duda en cuanto a la pronunciación de estos grafemas: *ga* sólo tiene el valor /ga/, *gi* sólo se lee /xi/, etcétera. Por consiguiente, la enseñanza de la lectura procede a base de sílabas. Una vez aprendidas todas las sílabas, el niño o la niña ya puede leer cualquier palabra española casi sin excepción.

TEXTOS DE PRÁCTICA

Pronuncie las sílabas y palabras que se presentan a continuación. Son típicas de los textos de lectura que se usan en todo el mundo hispanohablante desde hace siglos.

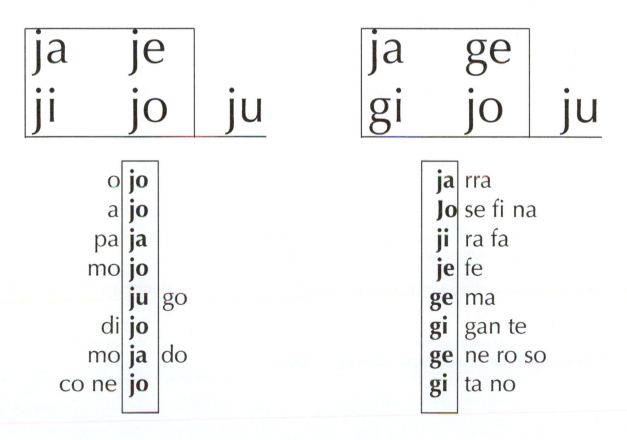

Fundación Secretariado Gitano

TUS PREJUICIOS SON LAS VOCES DE OTROS
CONÓCELOS ANTES DE JUZGARLOS

Los gitanos son...

Imagen Social

Uno de los principales problemas que todavía encuentran gitanos y gitanas en el ejercicio pleno de su ciudadanía es la **persistencia de una imagen social negativa** que, en la práctica, desemboca en actuaciones discriminatorias.

En numerosas encuestas e investigaciones, aparecen como el grupo social más rechazado y queda patente un profundo desconocimiento sobre su realidad actual. La mayoría de los prejuicios y estereotipos sobre los gitanos se arrastran desde **épocas preconstitucionales** y se han mantenido casi intactos, a pesar del gran avance que la situación de los gitanos ha experimentado en las últimas décadas.

La percepción que hoy en día se tiene de las personas gitanas **no se corresponde con la realidad**. Si preguntamos a alguien al azar, posiblemente las imágenes que le vengan a la mente sean la del gitano artista o la del gitano chabolista o marginal; estas dos figuras sólo representan el 20–35% del total de la comunidad, con lo que podríamos decir que la mayoría de la población gitana no se enmarca dentro del estereotipo común, sino que es tan diversa como miembros tiene.

Un reciente estudio, encargado por la FSG a la consultora Salvetti & Llombard, revela un dato fundamental para abordar este problema de imagen social, y es que los estereotipos provienen en mayor medida de la **imagen transmitida** por los medios de comunicación y por las informaciones indirectas, que de experiencias o relaciones directas con personas gitanas.

Por eso es necesario que todos y todas hagamos un esfuerzo por recordar que las palabras y los actos de cada uno son importantes a la hora de transmitir valores para una convivencia más **justa y democrática**.

Que en una sociedad madura, que promueve la independencia de las personas, no podemos dejar que **otros hablen en nuestro nombre.**

La comunidad gitana es diversa y heterogénea, compartiendo rasgos de identificación comunes y un reconocimiento recíproco.

Son muchos los legados culturales que la comunidad está compartiendo con el conjunto de la sociedad española (música, literatura, lengua).

El camino hacia la plena ciudadanía de la comunidad gitana se ve obstaculizado, por un lado, por la situación de exclusión que vive una parte de importante de esta comunidad pero, por otro, por la falta de reconocimiento de su identidad cultural y por los procesos de discriminación que históricamente ha sufrido.

La ausencia de políticas específicas con la comunidad gitana es especialmente notoria en el plano cultural. A pesar del reconocimiento de autonomías, de pueblos y de grupos humanos, la minoría gitana no ha contado con el más mínimo reconocimiento cultural. En ocasiones, su realidad cultural se ha negado o reducido a aspectos relacionados con la pobreza y la marginación.

Organismos internacionales como el Consejo de Europa plantean la necesidad de trabajar en defensa de las minorías étnicas y la obligación de los estados en "tomar las medidas legislativas, administrativas, judiciales y de otro tipo, pertinentes para crear en beneficio de las minorías, condiciones que les permitan afirmar su identidad y desarrollar su educación, cultura, lengua, tradiciones y costumbres".

La Comunidad Gitana y el Empleo.

Debido a los prejuicios y estereotipos que impiden su incorporación a trabajos por cuenta ajena, muchos gitanos y gitanas jóvenes optan por el acceso al empleo de manera autónoma de manera normalizada y con considerable éxito.

Sus actividades laborales tradicionales (comercio ambulante, temporeo, recogida de residuos…), muy exclusivas y de carácter familiar, están en un fuerte proceso de trasformación, provocando su exclusión.

Se dan altas tasas de paro y baja cualificación profesional en el conjunto de la población gitana, siendo este uno de los puntos clave en los que hay que centrar la intervención.

La Comunidad Gitana y la Sensibilización Social.

La Comunidad Gitana aparece como el grupo social más discriminado socialmente en todas las investigaciones. Son muchos los prejuicios y estereotipos que marcan a la comunidad gitana en su conjunto.

Los gitanos y gitanas jóvenes tienen un mayor nivel de instrucción y nuevos planteamientos y actitudes en las relaciones y la participación social.

Se debe buscar un equilibrio entre los derechos y deberes de ciudadanía que tienen los gitanos y gitanas españoles y su diferencia e identidad cultural.

Lea más sobre los gitanos: http://www.gitanos.org

JAGUARES

17-15

Jaguares es una banda de rock mexicano surgida tras la disolución de Caifanes e, igual que ésta, fue dirigida por Saúl Hernández. En un principio, la intención era que Jaguares fuera un taller musical al estilo de King Crimson, donde, bajo la batuta de Hernández, un grupo siempre cambiante de músicos planteara nuevos caminos disco tras disco; sin embargo, a partir del tercer álbum el grupo ha quedado fijado con Saúl (voz y guitarra), Alfonso André (batería y percusiones) y el *Vampiro* (guitarra). De cualquier modo, los créditos de los discos siempres indican que Saúl *es* Jaguares y el resto músicos invitados...

Su debut fue "El equilibrio de los jaguares"... Después le seguiría el disco doble "Bajo el azul de tu misterio"... Este disco los volvió a la escena musical, ya que en una reconocida encuesta obtuvieron los premios: mejor concierto, mejor canción, mejor video, mejor disco, mejor baterista, mejor grupo de rock en español, mejor grupo de rock alternativo.

Este texto se ha publicado bajo los términos de la licencia GFDL (http://www.gnu.org/copyleft/fdl.html) y proviene del artículo "Jaguares" (http://es.wikipedia.org/wiki/Jaguares).

18 [ka.ˈpi.tu.lo.ðje.ˈsjo.t͡ʃo]

Fonema /s/

[sa.ɾa.ˈɣo.sa]

[sa.ɾa.ˈɣo.sa.ˈez.la.ka.pi.ˈtaḻ.de.a.ɾa.ˈɣon | re.ˈxjo.naw.ˈto.no.ma.ðes.
ˈpa.ɲa ‖ su.si.twa.ˈsjo.ne.seɣ.seβ.sjo.ˈnal | pwes.seŋ.ˈkweṉ.tɾa.en.la.
mi.ˈtað.noɾ.ˈðes.te.ðel.pa.ˈis | ˈje.ˈsun.ˈseṉ.tɾo.ðe.ko.mu.ni.ka.ˈsjo.ne.seṉ.tɾe.
ma.ˈðɾið | baɾ.se.ˈlo.na | ba.ˈlen.sja | i.pajz.ˈβas.ko ‖ u.βi.ˈka.ða.ˈka.si.
ðo.ˈsjeṉ.toz.ˈme.tɾos.so.βɾel.ni.ˈβeḻ.del.ˈma.ɾe.nel.ˈβa.je.ðe.ˈle.βɾo | la.
sju.ˈða.ðes.ˈta.a.tɾe.ˈsjeṉ.toz.βejṉ.ti.ˈsiŋ.ko.ki.ˈlo.me.tɾoz.ðe.la.ka.pi.ˈta.
les.pa.ˈɲo.la ‖ ˈe.ˈsu.na.sju.ˈðað.so.le.ˈa.ða.ke.pa.ˈðe.se.ðe.ˈu.na.ˈβɾi.sa.ˈfɾi.a.
ɲa.ˈma.ða.ˈsjeɾ.so.ke.maṉ.ˈtje.ne.ˈlaj.ɾem.mo.βi.ˈmjeṉ.toj.siŋ.
koṉ.ta.mi.na.ˈsjon]

[la.βa.ˈsi.li.ka.ðe.nwes.tɾa.se.ˈɲo.ɾa.ðel.pi.ˈlaɾ | lo.ka.li.ˈsa.ða.en.
sa.ɾa.ˈɣo.sa | ˈe.ˈsun.ˈseṉ.tɾo.ðe.pe.ɾe.ɣɾi.na.ˈsjom.muṉ.ˈdja.ˈlju.na.
re.fe.ˈɾen.sjajm.pɾe.siṉ.ˈdi.βle.pa.ɾa.la.ka.pi.ˈta.la.ɾa.ɣo.ˈne.sa ‖ fe.ˈlis.
kom.beɾ.ˈxen.sja.ðe.ˈβa.ɾjo.ses.ˈti.lo.saɾ.ki.teɣ.ˈto.ni.kos | eḻ.ˈtem.plo.ˈmi.ðe.
sjeṉ.to.ˈtɾejṉ.ta.ˈme.tɾoz.ðe.ˈlaɾ.ɣoj.ˈtje.ne.ˈon.se.ˈku.pu.las | ˈdjez.
liṉ.ˈteɾ.na.si.ˈkwa.tɾo.ˈto.res]

LECTURA TRANSCRITA

Fonema /s/

ZARAGOZA

18-01

Zaragoza es la capital de Aragón, región autónoma de España. Su situación es excepcional, pues se encuentra en la mitad nordeste del país y es un centro de comunicaciones entre Madrid, Barcelona, Valencia y País Vasco. Ubicada a casi doscientos metros sobre el nivel del mar en el valle del Ebro, la ciudad está a trescientos veinticinco kilómetros de la capital española. Es una ciudad soleada que padece de una brisa fría llamada cierzo que mantiene el aire en movimiento y sin contaminación.

La Basílica de Nuestra Señora del Pilar, localizada en Zaragoza, es un centro de peregrinación mundial y una referencia imprescindible para la capital aragonesa. Feliz convergencia de varios estilos arquitectónicos, el templo mide ciento treinta metros de largo y tiene once cúpulas, diez linternas y cuatro torres.

🕮 ARTICULACIÓN Y ACÚSTICA

Las *eses* pertenecen a una familia de fricativas llamadas **sibilantes**. Éstas son consonantes particularmente ruidosas e incluyen las fricativas mediales de las palabras inglesas *lesser* [s], *loser* [z], *glacier* [ʃ] y *leisure* [ʒ]. Acústicamente hablando, el ruido que producen las sibilantes es de una frecuencia alta. El nombre *sibilante* procede de la palabra latina *sibilare*, la cual describe el siseo o silbido de las serpientes.

En términos articulatorios, lo que tienen en común todas las sibilantes es que el aire pasa por una abertura estrecha y acanalada formada por la lengua aproximadamente en la zona alveolar. Esta abertura tiene la forma de un surco o un canal largo, que se diferencia de la ancha hendidura que encontramos en la producción de las fricativas no sibilantes como [f], [θ], [β] o [x].

En nuestro análisis del español americano, reconocemos dos alófonos sibilantes asociados al fonema /s/:

[s] fricativa sibilante predorsoalveolar sorda

[z] fricativa sibilante predorsoalveolar sonora

Las dos sibilantes dadas son **predorsales**, pues la fricción se produce entre el predorso de la lengua y los alvéolos. Dialectalmente, existen otros tipos de *ese*, siendo las más comunes la dental (producida más anteriormente que la alveolar) y la apical (en la producción de la cual el ápice de la lengua—no el predorso—toca los alvéolos). Éstas las volveremos a estudiar en el próximo capítulo cuando tratemos el castellano peninsular. Las únicas que nos conciernen ahora son las predorsoalveolares, pues son segmentos no marcados en la mayor parte del mundo hispanohablante y por eso nos sirven de modelo.

Dado que la /s/ inglesa también es predorsoalveolar, la articulación del sonido español no presenta dificultades. Lo difícil para los estudiantes anglohablantes va a ser la distribución alofónica de la variante sorda y de la sonora.

ಏ DISTRIBUCIÓN FONOLÓGICA

En posición inicial de sílaba, la fricativa /s/ siempre se mantiene sorda. Esto significa que las sílabas *[za], *[ze], *[zi], *[zo], *[zu] no existen en el español. En las palabras que se dan a continuación, todas las sílabas subrayadas se pronuncian [sa], con la ese sorda.

<u>sa</u>co   <u>za</u>pato   ro<u>sa</u>   la<u>sa</u>ña   pi<u>za</u>rra

En coda silábica, la /s/ se sonoriza en [z] cuando le sigue una consonante sonora. La /s/ tiende a desaparecer ante una vibrante múltiple (aunque se presentan también otras opciones).

/s/ → ∅ ante vibrante múltiple

18-02

- *lo<u>s</u> ricos, I<u>s</u>rael*

/s/ → [z] ante consonante sonora

18-03

- *ra<u>s</u>go, de<u>s</u>de, mi<u>s</u>mo, lo<u>s</u> lagos, ha<u>z</u>le, en ve<u>z</u> de, A<u>z</u>nar, lu<u>z</u> verde*

/s/ → [s] en los demás contextos

18-04

- *ra<u>s</u>co, e<u>s</u>te, ra<u>s</u>pa, e<u>s</u> chino, a<u>s</u>fixiar, a<u>s</u>a, <u>s</u>u, ro<u>s</u>a, mú<u>s</u>ica, <u>c</u>inco, do<u>c</u>e, ca<u>s</u>a, <u>z</u>odíaco, ga<u>z</u>pacho, a<u>z</u>teca, lo<u>s</u> otro<u>s</u>*

REPETICIÓN RÁPIDA

[s] fricativa sibilante predorsoalveolar sorda

> CONSEJOS PRÁCTICOS.   La articulación de los alófonos [s] y [z] es fácil para los anglohablantes.   Sin embargo, hay problemas *distribucionales* que pueden ser bastante difíciles de superar.   El primero es que el sonido [z] no debe aparecer nunca ante vocal, sin importar cómo se escriba el fonema /s/: *sosa* ['so.sa], *zuzo* ['su.so], *éxito* ['eɣ.si.to].   ¡Tenga cuidado con las palabras escritas con *z*!   Los cognados también pueden presentar serias dificultades, dado que muchas veces se pronuncian con la sibilante sonora en inglés: *zone* ['zown] en inglés, pero *zona* ['so.na] en español; *music* ['mju.zɪk] en inglés, pero *música* ['mu.si.ka] en español.

Pronuncie las palabras siguientes con la [s] *sorda.   ¡Evite totalmente la* [z] *sonora!*

COGNADOS PROBLEMÁTICOS

<s> *ortográfica*	<x> *ortográfica*	<z> *ortográfica*
representa	existe	Arizona
rosa	examen	bazar
José	exaltar	Venezuela
presidente	exilio	Sánchez
desastre	exacto	zona
Jesús	auxiliar	zigzaguear
presentar	exento	zepelín
música	exhibir	Zeus
Luisiana		El Mago de Oz
Misuri		
museo		

18-05

OTRAS PALABRAS CON <Z> ORTOGRÁFICA

zapato
zócalo
zanahoria
cazar
buzón
Jiménez
Ortiz
Suiza
zarzuela

FORMAS INESPERADAS

zarape (ingl. *serape*)
zarzaparrilla (ingl. *sarsaparilla*)
Zaragoza (ingl. *Saragossa*)
Cerdeña (ingl. *Sardinia*)
lazo (ingl. *lasso*)
zar (ingl. *czar*)

∞ VEO VEO

Fonema /s/ (ort. <s>, <z>, <c>)

Observe la siguiente imagen y diga lo que ve.

Ejemplo: Veo un bazar, una manzana, ...

Palabras ilustradas:

bazar	iglesia	sol	
bicicleta	loción	sombrilla	
buzón	manzana	taza	
casas	mesa	televisor	**18-06**
cerca	músico	vasos	
césped/zacate	pozo	zanahoria	
corazones	rosas	zapatillas	
cruz	señal/señalización	zapatos	
discurso	silla	zorro	
edificios	sillón		
estrellas	soga		

∞ | CULTURA LINGÜÍSTICA

Los apellidos

La tradición onomástica hispánica asigna no menos de dos apellidos a cada individuo. El primero es el paterno; el segundo, el materno. Pero si todo individuo tiene dos apellidos, ¿cuál de los apellidos del padre (y de la madre) pasa a sus hijos? Resulta que es el primero el más importante, y sólo éste pasa de una generación a la siguiente. De este modo, los hijos de Diego Sánchez Pérez y Victoria Álvarez Martínez tienen los dos apellidos Sánchez Álvarez. Los nietos de Diego y Victoria, sin embargo, tendrán el apellido Sánchez pero ya para esa generación Álvarez se habrá perdido.

Diego Sánchez Pérez   Victoria Álvarez Martínez

Alejandra Sánchez Álvarez   Roberto Sánchez Álvarez

Técnicamente, una persona tiene los mismos apellidos toda la vida. La mujer tradicionalmente no adquiere el apellido de su marido al casarse. Victoria Álvarez Martínez es Victoria Álvarez Martínez desde que nace y hasta que muere. La familia de Diego y Victoria se conoce como "la familia Sánchez Álvarez".

Pero tampoco es necesario usar siempre los dos apellidos. En nuestro ejemplo, podríamos hablar de Diego Sánchez y Victoria Álvarez. Sus hijos son Alejandra y Roberto Sánchez. Es importante recordar que el primer apellido es el principal; si se quiere mencionar sólo uno, se suprime el segundo.

El sufijo patronímico *-ez*

Otro dato de interés lingüístico es el sufijo *-ez* que se usa muchísimo en los apellidos españoles: *Sánchez, Álvarez, Martínez*, etcétera. ¿Sabe Ud. de dónde viene y cuál es su significado? Resulta que es de origen ibérico—o sea, que ya formaba parte del habla de los que habitaban la Península Ibérica antes de la llegada de los romanos. Y su significado es como el del patronímico inglés *-son* (*hijo de*) que encontramos en

Johnson (lit. *hijo de Juan*), *Davidson* (*hijo de David*), etcétera. *Sánchez* es, entonces, *hijo de Sancho; Álvarez* significa *hijo de Álvaro;* y los *Martínez* son, por lo tanto, los descendientes de un tal Martín. Morfemas patronímicos de este tipo son sumamente comunes en las lenguas del mundo, y puesto que hoy en día hay tanta mezcla de grupos étnicos, seguramente Ud. habrá escuchado algunos de los siguientes:

morfema	idioma	ejemplo
-ez	español	*Sánchez*
-es	portugués	*Peres*
-is	catalán	*Ferrandis*
-son	inglés	*Johnson*
-sen	sueco	*Petersen*
-s, van-	holandés	*Willems*
O'-	irlandés	*O'Connor*
Mac-, Mc-	escocés, galés	*McDonald*
Fitz-	anglosajón (del francés *fils*)	*Fitzpatrick*
Ibn-, bin-	árabe	*bin Tariq*
ben-	hebreo	*ben Gurion*
-ski	polaco	*Buzinski*
-ov	ruso	*Chejov*
-i, D', Di	italiano	*D'Angelo*

Nótese que en español la sílaba tónica del nombre de pila (por ejemplo, <u>*San*</u>*cho,* <u>*Mar*</u>*tín,* <u>*Ál*</u>*varo*) sigue siendo tónica en el apellido correspondiente, y que con la adición de la zeta final, es necesaria la tilde en todos los casos: <u>*Sán*</u>*chez,* <u>*Mar*</u>*tínez,* <u>*Ál*</u>*varez.*

APLICACIÓN

Use el sufijo patronímico -ez para formar el apellido correspondiente. Tenga cuidado con la pronunciación de la /s/ final. ¡No la sonorice!

       Hijo de Sancho: *Sánchez*

1. Hijo de Martín:
2. Hijo de Álvaro:
3. Hijo de Velasco:
4. Hijo de Fernando:
5. Hijo de Benito:
6. Hijo de Domingo:
7. Hijo de Enrique:
8. Hijo de Gonzalo:
9. Hijo de Lope:
10. Hijo de Ramiro:

Rellene el árbol genealógico con los apellidos que faltan. Pronuncie todos los nombres completos, teniendo cuidado con la <z> ortográfica de los apellidos.

INVESTIGACIÓN

Busque (en Internet, por ejemplo) el segundo apellido de cada individuo. ¿De qué países son (o eran) estas personas?

1. Isabel Allende
2. Óscar Arias
3. Francisco Pizarro
4. Fidel Castro
5. Anastasio Somoza
6. Juan Perón
7. Rigoberta Menchú
8. Roberto Clemente
9. Juan Luis Guerra
10. Evo Morales

Haga un árbol genealógico basado en sus propios abuelos y padres. Póngale dos apellidos a cada individuo, siguiendo la costumbre española. Es posible que tenga que preguntar por los apellidos de sus abuelos. Recuerde que las mujeres no cambian de apellido al casarse.

Para reflexionar

1. En los Estados Unidos, ¿por qué existe la costumbre de poner un guión entre los dos apellidos de los inmigrantes hispanos? ¿Qué pasa si no se pone?

2. Es frecuente en los Estados Unidos que los bancos usen el apellido de soltera de la madre del cliente como clave secreta. ¿Por qué no funcionaría esto en los países hispanohablantes?

3. En la guía telefónica de muchas ciudades, figuran los dos apellidos de cada persona, como se ve en la foto. Explique cómo van ordenados alfabéticamente.

```
ROBLES CALDERON HUMBERTO -Quevedo, 5 . . . . . . 5890 3555
ROCA CARRANZA CLEMENTINA -Castaño, 13  . . . . . 5331 4709
ROCA MORENO DELFINA -Jerusalén, 20     . . . . . 5535 7871
RODRIGUEZ CAZARES SERGIO -Pío XI, 2  . . . . . . 3790 9090
RODRIGUEZ CHAVEZ JUANITA -Torrebaja, 12  . . . . 8700 0661
RODRIGUEZ CHAVEZ TOMAS -Mendoza, 14  . . . . . . 5322 2020
RODRIGUEZ MUÑOZ LEONARDO--Corazón de Jesús, 9  . 3790 2557
RODRIGUEZ VALENZUELA MA LOURDES -Francia, 99 . . 5519 9868
ROJAS GARCIA JOSE EDUARDO -Lima, 401 . . . . . . 5577 2627
ROJO CRUZ ESTHER -Avda Cerveceros, 6 . . . . . . 3331 4829
```

↜ REPETICIÓN RÁPIDA

[s] fricativa sibilante predorsoalveolar sorda
[z] fricativa sibilante predorsoalveolar sonora

> CONSEJOS PRÁCTICOS. Otro problema "gordo" que se nos presenta es la sonorización de la /s/ en [z] ante consonante sonora. Cuando la /s/ va seguida de consonante, o salen sordas las dos ([sp], [st], [sk]) o salen sonoras las dos ([zβ], [zð], [zɣ], [zm], etcétera). Esta asimilación es automática para los hispanohablantes, pero Ud. tendrá que prestar atención para no caer en la tentación de mezclar sordas y sonoras, o de ensordecer las sonoras.

/s/ → [z]

el mismo
la isla
les mando
el asno
las hierbas
los gatos
las damas
es bueno
desgana
desde
desbordar

18-07

Pares mínimos

/s/→ [s]

rascar
los toma
las casas
las podas
los tardos
las pistas
es crasa
los piolines
es tragón
las pocas
despenar
destentar
los pollos
que los tientes

/s/→ [z]

rasgar
los doma
las gasas
las bodas
los dardos
las vistas
es grasa
los violines
es dragón
las bocas
desvenar
desdentar
los bollos
que los dientes

18-08

APLICACIÓN

/s/ *¿Sorda o sonora?*

1. los chicos
2. las mesas
3. los tipos
4. unas bombas
5. los demás
6. los yates
7. sus niños
8. nuestras casas
9. tus gastos
10. las líneas

11. las otras
12. los pisos
13. unos vasos
14. unas fichas
15. mis hijos
16. las huelgas
17. unas hierbas
18. sus padres
19. las zapatillas
20. los elefantes

¿Sordas o sonoras?

A sus padres no les digas que nos has visto, pues no les gusta que salgamos con su hija.
   1   2   3   4   5 6 7   8   9 10   11

Jesús Sánchez, el tío de Luz María, es el presidente de la asociación de zapateros.
 12   13   14   15   16   17   18

TEXTOS DE PRÁCTICA

LAS ISLAS GALÁPAGOS

18-09

Las **Islas Galápagos** (llamadas también en español *Archipiélago de Colón de la cola de atrás*) son un archipiélago ubicado a 965 kilómetros de la costa de Ecuador. Está conformado por 13 grandes islas volcánicas, 6 islas más pequeñas y 107 rocas e islotes, las cuales se distribuyen alrededor de la línea del ecuador terrestre. Forman parte del territorio de la República del Ecuador.

Se estima que la formación de la primera isla tuvo lugar hace más de 5 millones de años, como resultado de la actividad tectónica. Las islas más recientes, llamadas Isabela y Fernandina, están todavía en proceso de formación, habiéndose registrado la erupción volcánica más reciente en 2005.

Las **Islas Galápagos** son famosas por sus numerosas especies endémicas y por los estudios de Charles Darwin que le llevaron a establecer su teoría de la evolución por la selección natural.

Este texto se ha publicado bajo los términos de la licencia GFDL (http://www.gnu.org/copyleft/fdl.html) y proviene del artículo "Islas Galápagos" (http://es.wikipedia.org/wiki/Islas_Galápagos).

∞ EN EQUIPO

Conviene practicar la sonorización de la /s/ ante consonante sonora:

pez venenoso [ˈpez.βe.ne.ˈno.so]
pez del paraíso [ˈpez.ðel.pa.ra.ˈi.so]

Recuerden, sin embargo, que la /s/ no se sonoriza ante consonante sorda o vocal:

pez comestible [ˈpes.ko.mes.ˈti.βle]
pez azul [ˈpe.sa.ˈsul]

Teniendo en cuenta el contexto apropiado para la sonorización de /s/, lean los nombres de peces que se dan a continuación. ¿Se sonoriza la /s/ o no? ¿Reconocen los peces mencionados?

1. pez tigre
2. pez globo
3. pez erizo
4. pez manta
5. pez vampiro
6. pez mariposa
7. pez martillo
8. pez espada
9. pez sierra

Identifiquen los peces ficticios que se ven ilustrados a continuación. Sus nombres se forman como los que hemos visto arriba: pez + sustantivo, siendo el resultado una palabra compuesta masculina (por ejemplo, el pez manta). Tengan cuidado con la /s/ final de palabra, porque es posible que se sonorice.

Como ejemplo, fíjense en este pez medio ridículo:

Es el pez luna [el.ˈpez.ˈlu.na].

¡Ahora les toca a Uds.! Pronuncien los nombres de los peces dibujados en la próxima página.

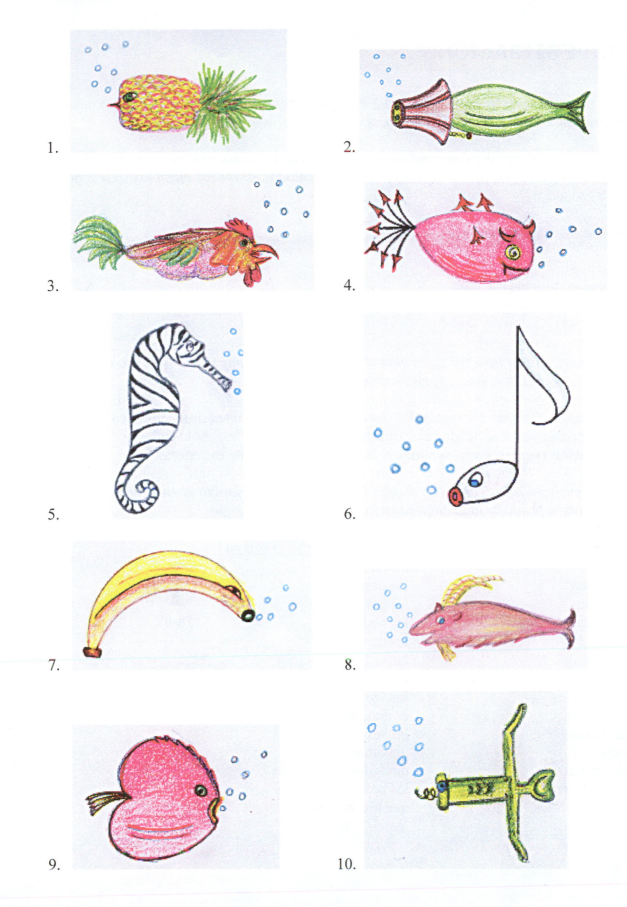

1.

2.

3.

4.

5.

6.

7.

8.

9.

10.

INVESTIGACIÓN

Este pequeño experimento le ayudará a averiguar hasta qué punto existe en inglés una neutralización entre las oclusivas sordas y las sonoras después de una /s/ inicial.

Pídale a un(a) anglohablante nativo(-a) que pronuncie una ese *inglesa seguida de la palabra dada. ¿Qué oye Ud.? Para mejores resultados, grabe los ejemplos y escuche la lista grabada.*

/s/	+	bread
/s/	+	die
/s/	+	gate
/s/	+	beak
/s/	+	grape
/s/	+	draw

¿Se sonoriza la /s/ inglesa? ¿Ha oído el sonido [z] *en posición inicial? ¿O ha oído las palabras* spread, sty, skate, speak, scrape *y* straw?

¿Por qué ha obtenido ese resultado? La /s/ inglesa produce una asimilación **progresiva** de sonoridad, ensordeciendo la consonante siguiente. La /s/ española sufre una asimilación **regresiva** y se sonoriza si la consonante siguiente es sonora.

*Ahora vuelva a practicar las siguientes frases españolas**, evitando el ensordecimiento** que tiende a producir la /s/ inglesa en la consonante que le sigue.*

/s/→ [s] con oclusiva sorda	/s/→ [z] con fricativa sonora
rascar	rasgar
los toma	los doma
las casas	las gasas
las podas	las bodas
los tardos	los dardos
las pistas	las vistas
es crasa	es grasa
los piolines	los violines
es tragón	es dragón
las pocas	las bocas
despenar	desvenar
destentar	desdentar
los pollos	los bollos
que los tientes	que los dientes

18-08

PROBLEMA DE FONOLOGÍA

Las palabras inglesas *discussed* y *disgust* se pueden pronunciar igual: [dɪˈskʌst]. ¿Cuál es el fenómeno fonológico que produce esa homofonía? ¿Existe el mismo fenómeno en el español?

Ahora lea la viñeta que se presenta a continuación. Explique en qué se basa el chiste, haciendo referencia al proceso fonológico relevante.

"Boy, he must think we're pretty stupid to fall for that again."

By permission of Leigh Rubin and Creators Syndicate, Inc.

APLICACIÓN

¿Sordas o sonoras?

Los González cultivan unos lirios enormes, pero los de los Martín son más grandes.
  1   2 3   4   5   6   7   8   9

Hazte unos bocadillos para la excursión al zoológico.
  10   11   12   13 14   15

Ellas dicen que va a ser un desastre.
  16 17   18   19 20

QUE POR CIERTO...

En el inglés hay muchísimas palabras que empiezan con la sibilante /s/ más consonante (por ejemplo, *special, state, scape*) y otras que tienen las mismas secuencias consonánticas precedidas de la vocal *e* (*especially, estate, escape*). En el castellano, este contraste no existe, dado que el grupo consonántico con /s/ no es pronunciable como tal y la /e/ se inserta obligatoriamente (*especial, estado, escapa*), aunque no se escriba (*stop* [es.ˈtop], *slip* [ez.ˈlip]). Como resultado de esta falta de contraste, las palabras inglesas *eschatology* "doctrinas referentes a lo posterior a la muerte" y *scatology* "preocupación por los excrementos" tienen la misma traducción al castellano: *escatología*. Pero no se ría; hay procesos fonológicos automáticos en inglés (la reducción vocálica, por mencionar sólo uno) que también borran contrastes existentes en otras lenguas (*complement/compliment, dual/duel, allude/elude*, etcétera).

 **EN EQUIPO**

Hablen sobre las marcas de los productos que ven ilustrados en las fotos. ¿Qué productos son? ¿Reconocen las marcas? ¿Saben de dónde vienen los nombres? ¿Cómo se pronuncian (en español, por supuesto)?

18-10

1.

2.

3.

4.

5.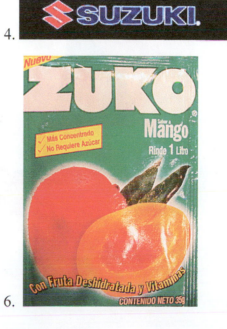

6.

7.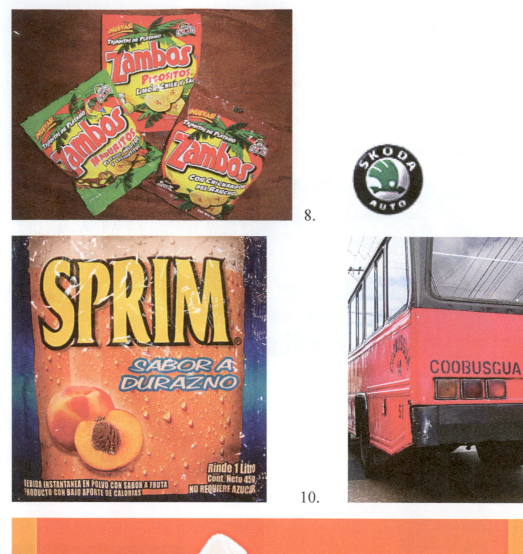

8.

9.

10.

11.

12.

13. MODICALZA

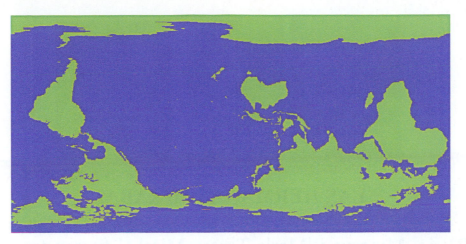

EL MAPA INVERSO

18-11   18-12

El mapamundi tradicional se orienta con el norte arriba y el sur abajo. Pero existen mapas que utilizan una representación inversa, conocidos más en Australia, Nueva Zelanda y otros países del Hemisferio Sur.

Pensándolo bien, usted tendrá que reconocer que la representación tradicional es arbitraria. Nuestro planeta es una esfera ubicada en el espacio, en un universo que no tiene orientación norte-sur. A través de los años, los cartógrafos han establecido convenciones que ahora son muy difíciles de cambiar. La perspectiva que tienen nuestros mapas es, hasta cierto punto, un accidente histórico, pero también es el resultado de decisiones tomadas por los poderosos pueblos del norte.

El geógrafo Al-Idrisi, nacido en Ceuta y trasladado a Sicilia, confeccionó en el año 1154 un mapa en el que el sur aparecía en la parte superior. Pero desde entonces se ha visto muy poco esa orientación.

∞ TRANSCRIPCIÓN

LAS HERMANAS MIRABAL

18-13   18-14

Patria, Minerva y María Teresa Mirabal fueron tres mujeres dominicanas convertidas en heroínas nacionales y personajes importantísimos en la historia de la justicia. Nacidas en el municipio de Salcedo, en la región norte del país conocida como El Cibao, las tres fueron asesinadas por el dictador Trujillo en 1960.

Por su activismo político en oposición al dictador, las hermanas fueron encarceladas y torturadas varias veces. Eran conocidas en todo el país como "las mariposas", pues ellas representaban la esperanza para muchos que sufrían en silencio. Cuando fueron estranguladas por unos matones de Trujillo, los dominicanos se mostraron furiosos ante tan descarada injusticia.

La novelista Julia Álvarez escribió sobre estos hechos reales en su obra titulada *En el tiempo de las mariposas.* En el año 2001, salió en los Estados Unidos la versión cinematográfica de la novela.

A finales de los años noventa, la Asamblea General de la Organización de las Naciones Unidas declaró el 25 de noviembre como el Día Internacional de la Eliminación de la Violencia contra la Mujer. Se escogió esa fecha precisamente por haber sido la del asesinato de las hermanas Mirabal.

TEXTOS DE PRÁCTICA

NACIONES
UNIDAS

18-15

Asamblea General

Distr.
GENERAL

A/RES/54/134
7 de febrero de 2000

Quincuagésimo cuarto período de sesiones
Tema 109 del programa

RESOLUCIÓN APROBADA POR LA ASAMBLEA GENERAL

54/134. Día Internacional de la Eliminación de la Violencia contra la Mujer

La Asamblea General,

Recordando la Declaración sobre la eliminación de la violencia contra la mujer, aprobada por la Asamblea General en su resolución 48/104, de 20 de diciembre de 1993, y su resolución 52/86, de 12 de diciembre de 1997 titulada "Medidas de prevención del delito y de justicia penal para la eliminación de la violencia contra la mujer",

Recordando también la Declaración Universal de Derechos Humanos, el Pacto Internacional de Derechos Civiles y Políticos, el Pacto Internacional de Derechos Económicos, Sociales y Culturales, la Convención sobre la eliminación de todas las formas de discriminación contra la mujer y la Convención contra la Tortura y Otros Tratos o Penas Crueles, Inhumanos o Degradantes,

Tomando nota de la Convención Interamericana para Prevenir, Sancionar y Erradicar la Violencia contra la Mujer, aprobada por la Asamblea General de la Organización de los Estados Americanos en su vigésimo cuarto período ordinario de sesiones celebrado en Belém (Brasil) del 6 al 10 de junio de 1994, y de la recomendación general 19 relativa a la violencia contra la mujer, aprobada por el Comité para la Eliminación de la Discriminación contra la Mujer en su 11 período de sesiones,

Preocupada porque la violencia contra la mujer constituye un obstáculo para el logro de la igualdad, el desarrollo y la paz, como se reconoce en las Estrategias de Nairobi orientadas hacia el futuro para el adelanto de la mujer y la Plataforma de Acción de la Cuarta Conferencia Mundial sobre la Mujer, en las que se recomendó un conjunto de medidas integrales encaminadas a prevenir y eliminar la violencia contra la mujer, y también para la plena aplicación de la Convención sobre la eliminación de todas las formas de discriminación contra la mujer,

Preocupada también por el hecho de que algunos grupos de mujeres, como las que pertenecen a minorías, las mujeres indígenas, las refugiadas, las mujeres migrantes, las mujeres que viven en comunidades rurales o remotas, las mujeres indigentes, las mujeres recluidas en instituciones o detenidas, las niñas, las mujeres con discapacidad, las mujeres de edad y las mujeres en situaciones de conflicto armado, son particularmente vulnerables a la violencia,

Reconociendo que la violencia contra la mujer constituye una manifestación de unas relaciones de poder históricamente desiguales entre el hombre y la mujer, que han conducido a que el hombre domine a la mujer y discrimine contra ella, impidiendo su adelanto pleno, y que la violencia contra la mujer es uno de los mecanismos sociales fundamentales por los que se reduce a la mujer a una situación de subordinación respecto del hombre,

Reconociendo también que los derechos humanos de la mujer y de la niña son una parte inalienable, integral e indivisible de los derechos humanos universales y reconociendo además la necesidad de promover y proteger todos los derechos humanos de la mujer y la niña,

Alarmada por el hecho de que las mujeres no disfrutan de todos sus derechos humanos y sus libertades fundamentales, y preocupada por la persistente incapacidad para promover y proteger estos derechos y libertades frente a la violencia contra la mujer, como se reconoce en la resolución 1999/42 de la Comisión de Derechos Humanos, de 26 de abril de 1999,

Reconociendo con satisfacción la cooperación que han prestado los organismos, organizaciones, fondos y órganos del sistema de las Naciones Unidas a diferentes países en la lucha para erradicar la violencia contra la mujer, en cumplimiento de sus respectivos mandatos,

Reconociendo los esfuerzos que realizan las organizaciones de la sociedad civil y las organizaciones no gubernamentales que han contribuido a crear conciencia en las sociedades de todo el mundo de las repercusiones negativas de la violencia contra la mujer, en la vida social y económica,

Reiterando que, según el artículo 1 de la Declaración sobre la eliminación de la violencia contra la mujer, por "violencia contra la mujer" se entiende todo acto de violencia basado en la pertenencia al sexo femenino que tenga o pueda tener como resultado un daño o sufrimiento físico, sexual o psicológico para la mujer, así como las amenazas de tales actos, la coacción o la privación arbitraria de la libertad, tanto si se producen en la vida pública como en la vida privada,

1. *Decide* declarar el 25 de noviembre Día Internacional de la Eliminación de la Violencia contra la Mujer;

2. *Invita* a los gobiernos, los organismos, órganos, fondos y programas del sistema de las Naciones Unidas, y a otras organizaciones internacionales y organizaciones no gubernamentales, según proceda, a que organicen ese día actividades dirigidas a sensibilizar a la opinión pública respecto del problema de la violencia contra la mujer.

83a. sesión plenaria
17 de diciembre de 1999

🔉 NOCIONES AFINES

La aspiración y elisión de /s/

Uno de los fenómenos fonológicos variables más destacados en el mundo hispanohablante es la **aspiración** del fonema sibilante /s/. Es importante poderla apreciar; inclusive conviene poderla imitar, pues no es simplemente un rasgo opcional de un número reducido de hablantes sino una característica esencial de la norma lingüística—culta y popular—de varios países y de muchos otros dialectos regionales.

Se trata de la realización del fonema sibilante como aspiración—normalmente glotal y sorda: /s/→[h]. Esto ocurre en la coda silábica, siendo el entorno preconsonántico el más favorable:

> *espera* [eh.ˈpe.ɾa]
> *háztelo* [ˈah.te.lo]
> *Son las mismas cosas.* [ˈson.lah.ˈmih.mah.ˈko.sas]

La /s/ se puede aspirar también ante pausa, aunque no en todos los dialectos y registros:

> *Son las mismas cosas.* [ˈson.lah.ˈmih.mah.ˈko.sah]

En algunas regiones es común que se aspire una /s/ final de palabra aunque la palabra siguiente empiece por vocal:

> *dos litros enteros* [ˈdoh.ˈli.tro.hen̪.ˈte.roh]

El proceso de la aspiración de /s/ es, obviamente, un debilitamiento consonántico provocado por la ley de menor esfuerzo. No producir la [s] (o [z]) requiere menos esfuerzo que producirla, pero ¿qué hace la lengua al no tener que formar la sibilante alveolar? Pues ahí está la gracia de la aspiración glotal: la lengua no tiene que tocar nada. Donde *iba* a haber una obstruyente, la cavidad bucal sigue configurada tal como estaba para la producción del núcleo silábico (o sea, para la vocal), y sale la corriente de aire que correspondía a la articulación de la /s/. El resultado es la fricción glotal (observe que no hay ningún otro punto de articulación) que se aprecia como aspiración. En algún sentido, la aspiración llena el "vacío" que ha dejado la /s/ al no pronunciarse. Aún más debilitamiento eliminaría totalmente este vacío, siendo el resultado la **elisión** de la /s/ (o sea, /s/→Ø).

> *espera* [e.ˈpe.ɾa]
> *dos litros enteros* [ˈdo.ˈli.tro.en̪.ˈte.ro]

Ud. recordará que las reglas *variables* no se aplican todo el tiempo, aunque se presente el contexto fonológico apropiado. Tales fenómenos se asocian—consciente o inconscientemente—con toda una gama de factores, muchos de ellos de carácter social (o sea, no lingüístico), y podemos citar algunas tendencias que han notado los sociolingüistas. Por ejemplo, se sabe que, por regla general, la /s/ se aspira más en registros más informales que en los formales; se aspira más en el habla rápida que a velocidades más lentas; y aspira más la clase popular que la clase alta. Sin embargo, en los lugares donde éste es un rasgo típico—o sea, en el sur de España y en las costas y tierras bajas de América—todo el mundo debilita la /s/ hasta cierto punto, variando su realización entre sibilancia, aspiración y elisión, según los parámetros de su variedad lingüística regional o social. Lo importante es reconocer que los fenómenos de aspiración y elisión no son *categóricos* sino *variables*.

REPETICIÓN RÁPIDA

Practique la aspiración del fonema /s/, usando [h] *para todos los casos señalados.*

1. pasta
2. pescar
3. pospone
4. puesto
5. gazpacho
6. el rasgo
7. desde luego
8. Préstamelo.
9. Me buscan.
10. Le da asco.
11. Es la misma.
12. Estas cosas me molestan.
13. ¿No estudias conmigo?
14. Sara Gómez no es vasca.
15. La masa no está lista.

18-16

INVESTIGACIÓN

Lea y escuche el monólogo siguiente, subrayando todos los casos de aspiración/elisión de /s/. (Por cierto, es a veces difícil apreciar la diferencia entre [h] *y* ∅, *y no importa para esta tarea.) Después, lea Ud. el mismo texto en voz alta, tratando de imitar al hablante puertorriqueño.*

18-17

Y, pues, la bendición es un acto que emana de la iglesia. Es la manera de que uno empieza el día, pidiéndole al padre, o al padrino o a un tío, o a alguien mayor que nos dé la bendición para que el Señor esté con, con uno el día entero. Y pues, mi padre, mi padre tiene ¿qué? sesenta y ocho años, creo, y cuando su mamá estaba viva, que murió hace unos cuantos años atrás, cada vez que la veía le decía: "Mamá, la bendición." Y papá tendría ¿qué? sesenta y pico de años, y ya él estaba grande para estar pidiendo esas cosas, pero... Y yo igual. Yo llamo a mi mamá una vez o dos veces al mes. Y la primera cosa que digo, y así como empiezo la conversación, de... ella dice "hola", y yo: "Mami, soy yo, la bendición." Y ella me responde: "Que Dios te bendiga, hijo." Y tan pronto ella dice eso, pues, fluye la conversación, hablamos de, de todo: de los vecinos, de cómo están, de la familia, de cómo están las cosas aquí, cómo están las cosas allá. Así más o menos fluye la cosa. Ah, la bendición y, y otras cosas más son tradiciones altamente católicas. Y yo no sé, creo que en otros países también las hacen, pero no sé si con la misma frecuencia que la hacemos nosotros en Puerto Rico.

🐎 PROBLEMA DE FONOLOGÍA

La aspiración de /s/ es un fenómeno común en muchos dialectos del castellano, pero su frecuencia y el contexto en el que se aplica varían mucho según la rapidez, el registro y una gama de factores sociales. Aún así, podemos apreciar diferencias geográficas bastante marcadas, y los datos que se presentan a continuación son representativos del habla de la clase media en conversación normal.

Bogotá	Lima	Santiago de Chile
[ˈes.to.sa.ˈsun̪.tos]	[ˈeh.to.sa.ˈsun̪.tos]	[ˈeh.to.ha.ˈsun̪.toh]
[la.ˈso.tɾaz.mu.ˈhe.ɾes]	[la.ˈso.tɾah.mu.ˈxe.ɾes]	[la.ˈho.tɾah.mu.ˈçe.ɾeh]
[ˈson.laz.ˈdjes]	[ˈson.lah.ˈðjes]	[ˈson.lah.ˈðjeh]
[les.ˈpo.ne.se.lal.ˈmwer.so]	[leh.ˈpo.ne.se.lal.ˈmwer.so]	[leh.ˈpo.ne.he.lal.ˈmwer.so]

¿Qué diferencia hay en la aplicación de la regla de aspiración de /s/ en los tres dialectos? O sea, ¿cuál es el contexto fonológico en el que se aspira la /s/ en cada una de estas tres capitales sudamericanas?

19 [ka.ˈpi.tu.lo.ðje.θi.ˈnwe.βe]

Fonemas /s/, /θ/

[θa.ɾa.ˈɣo.θa]

[θa.ɾa.ˈɣo.θa.ˈez̪.la.ka.pi.ˈtal̪.de.a.ɾa.ˈɣon | re.ˈχjo.naw.ˈto.no.ma.ðes̬.ˈpa.ɲa ‖ s̬u.s̬i.twa.ˈθjo.ˈne.s̬es̬.θeß.θjo.ˈnal | pwes̬.s̬en̪.ˈkwen̪.tra.en.la.mi.ˈtað.nor.ˈðes̬.te.ðel.pa.ˈis̬ | ˈje.ˈs̬un̪.ˈθen̪.tro.ðe.ko.mu.ni.ka.ˈθjo.ne.s̬en̪.tre.ma.ˈðɾið | bar.θe.ˈlo.na | ba.ˈlen̪.θja | i.pajz̬.ˈßas̬.ko ‖ u.ßi.ˈka.ða.ˈka.s̬i.ðos̬.ˈθjen̪.toz̬.ˈme.tros̬.s̬o.ßrel.ni.ˈßel̪.del.ˈma.ɾe.nel.ˈßa.je.ðe.ˈle.ßro | la.θju.ˈða.ðes̬.ˈta.a.tres̬.ˈθjen̪.toz̬.ßejn̪.ti.ˈθiŋ.ko.ki.ˈlo.me.troz̬.ðe.la.ka.pi.ˈta.les̬.pa.ˈɲo.la ‖ ˈe.ˈs̬u.na.θju.ˈðað.s̬o.le.ˈa.ða.ke.pa.ˈðe.θe.ðe.ˈu.na.ˈßri.s̬a.ˈfri.a.ja.ˈma.ða.ˈθjeɾ.θo.ke.man̪.ˈtje.ne.ˈlaj.ɾem.mo.ßi.ˈmjen̪.toj.s̬iŋ.kon̪.ta.mi.na.ˈθjon]

[la.ßa.ˈs̬i.li.ka.ðe.nwes̬.tra.s̬e.ˈɲo.ra.ðel.pi.ˈlaɾ | lo.ka.li.ˈθa.ða.en̪.θa.ɾa.ˈɣo.θa | ˈe.ˈs̬un̪.ˈθen̪.tro.ðe.pe.ɾe.ɣɾi.na.ˈθjom.mun̪.ˈdja.ˈlju.na.re.fe.ˈɾen̪.θjajm.pres̬.θin̪.ˈdi.ßle.pa.ɾa.la.ka.pi.ˈta.la.ɾa.ɣo.ˈne.s̬a ‖ fe.ˈliθ.kom.ber.ˈχen̪.θja.ðe.ˈßa.ɾjo.s̬es̬.ˈti.lo.s̬ar.ki.teɣ.ˈto.ni.kos̬ | el̪.ˈtem.plo.ˈmi.ðe.θjen̪.to.ˈtrejn̪.ta.ˈme.troz̬.ðe.laɾ.ɣoj.ˈtje.ne.ˈon̪.θe.ˈku.pu.las̬ | ˈdjeð.lin̪.ˈter.nas̬ | i.ˈkwa.tro.ˈto.res̬]

∞ LECTURA TRANSCRITA

Fonema /s/ y /θ/

ZARAGOZA

19-01

Zaragoza es la capital de Aragón, región autónoma de España. Su situación es excepcional, pues se encuentra en la mitad nordeste del país y es un centro de comunicaciones entre Madrid, Barcelona, Valencia y País Vasco. Ubicada a casi doscientos metros sobre el nivel del mar en el valle del Ebro, la ciudad está a trescientos veinticinco kilómetros de la capital española. Es una ciudad soleada que padece de una brisa fría llamada cierzo que mantiene el aire en movimiento y sin contaminación.

La Basílica de Nuestra Señora del Pilar, localizada en Zaragoza, es un centro de peregrinación mundial y una referencia imprescindible para la capital aragonesa. Feliz convergencia de varios estilos arquitectónicos, el templo mide ciento treinta metros de largo y tiene once cúpulas, diez linternas y cuatro torres.

⟡ ARTICULACIÓN Y ACÚSTICA

Fonemas /s/ y /θ/ en el centro y norte de España

[s̺] fricativa sibilante apicoalveolar sorda
[z̺] fricativa sibilante apicoalveolar sonora

[θ] fricativa (no sibilante) dental (o interdental) sorda
[ð] fricativa (no sibilante) dental (o interdental) sonora

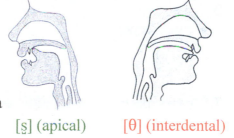

[s̺] (apical)   [θ] (interdental)

El fonema /θ/ existe sólo en España. En los dialectos que distinguen entre /s/ y /θ/, ésta se usa donde ortográficamente se encuentran las letras *c* (ante *e, i*) o *z.* En el español peninsular, el fonema /s/ se escribe ortográficamente *s* o *x.* (La letra *x* representa, supuestamente, la secuencia /ks/, pero el fonema /k/, por estar en la coda, se hace sumamente débil y tiende a desaparecer.)

En el sur de España, no se hace la distinción entre /s/ y /θ/ que se da en el centro y norte del país. La [s] del sur tampoco es apical como lo es en el norte.

⟡ DISTRIBUCIÓN FONOLÓGICA

En posición inicial de sílaba, las fricativas /s/ y /θ/ siempre se mantienen sordas, pero en la coda, se sonorizan (en [z] y [ð], respectivamente) si les sigue una consonante sonora. La /s/ tiende a desaparecer ante la vibrante múltiple.

/s/ → ∅ ante vibrante múltiple

- *los ricos, Israel*

19-02

/s/ → [z̺] ante consonante sonora

- *rasgo, desde, mismo, los lagos*

/s/ → [s̺] en los demás contextos

- *rasco, este, raspa, es chino, asfixiar, asa, su, rosa, música, exacto*

/θ/ → [ð] ante consonante sonora

- *hazle, en vez de, Aznar, luz verde*

/θ / → [θ] en los demás contextos

- *cinco, doce, caza, zodíaco, gazpacho, azteca*

REPETICIÓN RÁPIDA

PARES MÍNIMOS /s/, /θ/
1. casa, caza
2. seta, zeta
3. coser, cocer
4. ases, haces
5. vos, voz
6. as, haz
7. pases, paces
8. asar, azar
9. poso, pozo
10. siega, ciega

PALABRAS REPRESENTATIVAS
1. zapatos
2. sucia
3. gracias
4. social
5. sensación
6. dieciséis
7. sensatez
8. perspicaz
9. cejas
10. venezolanos

EJERCICIOS DE PRÁCTICA
1. 1, 2, 3, 4, 5, 6, 7, 8
2. 13, 14, 15, 16, 17, 18
3. 51, 52, 53, 54, 55, 56
4. 102, 103, 104, 105

19-03

COMBINACIONES DIFÍCILES
1. excelente
2. piscina
3. ascensor
4. eczema
5. házselo

FORMAS INESPERADAS
1. lesión, acción, conexión
2. *Guerra de las galaxias*
3. *Dirty Dancing*
4. Elizabeth Taylor
5. acento, aceptar, acelerar
6. fucsia
7. zar
8. jazmín
9. Córcega

MUESTRA MUSICAL

NO ES SERIO ESTE CEMENTERIO
J. M. Cano

Canta: Mecano (España)

Diríjase a nuestro sitio web para que tenga acceso a la letra, la música y más información sobre las muestras musicales no incluidas en el CD.

VEO VEO

Fonemas /s/ y /θ/

Practique la pronunciación madrileña al nombrar las cosas ilustradas.

19-04

1.

2.

3.

4.

5.

6.

7.

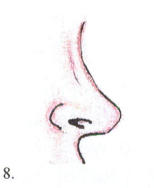

8.

9.

10.

11.

12.

MUESTRA MUSICAL

Distinción entre /s/ y /θ/

DIERON LAS DIEZ
Victor Manuel San José Sánchez

Canta: Ana Belén

Diríjase a nuestro sitio web para que tenga acceso a la letra, la música
y más información sobre las muestras musicales no incluidas en el CD.

APLICACIÓN

"Dieron las diez" de Ana Belén: /s/ → [s̪], [z̺]; /θ/ →]θ], [ð]

*Transcriba entre corchetes la manifestación fonética del segmento en cuestión, siguiendo la
pronunciación de la cantante. Mantenga separados los dos fonemas /s/ y /θ/ y preste
atención al contexto para saber si éstos se sonorizan o no en cada caso. Fíjese también en la
presencia o ausencia de pausas entre frases.*

Primera y última ve[ ] que ne[ ]e[ ]ito llorar
Emborraché el cora[ ]ón de [ ]oledad
La soledad me envolvió y e[ ]tranguló mi libertad

    Dieron la[ ] die[ ], dieron la[ ] die[ ]
    En un reloj colgado en la pared
    Y como ayer, y como ayer
    E[ ]tán todo[ ] lo[ ] sueño[ ] del revé[ ]
    Se duerme el sol [ ]obre mi piel
    Y ahogo mi tri[ ]te[ ]a en una mesa de un café

Ne[ ]e[ ]itamo[ ] amor para poder caminar
Y darle cuerda al reloj una ve[ ] más

Cada minuto que pa[ ]a e[ ] un abi[ ]mo hacia el final

‽ TRANSCRIPCIÓN

1. Transcriba <u>fonémica y fonéticamente</u> la pronunciación <u>madrileña</u> de la oración.

    Esperanza Sánchez no dice cosas graciosas.

2. Transcriba <u>fonémica y fonéticamente</u> una pronunciación <u>mexicana</u> de la oración.

    Esperanza Sánchez no dice cosas graciosas.

☙ TEXTOS DE PRÁCTICA

Anuncios de radio (País Vasco, España)

> Hola, amigos y amigas. Soy María Esther Solabarrieta. Les pido un ratito de su atención para informarles de que la Diputación invertirá este año 3.350.000 euros en nuestras playas para que estén limpias y bien vigiladas, para que dispongan de los equipamientos necesarios, para que todos podamos gozar en ellas. Cuidemos nuestras playas. Son para nosotros y para nuestros hijos.
>
> Es un mensaje del Departamento de Medio Ambiente y Acción Territorial de la Diputación Foral de Bizkaia.

 19-05

> Osakidetza ha puesto en marcha la campaña de vacunación antigripal. Si Ud. ha cumplido ya los 65 años, o tiene una enfermedad crónica de pulmón, corazón, riñón, hígado o diabetes, acuda a su centro de salud, donde le informarán sobre cómo poder vacunarse hasta el 31 de octubre.
>
> Evite riesgos. Vacúnese contra la gripe.
>
> Es un mensaje del Departamento de Sanidad del Gobierno Vasco.

19-06

☙ QUE POR CIERTO...

Los padres de mi amigo Daniel viven en Pittsburgh, y cuando vinieron mis suegros de España querían ir a visitarlos. Habían oído hablar mucho de esa ciudad, pero gracias a la estructura silábica del español y la sonorización de la /s/ ante consonante sonora, su

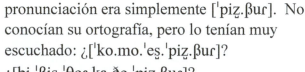

pronunciación era simplemente [ˈpiz̪.βuɾ]. No conocían su ortografía, pero lo tenían muy escuchado: ¿[ˈko.mo.ˈes̪.ˈpiz̪.βuɾ]? ¿[bi.ˈβis̪.ˈθeɾ.ka.ðe.ˈpiz̪.βuɾ]? ¿[ˈkwan̪.do.je.ˈɣa.mo.s̪a.ˈpiz̪.βuɾ]? Cuando nos íbamos acercando a nuestro destino, mi suegra vio por primera vez en una señalización de tráfico cómo se escribía el nombre de la ciudad. Y con esa inocencia fonológica que caracteriza a los monolingües de cualquier lengua, preguntó: Cada vez que escribes una carta, ¿tienes que escribir toda esa cantidad de letras?

TRANSCRIPCIÓN

CACIQUES

19-07   19-08

Voz taína de las islas caribeñas, *cacique* se refiere, en primera instancia, a los jefes de las tribus de esa zona. Los cacicazgos de Quisqueya son las jurisdicciones administrativas en las que estaba dividida la isla al llegar Cristóbal Colón a La Española en diciembre de 1492.

El término se aplicó equivocadamente a los líderes de otros grupos mesoamericanos y sudamericanos, incluso a los soberanos imperiales quechuas y aztecas. Una vez generalizado, el concepto del cacicazgo se extendió a las relaciones que existen en una "sociedad de clientelas"—por ejemplo, en la Restauración española de finales del siglo XIX. Se habla peyorativamente de caciquismos al describir las redes clientelares argentinas del siglo pasado.

Las huellas fisiológicas y raciales de los taínos son pocas, pero persisten algunos vestigios lingüísticos y culturales, entre ellos el concepto del cacique.

∞ | TRANSCRIPCIÓN

Vuelva a transcribir fonéticamente los textos "El mapa inverso" y "Las hermanas Mirabal" del capítulo anterior, siguiendo la pronunciación normativa del centro y norte de España (o sea, con **distinción** *entre fonemas /s/ y /θ/).*

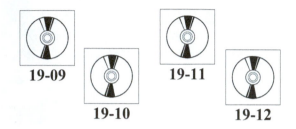

∞ | TEXTOS DE PRÁCTICA

Vuelva a leer el texto sobre las Islas Galápagos del capítulo anterior, siguiendo la pronunciación normativa del centro y norte de España (o sea, con **distinción** *entre fonemas /s/ y /θ/).*

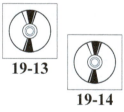

🕮 NOCIONES AFINES

Las sibilantes medievales y dialectología española moderna

Durante la época de la conquista de América, la fonología española sufrió una serie de cambios radicales que dejó una huella indeleble en el inventario consonántico y que fijó algunas de las diferencias dialectales más notorias de hoy en día. Los cambios más importantes fueron los que convirtieron seis fonemas medievales en dos o tres (según el dialecto), produciendo las variantes dialectales llamadas *seseo*, *ceceo* y *distinción*. En lo que sigue, resumimos la historia de estos cambios.

Hacia 1492 (fecha de la llegada de Colón a América), se distinguían los seis fonemas sibilantes que se presentan en la tabla siguiente.

	Predorsodentales (africados)	Apicoalveolares (fricativos)	Postalveolares o palatales (fricativos)
Sordos	/t͡s̪/	/s̺/	/ʃ/
Sonoros	/d͡z̪/	/z̺/	/ʒ/

Curiosamente, no existía en esa época ni la *zeta* española (/θ/) ni la *ese* predorsoalveolar (/s/) que encontramos en la mayoría de los dialectos del español moderno. La *ese* castellana era apical, y el par de sibilantes más anteriores eran africadas y dentales. A continuación presentamos la ortografía que se empleaba para estos fonemas medievales y varios ejemplos representativos.

FONEMA	ORTOGRAFÍA	EJEMPLOS (SIGLO XV)		FORMA MODERNA	
				CON SESEO	CON DISTINCIÓN
/t͡s̪/	ç	*çena*	[ˈt͡s̪e.na]	> *cena*	[ˈse.na]	[ˈθe.na]
		caça	[ˈka.t͡s̪a]	> *caza*	[ˈka.sa]	[ˈka.θa]
/d͡z̪/	z	*dezir*	[de.ˈd͡z̪iɾ]	> *decir*	[de.ˈsiɾ]	[de.ˈθiɾ]
/s̺/	s (no entre vocales)	*sol*	[ˈs̺ol]	> *sol*	[ˈs̺ol]	[ˈs̺ol]
	ss (entre vocales)	*osso*	[ˈo.s̺o]	> *oso*	[ˈo.s̺o]	[ˈo.s̺o]
/z̺/	s (entre vocales)	*casa*	[ˈka.z̺a]	> *casa*	[ˈka.s̺a]	[ˈka.s̺a]
/ʃ/	x	*xabón*	[ʃa.ˈbon]	> *jabón*	[xa.ˈβon], [χa.ˈβon], [ha.ˈβon]	
		dixe	[ˈdi.ʃe]	> *dije*	[ˈdi.xe], [ˈdi.χe], [ˈdi.he]	
/ʒ/	j	*ojo*	[ˈo.ʒo]	> *ojo*	[ˈo.xo], [ˈo.χo], [ˈo.ho]	
	g (ante *e, i*)	*mugier*	[mu.ˈʒeɾ]	> *mujer*	[mu.ˈxeɾ], [mu.ˈχeɾ], [mu.ˈheɾ]	

Tal como se aprecia en las dos tablas, cada fonema sordo tenía una contraparte sonora. Es más, existían pares mínimos que establecían, sin lugar a dudas, una distinción fonémica entre la sibilante sorda y la sonora en cada uno de los tres puntos de articulación: *deçir* [de.ˈt͡s̪iɾ], *dezir* [de.ˈd͡z̪iɾ]; *osso* [ˈo.s̺o], *oso* [ˈo.z̺o]; *coxo* [ˈko.ʃo], *cojo* [ˈko.ʒo]. No obstante, ya para mediados del siglo XVI se había perdido la distinción fonémica entre sorda y sonora en todos estos casos, dejando sólo tres fonemas donde antes había seis. Otro cambio que vemos consumado en esa época fue la pérdida del elemento oclusivo de la africada /t͡s̪/, convirtiéndola en fricativa: /s̪/.

Si bien esta "*ese* nueva" /s̪/ era más anterior (de hecho, era dental) que la "*ese* tradicional" /s̺/, otra distinción entre ellas radicaba en el hecho de que la /s̺/ que se escribía con <s> era apical, y la /s̪/ no.

Resumamos ahora el estado de las sibilantes a mediados del primer siglo de la colonización de América, con la ortografía de la época:

FONEMA	ORTOGRAFÍA	EJEMPLOS (SIGLO XVI)		FORMA MODERNA
/s̪/ (dental)	ç, z	*çena*	[ˈs̪e.na]	> *cena* [ˈse.na], [ˈθe.na]
		caça	[ˈka.s̪a]	> *caza* [ˈka.sa], [ˈka.θa]
		dezir	[de.ˈs̪iɾ]	> *decir* [de.ˈsiɾ], [de.ˈθiɾ]
/s̺/ (apical)	s (ss)	*sol*	[ˈs̺ol]	> *sol* [ˈsol], [ˈs̺ol]
		osso	[ˈo.s̺o]	> *oso* [ˈo.so], [ˈo.s̺o]
		casa	[ˈka.s̺a]	> *casa* [ˈka.sa], [ˈka.s̺a]
/ʃ/	x (j, g)	*xabón*	[ʃa.ˈbon]	> *jabón* [xa.ˈβon]
		dixe	[ˈdi.ʃe]	> *dije* [ˈdi.xe]
		ojo	[ˈo.ʃo]	> *ojo* [ˈo.xo]
		mugier	[mu.ˈʃeɾ]	> *mujer* [mu.ˈxeɾ]

Éste fue un momento clave en la historia de la lengua española. Desde luego, fue una época de grandes traslados de gentes y de sistemas políticos, acompañados de enormes cambios lingüísticos y contactos nuevos, a gran escala, entre lenguas y dialectos. De hecho, fue esta situación lingüística de tres fricativas sibilantes la que definió la ortografía de varias lenguas amerindias y de los préstamos que éstas contribuyeron al castellano. Por ejemplo, cuando los españoles conocieron al pueblo [me.ˈʃi.ka], escribieron *Mexica*, precisamente porque el fonema /ʃ/ se representaba con la grafía <x> en aquel entonces; de ahí viene la ortografía *México* de hoy en día. De manera similar, escribieron *Zacapu* al oír el nombre [sa.ˈka.pu], dado que la <z> ortográfica—no la <s>—tenía el valor de la *ese* predorsal (no apical) para ellos.

Pero con el devenir de los años, más cambios se hicieron presentes. En el norte de España, la *ese* apical /s̺/ permaneció como tal, pero la /s̪/ dental se hizo todavía más anterior, produciendo una fricativa interdental no sibilante: /θ/. De esta manera, en el español del centro y norte de España el contraste se da hoy en día entre /θ/ y /s/, siendo ésta apical en su realización fonética: [s̺]. Este fenómeno se conoce como **distinción.**

DISTINCIÓN:

Fonema /θ/	Fonema /s/
cena [ˈθe.na]	*sol* [ˈs̺ol]
caza [ˈka.θa]	*oso* [ˈo.s̺o]
decir [de.ˈθiɾ]	*casa* [ˈka.s̺a]

En el sur de España, los fonemas /s̪/ y /s̺/ se nivelaron; es decir, se combinaron convirgiendo en uno solo. (La distinción de sonoridad parece haber perdurado más tiempo aquí que en el norte de la Península, pero tarde o temprano en Andalucía hubo nivelación de /s̪/, /z̪/, /s̺/ y /z̺/ en un solo fonema.) El llamado **seseo** andaluz y americano se caracteriza por el uso de una sibilante; normalmente ésta no es apical, y en muchos dialectos se aspira en la coda silábica (*esto* [ˈeh.to]), pero crucialmente el seseo implica la falta del fonema /θ/.

SESEO:

Fonema /s/	
cena [ˈse.na]	*sol* [ˈsol]
caza [ˈka.sa]	*oso* [ˈo.so]
decir [de.ˈsiɾ]	*casa* [ˈka.sa]

En otras zonas de Andalucía, la misma nivelación de /s̪/ y /s̺/ produjo una sola fricativa dental que escribimos /θ/. Este **ceceo** consiste, entonces, en la pérdida de la distinción que rige en el norte de la Península, pero con una realización no sibilante de las grafías <s>, <c> y <z>. (El ceceo típicamente incluye casos esporádicos de [s̪] dental también, pero no existe la distinción sistemática que encontramos en el norte del país entre sibilante y no sibilante.) Es un fenómeno fuertemente estigmatizado que se da solamente en ciertas hablas andaluzas.

CECEO:

Fonema /θ/	
cena [ˈθe.na]	*sol* [ˈθol]
caza [ˈka.θa]	*oso* [ˈo.θo]
decir [de.ˈθiɾ]	*casa* [ˈka.θa]

Seguramente, ahora usted se preguntará ¿por qué no existe la distinción en América? Hay una teoría que sostiene que una gran mayoría de los primeros colonizadores del Nuevo

Mundo provenían de Andalucía y Canarias, zonas donde no existía la distinción, y ellos llevaron consigo el seseo. También hubo inmigración del norte de España a América, pero estas oleadas se dieron en un período tardío cuando ya el seseo se había arraigado en el Nuevo Mundo. Se dice también que en una época de tanto cambio demográfico y contacto entre dialectos es común la nivelación dialectal, la cual tiende a favorecer la eliminación de distinciones en lugar del mantenimiento de ellas.

Tal como hemos mencionado anteriormente, del par de fricativas alveopalatales /ʃ/ y /ʒ/ también se perdió la sonora /ʒ/ por ahí de 1550. Un nuevo cambio se dio un siglo más tarde cuando el fonema /x/ se empezó a producir con un punto de articulación diferente: velar. Así, se convierte en el fonema /x/ de palabras como *jabón, dije, ojo, mujer*. Como hemos explicado en el capítulo 17, la manifestación fonética de este fonema hoy en día puede ser velar, uvular o glotal, según el dialecto.

FONEMA /x/			
jabón	[xa.ˈβon]	[χa.ˈβon]	[ha.ˈβon]
dije	[ˈdi.xe]	[ˈdi.χe]	[ˈdi.he]
ojo	[ˈo.xo]	[ˈo.χo]	[ˈo.ho]
mujer	[mu.ˈxeɾ]	[mu.ˈχeɾ]	[mu.ˈheɾ]

MUESTRA MUSICAL

Distinción entre /s/ y /θ/

LA FIESTA
Joan Manuel Serrat

Canta: Joan Manuel Serrat (España)

Seseo andaluz

SE TIENE QUE IR
J. Correa, R. Rabay

Canta: Tijeritas (España)

Ceceo andaluz

LA QUIERO A MORIR
F. Cabrel

Canta: Manzanita (España)

Diríjase a nuestro sitio web para que tenga acceso a la letra, la música
y más información sobre las muestras musicales no incluidas en el CD.

CULTURA LINGÜÍSTICA

El uso de la <z> ortográfica para representar el sonido [θ] en el español americano

Ya hemos establecido que la distinción entre /s/ y /θ/ existe sólo en el castellano de la Península Ibérica. Desde luego, la distinción ortográfica entre *c, z, s* y *x* se mantiene en todos los dialectos porque la ortografía es, con muy pocas excepciones, la misma en todos los países de habla española. Como es de esperar, lo que representa el grafema *z* para el peruano o el puertorriqueño es exactamente lo mismo que representa el grafema *s*.

Ah, pero hay unas cuantas ocasiones en las que los hispanoamericanos sienten la necesidad de expresar el sonido [θ] (no como fonema, por supuesto, dado que no tiene valor como tal para ninguno de ellos), y esto lo suelen hacer con la letra *z*.

El caso más común será el del **ceceo** idiolectal—no el fenómeno dialectal (andaluz) sino el uso de [θ] en el habla de ciertas personas que no consiguen pronunciar la sibilante [s] por cualquier razón fisiológica individual. Podemos citar, por ejemplo, el habla de los niños. En cierta fase del desarrollo lingüístico normal y corriente, es común oír [θ] por [s], no sólo entre los niños hispanohablantes sino en otras lenguas y culturas también.

Todos podemos apreciar el ceceo del niño anglohablante que dice [θpi:k] en vez de [spi:k], y lo podemos representar escribiendo *thpeak* en vez de *speak*, ¿no? De semejante manera, un niño hispanohablante—del dialecto que sea—es capaz de decir, en cierta fase de su desarrollo lingüístico, [ˈθi] en vez de [ˈsi]. Para representar tal pronunciación, los hispanoamericanos usan la letra *z*, aprovechando así una distinción ortográfica que es para ellos generalmente inútil y hasta caótica.

Las tiras cómicas que se ven a continuación son del humorista argentino Quino. Observe el uso de la *z* ortográfica para ilustrar el ceceo de este niño ficticio (también argentino, por cierto). ¿Qué trata de decir el chiquito? ¿Cómo es su pronunciación? Aparte de la /s/, ¿qué otro sonido le da problemas?

© **Joaquín Salvador Lavado (QUINO) Toda Mafalda—Ediciones de La Flor, 1993**

EN EQUIPO

Ortografía yucateca

Vuelvan a estudiar la ortografía del siglo XVI y los tres fonemas sibilantes que correspondían a los grafemas \<z>, \<s> y \<x>. Agreguen el grafema \<ch> que representaba el fonema /t͡ʃ/, igual que hoy en día. Finalmente, recuerden que el grafema \<h> se usaba en aquella época para la aspiración /h/ proveniente de varias fuentes (entre ellas las lenguas de América).

*En esta actividad, se vuelve a realizar una escena "histórico-ortográfica". Un grupo hace el papel de los indígenas yucatecos; a éstos sólo se les permite pronunciar los nombres de los lugares que se ven transcritos a continuación. El otro grupo de estudiantes son los españoles que, con su fonología y ortografía del siglo XVI, deletrearon los nombres pronunciados por los mayas, dándonos las formas que todavía aparecen hoy en día en mapas de la zona. **No usen la letra \<k>** (aunque hoy en día su uso se está extendiendo en la representación de indigenismos).*

1. [oʃ.ku͡ts.ˈkab]

2. [ha.ˈsil]

3. [uʃ.ˈmal]

4. [t͡ʃik.ʃu.ˈlub]

5. [ʃel.ˈha]

6. [te.ˈmaʃ]

7. [ko.su.ˈmel]

8. [jaʃ.ˈt͡ʃe]

INVESTIGACIÓN

Uno de los lugares mencionados arriba fue una ciudad maya amurallada, y hoy en día es uno de los yacimientos arqueológicos yucatecos más importantes. ¿Cómo se llama?

Otro de los lugares de la lista es conocido por ser el foco de un evento prehistórico importantísimo que cambió profundamente la vida terrestre. ¿Qué lugar es, y cuál fue ese evento?

APLICACIÓN

Aquí van transcritos más nombres de pueblos mexicanos. Con estas pronunciaciones "indígenas", ¿cómo cree Ud. que se escriben ortográficamente en español? Y, ¿cómo se pronunciarán en el español mexicano del siglo XXI? (El símbolo [t͡ɬ̥] representa una africada cuyo elemento fricativo es lateral y sordo; este sonido es común en las lenguas de Mesoamérica, y ha dejado una huella en el léxico mexicano, donde muchas palabras se escriben con <tl>.)

1.   [sa.ka.ˈt͡ɬ̥an]

2.   [ʃo.t͡ʃi.ˈt͡ɬ̥aʃ.ko]

3.   [sa.ka.po.ˈaʃ.t͡ɬ̥a]

PROBLEMA DE FONOLOGÍA

La ortografía del fonema /s/ en indigenismos mexicanos

A continuación se presenta una lista de pueblos de los estados mexicanos de Oaxaca, Guerrero y Michoacán.

Zaachila	Zoquitlan	Santa María Ecatepec
Zimatlán	Sola de Vega	Telixtlahuaca
Zihualtepec	Zacatepec	Tamazulapan
Nochixtlán	Chilpancingo	Pinotepa Nacional
Tuxtepec	Quetzalapa	Loxicha
Ixtaltepec	Temazcal	Playa Vicente
Xalpatláhuac	Salina Cruz	Puerto Escondido
Zitácuaro	Tuxpan	Lázaro Cárdenas
Apatzingan	Ixtapa	Zihuatanejo
Zacapu	Tamazula	La Sierra

Ud. se habrá dado cuenta de que en estos nombres figuran muchos casos de la <z> ortográfica pero muy pocos casos de <s>. Sabiendo que en el español mexicano moderno estas dos letras se pronuncian igual (o sea, que son representaciones grafémicas del fonema /s/), hay que preguntar por qué parece ser mucho más común la <z> que la <s> en estos topónimos.

El primer paso es aislar los casos de <s> para ver si tienen algo en común. Haga una lista de las palabras en las que figura la <s>. ¿Cuáles son? ¿En qué se parecen? En contraste, ¿cómo son las demás palabras?

Figuran también bastantes casos de la <x> ortográfica, a pesar de que en la mayoría de los casos, los mexicanos hispanohablantes monolingües la asocian también con el fonema /s/: *Xalpatláhuac* [sal.pa.ˈtla.wak], *Ixtapa* [is.ˈta.pa]. ¿Qué tienen en común las palabras con <x> que aparecen en la lista?

¿Son arbitrarias, o hay alguna explicación histórica para las ortografías mencionadas?

¿Cuáles son algunas de las lenguas que han contribuido a la situación ortográfica moderna? ¿Cómo han contribuido? ¿Cómo reaccionarían los hablantes de otros dialectos ante formas como éstas? ¿Es relevante todo esto fuera del centro de México?

∞ PROBLEMA DE FONOLOGÍA

El español ha ejercido fuerte influencia en el náhuatl (lengua indígena de Mesoamérica), sobre todo en el léxico. A continuación se presenta una lista de préstamos presentes en el náhuatl moderno, con su significado en inglés. (La *x* ortográfica representa la sibilante alveopalatal /ʃ/. El dígrafo *tl* equivale a una africada dental sorda cuyo segundo componente es lateral; la ortografía *ll* es la secuencia de dos /l/ seguidas, cada una en una sílaba distinta. En los ejemplos dados, las letras *c, qu* y *z* tienen el mismo valor que en el español mexicano moderno y la *h* representa una oclusiva glotal.)

Náhuatl moderno	*Inglés*
Xotiyo	Jewish
coloz	cross
coton	shirt
camixah-tli	shirt
capayo	horse
cayo	rooster
Oztlian	Austria
Oztalian	Australian
axno	donkey
Caxtiltecatl	Spaniard
pahyo	shawl
Tolquian	Turkey
colanto	cilantro, coriander
poyoxcalli	chicken coop
Malia	Mary
Xuan	John
xapatoh	Saturday

19-15

Claro que el sistema fonológico del náhuatl no es como el del castellano. Tal como hemos visto pérdidas y sustituciones en la adopción por el español de palabras como *cuate* (< *coatl*), *tiza* (< *tizatl*) y *guacamole* (< *ahuacamolli*), apreciamos aquí que palabras nativas del español también sufren modificaciones al nativizarse en esta lengua indígena de México. Pero, ¿cuáles son las sustituciones fonológicas más evidentes? Contestando esa pregunta, aprenderemos algo sobre la estructura fónica del náhuatl. (Ojo: no se preocupe por los sufijos de origen indígena; tales terminaciones son nativizantes pero no contribuyen a nuestro análisis de las correspondencias fonológicas.)

Por ejemplo, ¿qué pasa con las obstruyentes sonoras del español al pasar al náhuatl? Señale los casos relevantes. ¿Cómo cree Ud. que son las obstruyentes nahuas?

Basándose en los datos dados, ¿qué generalización puede sacar sobre la clase de líquidas en el náhuatl? ¿Cuántos fonemas nasales parece tener esa lengua? ¿Qué sucede con la nasal palatal /ɲ/? ¿Con la lateral palatal /ʎ/ del español de la Conquista?

Dos de las sustituciones más interesantes y comunes son el resultado de contacto no con el español mexicano moderno, sino con el castellano del siglo XVI llevado a América por los conquistadores y pobladores europeos. ¿Cómo se manifiesta la antigua /s/ apicoalveolar de la Península Ibérica en palabras nahuas? (En contraste, ¿cómo se manifiestan hoy en día los casos de /s/ que proceden de palabras españolas/mexicanas modernas?) ¿Cómo se conserva en el náhuatl la *j* antigua, fonológicamente /ʒ/ o /ʃ/ en en siglo XVI?

Aunque las secuencias de varias consonantes ortográficas den otra impresión, la verdad es que en el náhuatl no hay grupos consonánticos; es decir, sólo se encuentra un máximo de una consonante en posición inicial o final de sílaba. ¿Cómo se simplifican los grupos /kɾ/ y /tɾ/ del castellano?

20 [ka.ˈpi.tu.lo.ˈβejn̪.te]

Fonema /f/

[ˈflan]

[el.ˈfla.ˈne.ˈsum.ˈpos.tɾes.pa.ˈɲol | el.fa.βo.ˈri.to.tam.ˈbjen̪.de.
ˈmu.t͡ʃoz.la.ti.no.a.me.ɾi.ˈka.no.si.fa.mi.ˈlja.ɾas.ta.em̩.fi.li.ˈpi.nas ‖ se.ˈɣum̩.
ˈfwen̪.tes.ˈfja.βles | ˈno.ˈez.ðe.pɾe.pa.ɾa.ˈsjom̩.ˈfa.sil]

[mi.ko.ˈle.ɣa.ew.ˈxe.nja.ˈtje.ne.ˈfa.ma.ðe.a.ˈser.ˈfla.nes.fa.βu.ˈlo.sos.
pa.ɾa.las.ˈfjes.taz.ðe.la.o.fi.ˈsi.na ‖ me.o.fɾe.ˈsjo.ˈu.na.ɾe.ˈse.ta.ˈno.tan̪.
di.ˈfi.sil.pa.ɾa.su.ˈflan̪.de.ka.ˈfe.ke.ˈes | as.ta.la.ˈfe.t͡ʃa | el.ˈflam.ˈmas.
fan̪.ˈtas.ti.ko.ke.ˈe.pɾo.ˈβa.ðo]

[e.ˈnu.na.li.kwa.ˈðo.ɾa.ˈmes.klas.ˈkwa.tɾo.ˈwe.βos | ˈu.na.ˈla.ta.ðe.
ˈle.t͡ʃe.kon̪.den.ˈsa.ða | ˈo.tɾa.ðe.ˈle.t͡ʃe.βa.po.ˈra.ða | i.ˈkwa.tɾo.ku.t͡ʃa.ˈra.ðaz.
ðe.ka.ˈfejns.tan̪.ˈta.ne.o ‖ de.ˈri.te.ˈsum.ˈpo.ko.ðe.a.ˈsu.ka.ɾe.ˈnuŋ.ˈka.so.a.
ˈfwe.ɣo.ˈlen̪.to | i.lo.ˈe.t͡ʃa.se.nel.ˈfon̪.do.ðe.ˈu.na.fla.ˈne.ɾa | ˈum.ˈmol̪.de.
re.fɾaɣ.ˈta.rjo.kon.la.ˈfor.ma.ðe.se.ˈa.ða | pa.ɾa.for.ˈma.ˈru.na.ˈka.pajm̩.fe.ˈrjoɾ ‖
en.ˈsi.ma.se.ˈe.t͡ʃa.lo.βa.ˈti.ðo | i.la.fla.ˈne.ɾa.en̪.ˈton.ses.se.ˈðe.xa.ˈu.na.ˈo.ɾa.
e.ne.ˈlor.no.a.ˈsjen̪.to.ˈt͡ʃen̪.ta.ˈɣɾa.ðos ‖ se.ˈðe.xa.em̩.ˈfrja.ri | ˈflan̪.de.ka.ˈfe ‖
ˈke.ˈfa.sil]

⌘ LECTURA TRANSCRITA

Fonema /f/

20-01

FLAN

El flan es un postre español, el favorito también de muchos latinoamericanos y familiar hasta en Filipinas. Según fuentes fiables, no es de preparación fácil.

Mi colega Eugenia tiene fama de hacer flanes fabulosos para las fiestas de la oficina. Me ofreció una receta no tan difícil para su flan de café que es, hasta la fecha, el flan más fantástico que he probado.

En una licuadora mezclas cuatro huevos, una lata de leche condensada, otra de leche evaporada y cuatro cucharadas de café instantáneo. Derrites un poco de azúcar en un cazo a fuego lento y lo echas en el fondo de una flanera (un molde refractario con la forma deseada) para formar una capa inferior. Encima se echa lo batido, y la flanera entonces se deja una hora en el horno a 180 grados. Se deja enfriar y… ¡flan de café! ¡Qué fácil!

ARTICULACIÓN Y ACÚSTICA

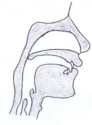

[f] fricativa labiodental sorda

DISTRIBUCIÓN FONOLÓGICA

La fricativa /f/ se encuentra casi siempre en posición inicial de sílaba, donde se mantiene sorda:

/f/ → [f]

foca
gafas
frío
africano
influencia

20-02

TEXTOS DE PRÁCTICA

F

David Chericián (Cuba)

20-03

En la fábrica fabrican

los focos para el farol

—y una foca farolera

con voz fofa farfulló:

—Si aquí se fabrican focos

¿dónde me fabrico yo?

🔸 VEO VEO

Fonema /f/

Todos estos dibujos corresponden a palabras que contienen /f/. Pronúncielas bien.

1.

2.

3.

4.

5.

6.

7.

8.

9.

10.

11.

12.

TRANSCRIPCIÓN

Fonema /f/

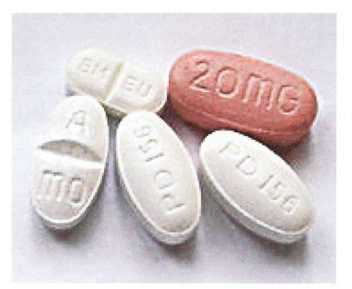

FARMACOLOGÍA

20-04

Farmacología se refiere al estudio de los efectos de los fármacos sobre un organismo. Las drogas son fármacos, pero éstos incluyen también hormonas, venenos y otras sustancias naturales y artificiales capaces de modificar el metabolismo.

Los farmacólogos investigan las propiedades físicas y los efectos fisiológicos de los fármacos. Los profesionales que se encargan específicamente de los efectos de los fármacos en el cuerpo humano se llaman farmacéuticos. En la farmacia encontramos fármacos con fines preventivos y otros destinados a curar enfermedades. Afortunadamente, los farmacéuticos descubren cada año sustancias antes desconocidas que pueden transformar significativamente el futuro de la salud humana.

🐚 PROBLEMA DE FONOLOGÍA

El tagalo es el idioma nacional de las Filipinas y uno de los seis más hablados en los Estados Unidos. Pertenece a la familia austronesia pero se ha calculado que hasta la tercera parte de su vocabulario viene del castellano y su léxico cuenta también con muchas palabras inglesas.

En las palabras que se ven a continuación, ¿cuáles son las correspondencias que se obtienen entre las obstruyentes labiales del español o del inglés y las del tagalo? Específicamente, ¿cómo se realizan en el tagalo la /f/ española y la /v/ inglesa?

Tagalo	*Inglés*	*Tagalo*	*Inglés*
barbula	valve	**pabrika**	factory
pabula	fable	**pranela**	flannel
Pebrero	February	**prutas**	fruit
kabayo	horse	**telebisyon**	TV
opisina	office	**drayber**	driver
paborito	favorite	**pamilya**	family

20-05

El español y el tagalo se parecen en que ninguno de los dos tiene el fonema /v/. En el tagalo, sin embargo, este hueco en el inventario de fonemas se extiende a la /f/ también; esto significa que simplemente no hay labiodentales—ni sordos ni sonoros. (Obsérvese que uno de los nombres del idioma filipino es *pilipino*, reflejando la falta de labiodentales.)

A ver si Ud. puede parear cada palabra tagala con su significado en inglés:

paha	drug store
perokaril	vase
posporo	pin
plurera	fiddle
sakripisyo	belt
kape	match
parmasya	coffee
biyolin	railroad
puwersa	offering
alpilir	record player
ponograpo	force

INVESTIGACIÓN

En el capítulo 17 se habló de la aspiración y pérdida de la F inicial latina que produjo, como consecuencia, casos de *h* ortográfica en el español moderno donde otras lenguas (el inglés, el portugués, el catalán y el francés, por ejemplo) conservan la *f* en sus cognados.

LATÍN	ESPAÑOL	PORTUGUÉS	INGLÉS
FURNU	horno	forno	furnace
FILIA	hija	filha	affiliate, filial
FOLIA	hoja	folha	foliage
FUMU	humo	fumo	fumes
FICU	higo	figo	fig
FALCONE	halcón	falcão	falcon

Dijimos entonces que era precisamente por esa pérdida de la /f/ latina que la *f* ortográfica aparecía con mucha menos frecuencia en español que en francés, italiano, portugués, inglés o alemán. Ahora Ud. va a poner a prueba esa afirmación haciendo una tarea y contemplando las manifestaciones actuales del cambio histórico F > /h/ > Ø.

1. Examine un diccionario inglés-español para comparar el grosor del apartado de la <f> en cada lengua. Hágalo informal pero sistemáticamente, contando (por ejemplo) el número de páginas de la *efe* española y de la *efe* inglesa y calculando el porcentaje del total que representa en cada caso. ¿Cuál de los idiomas tiene más palabras con <f>? ¿Por qué? Recuerde que el inglés tiene también muchas palabras que empiezan con <ph>, otra representación ortográfica del fonema /f/. Búsquelas en el diccionario y agréguelas al total que sacó anteriormente para la <f>. ¿Es todavía más impresionante ahora la diferencia entre las dos lenguas?

2. Si la F latina se aspiró y luego se perdió, dejando la huella que es la <h> ortográfica moderna, ¿por qué existen hoy en día palabras españolas con /f/? Saque una lista de 20 palabras españolas que tengan *f* inicial. ¿Cómo se explica que no se perdió la consonante hace mil años?

Fonema /t͡ʃ/

[t͡ʃi.t͡ʃa.ˈron]

[eʎ.t͡ʃi.t͡ʃa.ˈro.ˈnes.ˈpjeɭ.de.ˈt͡ʃaɲ.t͡ʃo.ˈfri.ta ‖ el.ˈmun̪.dojs.ˈpa.no.ˈa.ðis.fɾu.ˈta.ðo.ˈsjem.pɾe.t͡ʃi.t͡ʃa.ˈro.nez.ðe.ˈmu.t͡ʃos.ˈti.pos | tan̪.ˈti.pi.kos.ˈto.ðos.ko.mo.lo.ˈso.neʎ.t͡ʃo.ˈri.so | la.saʎ.t͡ʃi.ˈpa.paj.los.t͡ʃu.ros.koɲ.t͡ʃo.ko.ˈla.te ‖ los.t͡ʃi.t͡ʃa.ˈro.nes.ˈswe.len.ˈser.kɾu.ˈxjeɲ.tez.jes.ˈtar.ˈje.noz.ðe.ˈɣɾa.sa | em̩.ˈfin | pa.ra.t͡ʃu.ˈpar.se.loz.ˈðe.ðos]

[ˈo.jen̪.ˈdi.a.ˈmu.t͡ʃos.t͡ʃi.ko.si.ˈt͡ʃi.kas.se.pɾe.o.ˈku.pam.por.la.sa.ˈlu.ði.ˈko.mem.ˈme.nos.t͡ʃi.t͡ʃa.ðe.ˈt͡ʃaɲ.t͡ʃo ‖ de.ˈe.t͡ʃo | los.t͡ʃi.riŋ.ˈgi.to.si.t͡ʃar.ku.te.ˈri.as.se.ˈaŋ.kom.ber.ˈti.ðo.eɲ.t͡ʃi.kle.ˈri.a.so.eŋ.xu.ɣe.ˈri.az.ðon̪.de | a.ˈpar.te.ðe.loz.li.ˈkwa.ðoz.ðe.par.t͡ʃi.taj.le.ˈt͡ʃo.sa | ˈsir.βen.ˈna.t͡ʃos.koɲ.ˈke.so | t͡ʃa.ˈlu.paz.βe.xe.ta.ˈrja.na.si.ˈt͡ʃis.kej.ðe.t͡ʃi.ri.ˈmo.ja ‖ lo.ˈβwe.no.ˈes.ke.tam.ˈbjeɲ.tje.neɲ.t͡ʃi.t͡ʃa.ˈro.ne.seɲ.t͡ʃi.ˈla.ðos | pe.ro.a.ˈo.ra.ˈe.t͡ʃoz.ðe.a.ˈri.naj.ser.ˈβi.ðos.koɲ.t͡ʃam.ˈpan]

🕮 LECTURA TRANSCRITA

Fonema /t͡ʃ/

CHICHARRÓN

21-01

El **ch**i**ch**arrón es piel de **ch**an**ch**o frita. El mundo hispano ha disfrutado siempre **ch**i**ch**arrones de mu**ch**os tipos, tan típicos todos como lo son el **ch**orizo, la sal**ch**ipapa y los **ch**urros con **ch**ocolate. Los **ch**i**ch**arrones suelen ser crujientes y estar llenos de grasa—en fin, para **ch**uparse los dedos.

Hoy en día mu**ch**os **ch**icos y **ch**icas se preocupan por la salud y comen menos **ch**i**ch**a de **ch**an**ch**o. De he**ch**o, los **ch**iringuitos y **ch**arcuterías se han convertido en **ch**iclerías o en juguerías donde, aparte de los licuados de par**ch**ita y le**ch**osa, sirven na**ch**os con queso, **ch**alupas vegetarianas y **ch**eesecake de **ch**irimoya. Lo bueno es que también tienen **ch**i**ch**arrones en**ch**ilados, pero ahora he**ch**os de harina y servidos con **ch**ampán.

ARTICULACIÓN Y ACÚSTICA

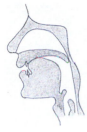

[t͡ʃ]   africada palatal sorda

DISTRIBUCIÓN FONOLÓGICA

La africada /t͡ʃ/ se encuentra casi siempre en posición inicial de sílaba, donde se mantiene africada y sorda en la pronunciación normativa.

/t͡ʃ/ → [t͡ʃ]

charco	[ˈt͡ʃaɾ.ko]
leche	[ˈle.t͡ʃe]
archivo	[aɾ.ˈt͡ʃi.βo]
lechuga	[le.ˈt͡ʃu.ɣa]
chancho	[ˈt͡ʃaɲ.t͡ʃo]
colcha	[ˈkoʎ.t͡ʃa]

21-02

VEO VEO

Busque entre los dibujos…

chaqueta

charco

chica

chicharra

chicle

chihuahua

Chile

chimenea

chimpancé

china, China

chincheta

chinchilla

chispa

chocolate

chorizo

chupete

churros

21-03

INVESTIGACIÓN

Cocina típica

Hablando con hispanohablantes de diferentes regiones (o buscando en Internet), trate de aparear cada receta típica con sus ingredientes y su país de origen. De paso, practique la pronunciación de los platos, ya que todos tienen el fonema /t͡ʃ/.

INGREDIENTES O DESCRIPCIÓN	COMIDA O BEBIDA TÍPICA	PAÍS
maíz, nata, huevo, harina, azúcar	**silpancho**	**Chile**
almidón, grasa, huevo, queso, sal, anís	**guineos verdes en escabeche**	**Ecuador**
yema de huevo, leche, cuajo, azúcar, canela	**anticuchos**	**México**
agua, chufas, azúcar	**sancocho dominicano**	**España**
corazón de vaca en pinchitos	**chancletas**	**Venezuela**
harina, carne, cebolla, aceituna, huevo duro	**chinchulines al limón**	**Panamá**
paca, achicote, leche de coco, vinagre, tomate	**chongos zamoranos**	**Paraguay**
papas, mantequilla, cebolla, queso, huevo frito	**empanada chilena**	**Perú**
carne de res, pan molido (se sirve con arroz, papas, huevo frito y sarsa de cebolla, tomate y locoto)	**paca con leche de coco**	**Puerto Rico**
güisquiles, pasas, almendras, agua	**llapingachos**	**República Dominicana**
tripas, sal, limón	**cachapas de jojoto**	**Colombia**
pollo, cerdo, res, yuca, papa, plátano, ñame, yautía, auyama, maíz, ají, perejil, cebolla roja, ajo, cilantro, caldo, vinagre	**chicheme**	**Argentina**
guineos verdes, vinagre blanco, aceite de oliva, cebolla, hoja de laurel, pimienta negra, sal, ajo, aceitunas (o alcaparras)	**chipa**	**Bolivia**
maíz pilado, leche, vainilla, azúcar (o miel), canela, hielo	**horchata de chufa**	**Guatemala**

TRANSCRIPCIÓN

Fonema /t͡ʃ/ (y repaso del fonema /x/)

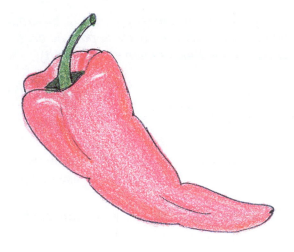

CHILE

21-04

El **ch**ile es un fruto de ori**g**en americano. En Mé**x**ico hay mu**ch**ísimas variedades y son de mu**ch**os colores y tamaños. Son populares en todas partes el **ch**ile colorado y el **j**alapeño. El **ch**ile **ch**ilaca, de Guana**j**uato y **J**alisco, mide unos diecio**ch**o cms. de largo y sólo 2 ó 3 de an**ch**o. De Oa**x**aca vienen el **ch**ile ma**ch**o, el **ch**ilhuacle, el **ch**ilcostle y el **ch**iltepe y del Valle de Mé**x**ico tenemos el **ch**ile poblano, conocido seco como **ch**ile an**ch**o. En el norte de Mé**x**ico tienen el gua**j**illo, de color ro**j**o o anaran**j**ado, y el "pico de pá**j**aro", que mide apenas una pulgada. Otro favorito es el **ch**ipotle, que resulta ser un **j**alapeño ahumado. El hua**ch**inango es un **j**alapeño grande. En Mé**x**ico, la expresión "a medios **ch**iles" significa "borra**ch**o".

Chile también es un país. Su nombre no tiene nada que ver con el **ch**ile, aunque el país tiene forma de **ch**ile **ch**ilaca. Es más, en **Ch**ile el **ch**ile se conoce por el nombre *ají*.

∞ PROBLEMA DE FONOLOGÍA

Las descripciones presentadas arriba nos pueden hacer pensar que los fonemas /f/ y /t͡ʃ/ carecen de alófonos contextualmente determinados. En realidad, esa generalización no tiene en cuenta dos aspectos fonéticos que merecen nuestra consideración: (1) la variación dialectal y (2) la apariencia de dichos fonemas en la coda silábica.

En cuanto a lo dialectal, hay que reconocer que la *efe* no es siempre labiodental y la *che* no es necesariamente africada. En la sierra ecuatoriana, por ejemplo, se oye [ˈxe.ɸe] *jefe* y [ˈɸɾan.sja] *Francia*, con una *efe* bilabial. La consonante [ɸ] sigue siendo fricativa y sorda, pero ya no es labiodental como la [f]. ¿En qué sentido encaja mejor este sonido en el inventario español de fonemas consonánticos? ¿Hay otras consonantes labiodentales en el castellano?

De la misma manera, encontramos en varios rincones del mundo hispanohablante (por ejemplo, en Andalucía, en Panamá y en Chile, entre otros lugares) pronunciaciones tales como [ˈo.ʃo] *ocho* y [ˈʃi.ko] *chico*, con una *che* fricativa. La consonante [ʃ] sigue siendo sibilante, alveopalatal y sorda, como la [t͡ʃ], pero ya no tiene el componente oclusivo que caracteriza a la africada. ¿Hay otro fonema consonántico en el inventario español con el que se pueda comparar el fonema /t͡ʃ/?

Cuando empezamos a describir el sistema fonológico de una lengua—tal como hemos hecho en este curso con el castellano—pronto apreciamos las simetrías y paradigmas: la vocal alta anterior /i/ tiene su pareja posterior /u/, y cada una tiene su deslizada correspondiente que aparece bajo las mismas condiciones; las oclusivas sordas /p/, /t/, /k/ tienen parejas sonoras /b/, /d/, /g/; etcétera. ¿Qué ocurre, entonces, con /f/ y /t͡ʃ/? ¿En qué sentido son anomalías en el inventario consonántico del español? ¿Qué modificaciones tendrían que sufrir para encajar mejor?

El segundo aspecto curioso es el hecho de que estos fonemas aparezcan casi exclusivamente en el ataque silábico. No nos debe sorprender que en tal posición no sufran modificaciones; lo que nos parece sospechoso es que tengan una extensión tan limitada. De hecho, cuando insistimos un poco y aguzamos las orejas, nos damos cuenta de que sí existen casos de /f/ y /t͡ʃ/ finales de sílaba. Por regla general, esto ocurre en palabras algo rebuscadas o en préstamos recientes, pero no importa; hay palabras de uso diario que obligan a los hablantes a resolver el misterio fonológico que nos concierne: ¿cómo diablos se van a pronunciar los fonemas /f/ y /t͡ʃ/ en la coda silábica? ¿Podrán mantener su integridad fonémica en ese contexto, o se neutralizarán con otra(s) consonante(s)? Y, ¿con cuál(es)?

¿Qué opina Ud.? Quizá las siguientes palabras le sirvan de modelo: *difteria, oftalmología, naftalina, Afganistán, sándwich.*

∽ | NOCIONES AFINES

El fonestema

El fonestema es un sonido o una secuencia de sonidos que se asocia con una noción semántica sin constituir un morfema. En inglés un ejemplo del fonestema es el grupo consonántico /sn/ que se encuentra en posición inicial de muchas palabras relacionadas con la nariz: *sniff, snort, sneeze, snout,* etcétera. Observe que estas palabras no se pueden dividir en dos morfemas. En el caso de *snout*, por ejemplo, si asignamos el significado *nariz* al grupo consonántico *sn-*, ¿qué significará *-out*? En fin, es la palabra entera *snout* lo que significa *hocico*, a pesar de que su relación con otras palabras en *sn-* no parece ser un accidente lingüístico.

Otro fonestema es la secuencia inicial /gl/ asociada aparentemente con el reflejo de luz: *glisten, gleam, glitter, glare,* etcétera. ¿Qué otras palabras inglesas contienen los dos fonestemas mencionados?

En español se ha dicho que la frecuencia con la que aparece la consonante /t͡ʃ/ en jergas y palabrotas sugiere que puede tener valor fonestemático. ¿Se le ocurren algunos ejemplos? Quizá sea relevante que /t͡ʃ/ sea el único fonema africado, o que esta consonante aparezca tan a menudo en hipocorísticos y otros juegos lingüísticos basados en el lenguaje infantil.

En la canción "Chilanga banda" del grupo mexicano Café Tacuba, hay muchísimas palabras con /t͡ʃ/. Pero, ¡Dios mío! ¿Qué significarán?

∽ | MUESTRA MUSICAL

CHILANGA BANDA

Canta: Café Tacuba (México)

Diríjase a nuestro sitio web para que tenga acceso a la letra, la música
y más información sobre las muestras musicales no incluidas en el CD.

Fonemas /m/, /n/, /ɲ/

[mon̪.ˈta.ɲa]

[laz.mon̪.ˈta.ɲas.ˈso.ne.mi.ˈnen.sjas.xe.o.ˈlo.xi.kaz.ðe.ˈɣra.
ne.le.βa.ˈsjon.res.ˈpeɣ.to.al̪.te.ˈre.no.sir.kun̪.ˈdan̪.te ‖ ˈpwe.ðe.neŋ.kon̪.ˈtrar.
seɲ.ɟa.ˈnu.ra.so.em.paj.ˈsa.xez.ˈmwi.aɣ.si.ðen̪.ˈta.ðos ‖ lojm.por.ˈtan̪.te.ˈno.
ˈes.swal̪.ˈtu.ra.so.βrel.ni.ˈβel̪.del.ˈmaɾ | si.no.su.pro.mi.ˈnen.sja | el.
kon̪.ˈtras.ten̪.tre.su.ˈpi.koj.su.ˈβa.se]

[ˈa.sja.ˈe.sel.kon̪.ti.ˈnen̪.te.ˈmaz.mon̪.ta.ˈɲo.so ‖ es.ˈpa.ɲaj.ˈme.xi.ko.
ˈtje.nem.me.ˈse.taz.ðe.βas.ˈtan̪.te.al̪.ˈtu.ra | pe.ro.ˈno.ˈson̪.tam.mon̪.ta.ˈɲo.sos.
ko.mo | po.ɾe.ˈxem.plo | lo.ˈsoɲ.ˈt͡ʃi.le.joɲ.ˈdu.ras ‖ em.pa.ˈi.ses.ko.mow.
ɾu.ˈɣwaj | ˈno.ˈaj.niŋ.ˈgu.na.mon̪.ˈta.ɲa.ðe.ˈɣra.ne.le.βa.ˈsjon]

[a.koŋ.ˈka.ɣwa | e.nar.xen̪.ˈti.na | ˈez.la.mon̪.ˈta.ɲa.ˈma.ˈsal̪.ta.ðe.
a.ˈme.ri.ka ‖ e.nel.ne.ˈβa.ðo.sa.ˈxa.ma | ˈum.bol.ˈkam.bo.li.ˈβja.no | seŋ.
ˈkwen̪.tra.el.ˈβos.ke.ðe.las.ˈke.ɲwas | el.ˈma.ˈsal̪.to.ðel.ˈmuŋ.do ‖
la.ˈsi.ma.ðel.βol.ˈkaɲ.t͡ʃim.bo.ˈra.so.ˈe.sel.ˈpi.ko.ˈma.ˈsal̪.to.ðe.
le.kwa.ˈðoɾ | ˈi | se.ˈɣuŋ.ˈkwen̪.tan.loz.βul.ka.ˈno.lo.ɣos | el.ˈpun̪.to.ˈmaz.ˈle.xoz.
ðel.ˈnu.kle.o.ðe.la.ˈtje.ra | ˈgra.sja.sa.la.ˈfor.ma.o.βa.ˈla.ða.ðel.pla.ˈne.ta]

∞ LECTURA TRANSCRITA

Fonemas nasales: /m/, /n/, /ɲ/

MONTAÑA

22-01

Las montañas son eminencias geológicas de gran elevación respecto al terreno circundante. Pueden encontrarse en llanuras o en paisajes muy accidentados; lo importante no es su altura sobre el nivel del mar, sino su prominencia—el contraste entre su pico y su base.

Asia es el continente más montañoso. España y México tienen mesetas de bastante altura, pero no son tan montañosos como, por ejemplo, lo son Chile y Honduras. En países como Uruguay, no hay ninguna montaña de gran elevación.

Aconcagua, en Argentina, es la montaña más alta de América. En el Nevado Sajama, un volcán boliviano, se encuentra el Bosque de las Queñuas, el más alto del mundo. La cima del Volcán Chimborazo es el pico más alto del Ecuador y, según cuentan los vulcanólogos, el punto más lejos del núcleo de la tierra, gracias a la forma ovalada del planeta.

El contraste entre consonantes orales y nasales

Se produce un sonido nasal cuando el velo del paladar no se adhiere a la pared faríngea y la corriente de aire consigue subir a la cavidad nasal durante la fonación. Estudie los dibujos que se presentan a continuación y verá que la posición del velo del paladar define el contraste entre sonidos orales y nasales.

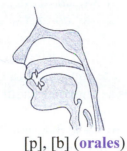 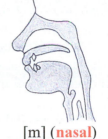

BILABIALES: [p], [b] (**orales**)   vs.   [m] (**nasal**)

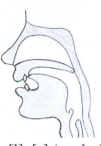 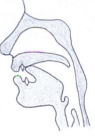

ALVEOLARES: [l], [ɾ] (**orales**)   vs.   [n] (**nasal**)

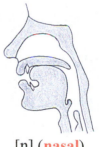

PALATALES: [ɟ], [ʎ] (**orales**)   vs.   [ɲ] (**nasal**)

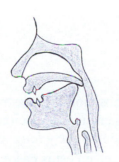 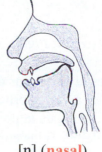

VELARES: [k], [g] (**orales**)   vs.   [ŋ] (**nasal**)

La asimilación nasal

En principio, hay tres fonemas nasales en español: /m/, /n/ y /ɲ/. La existencia de estos fonemas produce contrastes como los siguientes:

<table>
<tr><td>En posición inicial de palabra:</td><td>Entre vocales, dentro de la palabra:</td></tr>
<tr><td>*mato* vs. *nato* vs. *ñato*</td><td>*cama* vs. *cana* vs. *caña*</td></tr>
<tr><td>*mapa* vs. *napa* vs. *ñapa*</td><td>*doma* vs. *dona* vs. *doña*</td></tr>
</table>

En todas estas palabras las consonantes nasales aparecen en posición inicial de sílaba. En términos del prototipo silábico CV, el ataque es la parte consonántica de la sílaba; es lógico, entonces, que el mayor número de contrastes se encuentre aquí.

En posición final de sílaba, estos contrastes fonémicos no se dan, por dos razones. Primero, en el léxico del español, hay pocas palabras que terminan en -*m* (y entre ellas poquísimas, como *álbum* y *¡pum!*, que son de uso corriente) y no hay ninguna que termine en -*ñ*. Segundo, los contrastes entre una consonante nasal y otra se neutralizan en posición final de sílaba debido a la asimilación—incluso en las palabras escritas con -*m* ortográfica final.

Ya hemos visto que los hablantes del español se simplifican la vida, articulatoriamente hablando, al hacer ajustes entre la pronunciación de un sonido y otro. Uno de estos ajustes—que llevan el nombre general de asimilación—se practica entre las consonantes nasales y las consonantes que les siguen. En todos estos casos, la consonante nasal se produce en el punto de articulación de la siguiente consonante:

[m] bilabial: *e*n *Vitoria, I*n*maculada*

[ɱ] labiodental: *e*n*frascar*

[n̪] dental: *A*n*tonio, i*n*dividuo*, (y *e*n*cinta* donde existe el fonema /θ/)

[n] alveolar: *e*n*suciar, i*n*negable, e*n *Libia, E*n*rique*

[ɲ] palatal: *e*n*chilada, e*n*yesar*

[ŋ] velar: *i*n*glés, e*n *Colombia, i*n*geniero*

La coda es la parte más débil de la sílaba, y en esta posición las consonantes son vulnerables a varios procesos que producen cambios en su articulación. (Observe que la nasal /n/ del inglés también se modifica en palabras como *ink* y *long*, pronunciándose velar [ŋ] debido a las consonantes velares que le siguen en estos casos.)

Desde luego, una vocal no puede producir cambios en el punto de articulación de las consonantes nasales, por la sencilla razón de que las vocales no tienen punto de articulación. Además, delante de vocal las consonantes nasales están en posición inicial de sílaba, donde no se borran los contrastes fonémicos (excepto entre palabras).

Hay que dar cuenta de un detalle más. La [ŋ] velar, de origen asimilatorio, se ha extendido para muchos hablantes a posición final de palabra ante pausa, o cuando la palabra siguiente empieza por vocal. En muchos dialectos (Andalucía, Canarias, Galicia, el Caribe, América Central y parte de la región andina) se oye, por ejemplo, *¿Quién?* ['kjeŋ] o *¿Quién es?* ['kje.'ŋes].

ARTICULACIÓN Y ACÚSTICA

Fonemas nasales del español:

/m/	nasal bilabial sonora	*cama*	/'kama/	['ka.ma]	
/n/	nasal alveolar sonora	*cana*	/'kana/	['ka.na]	**22-02**
/ɲ/	nasal palatal sonora	*caña*	/'kaɲa/	['ka.ɲa]	

Alófonos nasales del español:

[m]	nasal bilabial sonora	*un pico* ['um.'pi.ko], *un beso* ['um.'be.so], *un vaso* ['um.'ba.so], *un mito* ['um.'mi.to]
[ɱ]	nasal labiodental sonora	*un faro* ['uɱ.'fa.ɾo]
[n̪]	nasal dental sonora	*un taco* ['un̪.'ta.ko], *un dedo* ['un̪.'de.ðo], *un cero* ['un̪.'θe.ɾo], *un zapato* ['un̪.θa.'pa.to]
[n]	nasal alveolar sonora	*un litro* ['un.'li.tɾo], *un rico* ['un.'ri.ko], *un sábado* ['un.'sa.βa.ðo], *un nido* ['un.'ni.ðo], *un cero* ['un.'se.ɾo], *un zapato* ['un.sa.'pa.to]
[ɲ]	nasal palatal sonora	*un chico* ['uɲ.'t͡ʃi.ko], *un yate* ['uɲ.'ʝa.te], *un hielo* ['uɲ.'ʝe.lo], *un ñu* ['uɲ.'ɲu]
[ŋ]	nasal velar sonora	*un coche* ['uŋ.'ko.t͡ʃe], *un kilo* ['uŋ.'ki.lo], *un queso* ['uŋ.'ke.so], *un gato* ['uŋ.'ga.to], *un giro* ['uŋ.'xi.ɾo], ['uŋ.'χi.ɾo], ['uŋ.'hi.ɾo], *un jarro* ['uŋ.'xa.ɾo], ['uŋ.'χa.ɾo], ['uŋ.'ha.ɾo], *un hueso* ['uŋ.'we.so]

DISTRIBUCIÓN FONOLÓGICA

En posición inicial de sílaba, las consonantes nasales se mantienen distintas:

/m/ → [m] / $ ___   •ca*m*a
/n/ → [n] / $ ___   •ca*n*a
/ɲ/ → [ɲ] / $ ___   •ca*ñ*a

22-03

En la coda silábica, las nasales se neutralizan, adquiriendo el punto de articulación de la consonante siguiente:

[m] ante bilabial   •*ho*m*bre, u*n* pico, álbu*m* bonito*
[ɱ] ante labiodental   •*é*n*fasis, u*n* faro, álbu*m* feo*
[n̪] ante dental   •*to*n*to, u*n* día, álbu*m* dorado*
  (o ante interdental, en España: •*o*n*za, u*n* zapato, álbu*m* cerrado*)
[n] ante alveolar   •*ga*n*so, co*n*struir, u*n* lago, álbu*m* rojo*
[ɲ] ante palatal   • *hi*n*cha, u*n* yate, álbu*m* lleno, u*n* hielo*
[ŋ] ante velar, uvular o glotal   •*ho*n*go, Jua*n* José, u*n* gato, álbu*m* gris, u*n* hueco*

En posición final de palabra ante pausa o vocal ("con él", "quiero pan"), hay dos manifestaciones comunes:

[ŋ] velar   en Andalucía, Canarias, Galicia, el Caribe, América
                 Central y parte de la región andina   •*con él* [ko.ˈŋel]
[n] alveolar   en otras regiones   •*con él* [ko.ˈnel]

APLICACIÓN

¿Cuál es el punto de articulación de cada nasal?

Mire**n** bie**n** para ver si e**n**cue**n**tra**n** u**n** hueco.
    1   2   3   4   5   6

Pó**n**gale una i**n**yecció**n** al chico que e**n**tró co**n** Fra**n**cisco.
   7   8   9   10   11   12

Do**n** Pa**n**cho le ate**n**derá e**n** seguida.
  13   14   15   16

Va**n** co**n** perros e**n** busca del ladró**n**, segú**n** cuentan Yola**n**da y E**n**rique.
  17 18   19   20   21   22   23   24

🙰 CULTURA LINGÜÍSTICA

Un chiste formulaico: la exageración

Hay un tipo de chiste, popular en todo el mundo hispanohablante, que sigue una fórmula fija en la que es notable la asimilación nasal. Se trata de las *exageraciones* constituidas por una estructura como la siguiente: se menciona un protagonista (*un tipo, una casa,* etcétera), se describe usando el adverbio *tan* más un adjetivo (*feo, inteligente, pequeñita*), se repite la frase descriptiva (por ejemplo, *tan grande, tan grande*) y luego viene el conector *que* y una "burrada" (o sea, un comentario totalmente ridículo en el que reside el chiste).

Claro que a nosotros nos interesa la asimilación que se puede apreciar entre la nasal final de la palabra *tan* y el primer segmento del adjetivo, sobre todo si éste comienza con una consonante no alveolar.

Era	*una casa*	*tan*	*grande*	*tan*	*grande*	*que ...*
		[ŋ	g]	[ŋ	g]	
Es	*un tipo*	*tan*	*feo*	*tan*	*feo*	*que ...*
		[ɱ	f]	[ɱ	f]	
Tenía	*los ojos*	*tan*	*bonitos*	*tan*	*bonitos*	*que ...*
		[m	b]	[m	b]	

En las exageraciones que aparecen a continuación, hay asimilación en todos los puntos de articulación de las nasales, desde el más anterior ([m]) hasta el más posterior ([ŋ]). ¿A Ud. le sale natural en todos los casos?

🙰 TEXTOS DE PRÁCTICA

Exageraciones

22-04

Era un pueblo tan pobre, tan pobre, que el arco iris se veía en blanco y negro.

Era un tío tan feo, tan feo, que cuando nació, su madre se entregó a la policía.

Es una adivina tan buena, tan buena, que además del futuro, adivina el condicional y el pluscuamperfecto del subjuntivo.

Era una persona tan enana, tan enana, que cuando se sentaba en el suelo le colgaban los pies.

Mi colega tenía la cabeza tan pequeña, tan pequeña, que no le cabía la menor duda.

Era una casa tan grande, tan grande, que la familia tardaba varios días en reunirse.

Era un tipo tan alto, pero tan alto que se tropezó un viernes y cayó el domingo.

Era tan viejo, tan viejo, que cuando iba al colegio no había clases de historia.

Era una señora tan educada, pero tan educada que al abrir una lata de atún decía:
¿Se puede?

Tenía la boca tan pequeña, tan pequeña, que para decir tres tenía que decir uno, uno, uno.

Era una casa tan chiquita, pero tan chiquita que cuando llevaron un cuadro de la Santa Cena, los apóstoles se quedaron afuera.

Era tan conformista, tan conformista, que se cayó de un quinto piso y se consoló pensando que tenía que bajar por tabaco.

Era tan tontín, tan tontín, que le llamaban campana.

APLICACIÓN

¿Cuál es el punto de articulación de cada nasal?

Algunos principios de geometría plana

Dos triángulos son congruentes
        1   2   3   4

si coinciden en en dos lados y el ángulo comprendido.
   5   6 7   8   9   10

Dos líneas rectas no pueden cruzarse en más de un punto.
    11   12   13   14 15   16   17

La razón de la circunferencia de un círculo al diámetro es constante.
     18   19   20   21   22   23 24

⊗ | CULTURA LINGÜÍSTICA

El santoral

La iglesia católica ha ejercido un efecto fuerte sobre el idioma español. Desde luego, hoy en día no todos los hispanohablantes son cristianos, y los que sí lo son pertenecen a muchas denominaciones y sectas. De todas formas, todos usan diariamente expresiones que surgen de una historia católica tradicional.

Un ejemplo se encuentra en los nombres de los santos, héroes de la historia eclesiástica. Los santos figuran en refranes (*en el coche de San Fernando: un rato a pie y otro andando*) así como en frases hechas (*llegarle a uno su sanmartín*) y abundan en nombres de ciudades (*San Francisco, San Luis Obispo, Santiago*) y otros topónimos (*Cerro Santa Elena, Río San Juan*). Como en muchas partes del mundo católico, el santoral (la lista de los santos y sus días conmemorativos) es la fuente más confiable de nombres propios del mundo hispano.

Tradicionalmente, a un niño se le ponía el nombre según la fecha de su nacimiento. Dado que el 22 de enero era el día de San Vicente, por ejemplo, los niños que nacían ese día se llamaban Vicente. (De ahí viene la costumbre del "día del santo" que se celebra como un cumpleaños. Antiguamente el día del santo *era* el cumpleaños.)

⊗ | EN EQUIPO

Lean los nombres de los santos que aparecen en el calendario y presten atención a la asimilación de las nasales: Sa[n] Ramón *pero* Sa[m] Bartolomé. *¿Reconocen la mayoría de los nombres? ¿Son comunes hoy en día en español? ¿Y en inglés?*

Siguiendo la práctica tradicional, ¿qué nombre se le pondría a un niño que nace el 6 de agosto? ¿el 20 del mismo mes? ¿el 22? ¿el 7?

∞ INVESTIGACIÓN

¿Puede adivinar qué santo se celebra el 14 de febrero? ¿el 25 de diciembre? ¿el 6 de enero? ¿el 17 de marzo? (Algunos de esos días son importantes en todos los países de tradición cristiana, inclusive en ambientes seculares.)

Dos "santos" nuevos

Pregunte a sus compañeros hispanohablantes si han oído hablar de estos dos "santos". ¿Podría explicar los juegos de palabra?

San Guibin. *(¿En qué mes se celebrará? ¿En qué país?)*

San Guchito. *(¿Qué es?¿De dónde vendrá el nombre?)*

Dr. Gustavo López Especialista en enfermedades mentales y nerviosas. Consultas a domicilio, por teléfono, o por e-mail. **42 años de práctica diaria y sin vacaciones**. Consultorios en La Habana, Miami y Madrid. Ofrezco esperanza y lo asisto en los trámites de inmigración. Puedo leerle la mano tan bien como la cabeza. Consúlteme y no se arrepentirá. Se aceptan cheques, tarjetas de crédito, cash, estilla, fulas y pollos o plátanos. Available las 24 horas del día, los siete días de la semana, los doce meses del año, incluyendo San Guibin y Crismas.

---

http://www.habanaelegante.com/Fall2001/Ecos.html

REPETICIÓN RÁPIDA

ñ

La eñe no es demasiado común en posición inicial de palabra, pero a continuación se presentan quince palabras que Ud. puede usar para practicar el sonido de la nasal palatal.

ñoño	ñandutí	ñato
ñoña	ñu	ñajo
ñame	ñaque	ñaño
ñapa	ñoclo	ñaña
ñandú	ñoqui	ñam ñam

22-05

TEXTOS DE PRÁCTICA

Mafalda. (Quino, argentino)

VEO VEO

Fonema /ɲ/

Todos estos dibujos corresponden a palabras que contienen /ɲ/. Pronúncielas bien.

22-06

 1.

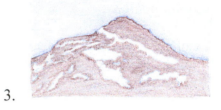 2.

 3.

 4.

 5.

 6.

 7.

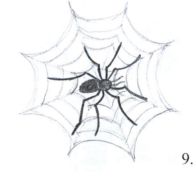 8.

 9.

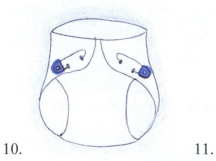 10.

 11.

 12.

QUE POR CIERTO...

En los crucigramas, se usan solamente letras mayúsculas y las tildes sobre las vocales no se escriben. Con la letra *ch* se llenan dos casillas en vez de una; así la *ch* de una palabra horizontal puede coincidir con la *c* o la *h* de la palabra vertical que se entrecruza con ella. La *ll* recibe el mismo trato, escribiéndose como dos eles en vez de una letra. No obstante, la identidad de la *ñ* no se compromete: la tilde de esa consonante siempre se escribe, no dejando nunca que se lea como una *ene*.

NOCIONES AFINES

El seudopréstamo

La *eñe* es asociada con la identidad lingüística española no sólo en el mundo hispano sino por hablantes de otras lenguas también. Los anglohablantes, por ejemplo, ven la tilde como un artefacto tan español que a veces la usan en préstamos que no la tienen en su forma española original. Así es el caso de la palabra *habañero* que se nos presenta en la publicidad del restaurante Skyline Chili vista en la foto. En español, *habanero* es el

adjetivo que se refiere a algo o a alguien de la ciudad de La Habana, y el *chile habanero* es un tipo de chile (o ají) muy picante. Consta que ni *La Habana* ni *habanero* se escriben con tilde, pues su consonante nasal es alveolar, no palatal. No obstante, muchos norteamericanos anglohablantes suponen que "correctamente" deben escribir la tilde, dado que esa ortografía les parece más auténtica (y luego son capaces de pronunciar la palatal también). Se equivocan, y terminan produciendo una forma demasiado española—"hiperespañola", se le podría decir—que los mismos hispanohablantes no reconocerían. El préstamo, entonces, tiene un defecto, visto desde la perspectiva de su lengua original; pero el defecto no reside en la nativización (anglización) de la palabra, sino en lo contrario: es un "hiperextranjerismo" que se ha hecho demasiado español al pasar al inglés. Este tipo de préstamo falso se llama **seudopréstamo**.

🕮 TRANSCRIPCIÓN

UN PATRÓN PARA INTERNET

22-07

El arcángel San Gabriel ha sido elegido Patrón de Internet, según informa un grupo de cibernautas. Ahora sólo tienen que convencer al Vaticano.

Votaron miles de personas, ganando San Gabriel por su papel de mensajero, pues fue quien anunció la encarnación de Dios, según la tradición bíblica. Es también patrón de los locutores de radio, y en la tradición musulmana es quien dictó El Corán a Mahoma. Con tanta facilidad de palabra, tiene sentido que nos proteja también en chats, en foros y con el e-mail.

Otros candidatos fueron Santa Tecla, por su nombre; San Isidoro de Sevilla, protector de las letras hispánicas, a quien muchos consideran creador de una de las primeras bases de datos; Santa Rita, encargada de las causas imposibles; San Andrés, un pescador que indudablemente sabía mucho de redes; y San Pedro Regalado, popular en Valladolid, donde dicen que se trasladó milagrosamente de un convento a otro sin que los demás hermanos se dieran cuenta.

TRANSCRIPCIÓN

SIMÓN BOLÍVAR

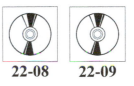

22-08   22-09

Simón José Antonio de la Santísima Trinidad Bolívar Palacios y Blanco fue un famoso político y militar sudamericano. Nació en Venezuela, luchó por su independencia y fue el propulsor de un gran plan para la unificación de Sudamérica con un fuerte gobierno central capaz de impedir la reconquista española.

A principios del siglo XIX, Simón Bolívar encabezó la confederación conocida como la Gran Colombia, pero murió sin llevar a cabo el Plan Bolivariano en su totalidad. Hoy en día, se venera al "Libertador" en muchos países. Hasta en Chile la Universidad Bolivariana lleva su nombre, y varios presidentes sudamericanos actuales hablan frecuentemente de la unificación política y económica del continente.

🐞 TEXTOS DE PRÁCTICA

RONDA DEL CON
David Chericián (Cuba)

22-10

Noche con luna,
día con sol,
lluvia con agua,
mata con flor.

Guagua con rueda,
rumba con son,
yuca con mojo,
pan con lechón.

Puerta con llave,
luz con farol,
pero con para,
para con por.

Todos con uno,
uno con dos
y yo contigo,
contigo yo.

∞ | PROBLEMA DE FONOLOGÍA

¿Qué significan las siguientes palabras compuestas? ¿Cuáles son las formas que se han combinado para formarlas? Describa las asimilaciones nasales que figuran en cada caso.

ciempiés
también
balompié
tentempié

Ahora fíjese en las palabras inglesas que se dan a continuación. ¿Se asimilan las nasales? ¿Cómo las tendería a pronunciar un hispanohablante?

lambchop
songbird
ding-dong
humdinger
ringfinger
dimwit

A pesar de su ortografía "moderna" o "extranjera", las palabras siguientes también sufren modificaciones al pasar al español cotidiano. ¿Cómo se pronunciarán?

hámster
álbum
ping-pong
King Kong
gángster
CD-ROM

23 [ka.ˈpi.tu.lo.βejn̪.ti.ˈtɾes]

Fonema /l/

[la.ˈβa.na]

[la.ˈβa.na.ˈez.la.ka.pi.ˈtal̪.de.ˈku.βa.jel.pɾin.si.ˈpal.ˈsen̪.tɾo. po.ˈli.ti.ko | kul̪.tu.ˈɾa.li.ko.meɾ.ˈsjal̪.de.la.ˈiz.la ‖ es.ˈta.lo.ka.li.ˈsa.ða.en.la. ˈpaɾ.te.oɣ.si.ðen̪.ˈtal̪.del.pa.ˈis | e.nel.ˈɣol.fo.ðe.ˈme.xi.ko.aw.noz.ðo.ˈsjen̪.tos. ki.ˈlo.me.tɾoz.ðe.la.flo.ˈɾi.ða]

[el.ma.ˈjo.ɾa.e.ɾo.ˈpweɾ.to.ðel.pa.ˈis | el.xo.ˈse.maɾ.ˈti | fa.si.ˈli.ta.e. laɣ.ˈse.so.a.la.ˈβa.na.ðez.ðe.leɣs.te.ɾjóɾ | jal.ˈpweɾ.to.ˈje.ɣaŋ. kɾu.ˈse.ɾoz.ðel.ˈɾes.to.ðel.ˈmun̪.do | sal.ˈβo.ðe.lo.ses.ˈta.ðo.su.ˈni.ðos]

[la.lim.ˈpje.sa.ðe.las.ˈka.je.si.la.βi.xi.ˈlan.sja.po.li.ˈsjaʎ.ˈja.man.la. ten.ˈsjo.nal̪.tu.ˈɾis.ta ‖ tam.ˈbjen̪.ˈtje.nen̪.ˈfa.majn̪.teɾ.na.sjo.ˈna.lel.βa.ˈle. na.sjo.ˈnal̪.de.ˈku.βa | el.koŋ.ˈxun̪.to.fol.ˈklo.ɾi.ko.na.sjo.ˈnal | el.fes.ti.ˈβal̪. de.ˈnwe.βo.ˈsi.ne.la.ti.no.a.me.ɾi.ˈka.no.jel.fes.ti.ˈβa.lin̪.teɾ.na.sjo.ˈnaʎ.ˈjas. ˈpla.sa]

[mun̪.ˈdjal.ˈmen̪.te.ˈes.ko.no.ˈsi.ða.lajn̪.ˈdus.tɾja.ta.βa.ka.ˈle.ɾa. βa.ˈne.ɾa ‖ al.ˈla.ðo.ðel.ka.pi.ˈto.ljo.na.sjo.ˈna.les.ˈta.lo.ka.li.ˈsa.ða.ˈu.na. ˈfa.βɾi.ka.ðe.a.ˈβa.nos]

[sjus.ˈteð.ˈβa.a.la.ˈβa.na | ˈno.se.ˈpjeɾ.ða.el.fa.ˈmo.so.ˈtel. na.sjo.ˈnal̪.de.ˈku.βa | e.nel.ma.le.ˈkon ‖ di.ˈɾi.xa.se.tam.ˈbje.nal.ˈβa.rjo. ˈt͡ʃi.no | tal.ˈβe.sel.ˈmas.fa.ˈmo.so.ðe.a.ˈme.ɾi.ka.la.ˈti.na ‖ eʎ.ˈt͡ʃi.no. to.ða.ˈβi.a.se.ˈa.βla.en.la.ˈβa.na | i.se.pu.ˈβli.ka.ˈum.pe.ˈrjo.ði.ko. se.ma.ˈna.le.ˈne.sa.ˈleŋ.gwa]

∞ LECTURA TRANSCRITA

Fonema /l/

LA HABANA

23-01

La Habana es la capital de Cuba y el principal centro político, cultural y comercial de la isla. Está localizada en la parte occidental del país, en el Golfo de México a unos 200 kilómetros de la Florida.

El mayor aeropuerto del país, el José Martí, facilita el acceso a La Habana desde el exterior, y al puerto llegan cruceros del resto del mundo (salvo de los EE.UU.).

La limpieza de las calles y la vigilancia policial llaman la atención al turista. También tienen fama internacional el Ballet Nacional de Cuba, el Conjunto Folklórico Nacional, el Festival de Nuevo Cine Latinoamericano y el Festival Internacional Jazz Plaza.

Mundialmente es conocida la industria tabacalera habanera. Al lado del Capitolio Nacional está localizada una fábrica de habanos.

Si Ud. va a La Habana, no se pierda el famoso Hotel Nacional de Cuba, en el Malecón. Diríjase también al Barrio Chino, tal vez el más famoso de América Latina. El chino todavía se habla en La Habana, y se publica un periódico semanal en esa lengua.

🕮 ARTICULACIÓN Y ACÚSTICA

En la producción de las consonantes **laterales**, la lengua obstruye la corriente de aire en el eje central de la cavidad bucal, pero deja que el aire siga fluyendo por los costados.

No es difícil apreciar la configuración de la lengua requerida para este tipo de sonido. Si Ud. coloca la lengua contra los alvéolos, como si fuera a articular una *ene* [n], y luego, sin enunciar ninguna vocal, cambia a una [l], verá que los dos lados de la lengua se mueven hacia abajo. Cambie varias veces seguidas de [n] a [l], de [l] a [n], notando cómo se sueltan los costados de la lengua para dejar pasar la corriente de aire en la producción de la lateral. En fin, la nasal requiere oclusión total (dentro de la cavidad bucal) pero que la obstrucción que produce la lateral es parcial.

El único fonema lateral que existe en todos los dialectos del español es el alveolar sonoro /l/. Alofónicamente, sin embargo, se articulan también laterales dentales y palatales. Puesto que la lengua tiene que intervenir en la producción de una consonante lateral, no puede haber laterales bilabiales o labiodentales. En el español, tampoco existen laterales velares.

En inglés la consonante lateral es esencialmente alveolar, pero sufre modificaciones que le dan un timbre bastante diferente al de la lateral española. Típicamente, la lateral inglesa se velariza: el dorso de la lengua se eleva y se aproxima al velo del paladar (normalmente sin llegar a tocar, pero hay también norteamericanos que la articulan con fricción velar). A esta lateral velarizada se le dice **ele oscura** (en inglés, "dark *l*"). Es importante que los estudiantes de español aprendan a producir la **ele clara**, evitando totalmente la **velarización** de la lateral inglesa. En los dibujos se aprecia el contraste entre las dos articulaciones.

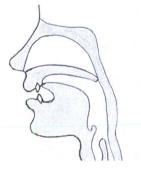

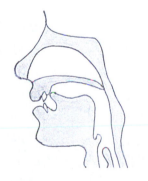

la "ele clara" del español   *la "ele oscura" del inglés*

[l] lateral alveolar sonora   [ɫ] lateral alveolar sonora velarizada

Frecuentemente, la lateral inglesa de la coda silábica se vocaliza: la lengua no toca los alvéolos y, en vez de la consonante, se produce una vocal posterior. Pronuncie las palabras inglesas *ball, apple* y *mill* y notará que la lengua no tiene que hacer contacto con nada (por lo menos dialectalmente). Esta **vocalización** de la lateral en vocal posterior es un paso natural en la lingüística histórica, y es interesante observar que es típica en el portugués brasileño (donde, por ejemplo, *Brasil* se pronuncia [brɑ.ˈziw]). No obstante, en el español moderno es un fenómeno desconocido.

❀ DISTRIBUCIÓN FONOLÓGICA

FONEMA LATERAL:

/l/   lateral alveolar sonora   *bala*   /ˈbala/   [ˈba.la]

ALÓFONOS LATERALES (DE TODOS LOS DIALECTOS) DEL ESPAÑOL:

Tal como vimos en el caso de las nasales, las laterales adquieren el punto de articulación de la consonante siguiente si es que hay una. A diferencia de las nasales, esto no ocurre ante bilabiales, labiodentales o velares, donde la lateral se mantiene alveolar.

[l]   lateral **alveolar** sonora   *el pico* [el.ˈpi.ko], *el beso* [el.ˈβe.so], *el vaso* [el.ˈβa.so], *el mito* [el.ˈmi.to]

el faro [el.ˈfa.ɾo]

23-02

[l̪]   lateral **dental** (o interdental) sonora   *el taco* [el̪.ˈta.ko], *el dedo* [el̪.ˈde.ðo], *el cero* [el̪.ˈθe.ɾo], *el zapato* [el̪.θa.ˈpa.to]

[l]   lateral **alveolar** sonora   *el litro* [el.ˈli.tɾo], *el rico* [el.ˈri.ko], *el sábado* [el.ˈsa.βa.ðo], *el nido* [el.ˈni.ðo], *el cero* [el.ˈse.ɾo], *el zapato* [el.sa.ˈpa.to]

[ʎ]   lateral **palatal** sonora   *el chico* [eʎ.ˈt͡ʃi.ko], *el yate* [eʎ.ˈʝa.te], *el hielo* [eʎ.ˈʝe.lo], *el ñu* [eʎ.ˈɲu]

[l]   lateral **alveolar** sonora   *el coche* [el.ˈko.t͡ʃe], *el kilo* [el.ˈki.lo], *el queso* [el.ˈke.so], *el gato* [el.ˈɣa.to], *el giro* [el.ˈxi.ɾo], [el.ˈχi.ɾo], [el.ˈhi.ɾo], *el jarro* [el.ˈxa.ɾo], [el.ˈχa.ɾo], [el.ˈha.ɾo], *el hueso* [el.ˈwe.so]

OTRO FONEMA LATERAL DEL ESPAÑOL DE ALGUNOS (POCOS) DIALECTOS (por ejemplo, del "castellano rural" de España septentrional, del español paraguayo y de algunas variedades andinas):

/ʎ/   lateral palatal sonora   *valla*   /ˈbaʎa/   [ˈba.ʎa]

El fonema lateral palatal se presenta en el capítulo 16, donde se explican los fenómenos dialectales de **lleísmo**, **yeísmo** y **"žeísmo"**.

REPETICIÓN RÁPIDA

Pronuncie las palabras y frases siguientes con la [l] *"clara". ¡Evite totalmente la* [ł] *velarizada ("oscura") tan típica del inglés!*

23-03

1. mil	11. alto	21. Milton
2. tal	12. salsa	22. Abel
3. sol	13. cultural	23. Virginia Occidental
4. piel	14. delantal	24. Bélgica
5. pastel	15. vuelta	25. Brownsville /ˈbrawnsbil/
6. Gil	16. último	26. El Paso del Norte
7. miel	17. balneario	27. Filadelfia
8. sal	18. toldo	28. Silvia Pinal
9. perejil	19. gentil	29. Mel Gibson /ˈmel ˈgibson/
10. brutal	20. pedestal	30. *Atracción fatal*

APLICACIÓN

Cognados *¿Cuál es la forma española de cada palabra inglesa? ¡Pronúncielas!*

1. national → *nacional*
2. calcium →
3. alcohol →
4. lethal →
5. ritual →
6. insult →
7. functional →
8. immortal →
9. cerebral →
10. institutional →

Sumas y restas *Haga las sumas y restas... ¡en voz alta!*

1. 500 + 500 =   *Quinientos y quinientos son mil.*
2. 1.000 + 1.000 =
3. 3.000 + 2.000 =
4. 6.000 + 8.000 =
5. 700 + 300 =
6. 800 + 1.200 =
7. 5.000 − 2.000 =
8. 6.000 − 1.500 =
9. 14.000 − 4.000 =
10. 14.000 − 5.000 =

MUESTRA MUSICAL

MI PERSONAJE INOLVIDABLE
Jorge Schussheim

Canta: Jorge Schussheim (Argentina)

Diríjase a nuestro sitio web para que tenga acceso a la letra, la música
y más información sobre las muestras musicales no incluidas en el CD.

 VEO VEO

Fonema /l/

Busque entre los dibujos...

23-04

alcohol	balcón	cartel	farol	papel	pluma
algas	barril	clavel	flor	pastel	pulpo
algodón	baúl	clavo	mantel	pedal	sol
almohada	calcetín	col	mil	píldoras	trébol
alto	calzoncillo	delantal	panal	pincel	

APLICACIÓN

¿Cuál es el punto de articulación de cada lateral?

La Dama de Elche es una escultura ibérica desenterrada hace un siglo en la provincia de
1   2   3   4   5

Alicante. Mide medio metro de altura y fue descubierta cerca del pueblo de Elche, en un
 6   7   8   9   10

montículo que lleva el topónimo árabe "Alcudia". El busto estuvo expuesto en el Prado y
       11   12   13   14   15

en el famoso Louvre de la capital francesa. Actualmente reside en el Museo
   16   17   18   19   20   21

Arqueológico Nacional de España. En el año dos mil seis, volvió temporalmente a su
      22   23   24   25   26   27

pueblo de origen. Algunos arqueólogos han escrito sobre el tema diciendo que se trata de
    28   29   30   31

un fraude; otros opinan que no es una dama sino un soldado. A pesar de que la dama le
                                                          32   33   34

da un aire a la Princesa Leah de *Guerra de las galaxias*, los análisis científicos aportan
             35   36   37   38   39   40

evidencia de que el pigmento y el yeso son verdaderamente antiguos.
                41   42

LA LUNA SE LLAMA LOLA
Francisco Vighi (España)

23-05

La luna se llama Lola
y el Sol se llama Manuel.
Manuel madruga; el trabajo
lo aleja de su mujer.
La Lola se queda en casa
por no quemarse la piel.
Manuel cultiva los campos:
pan, vino, aceite también;
abre camino en la nieve
del puerto en Invierno. El es
un buen cristiano; trabaja
tanto, que al anochecer,
cuando regresa a su casa
se duerme en un santiamén.

Entonces sale la Lola.
¡Es una mala mujer!
Lola se llama la Luna,
y el Sol se llama Manuel.

LIBÉLULAS
Carlos Luis Sáenz (Costa Rica)

23-06

La fiesta de las libélulas
sobre las aguas trémulas.

Oro y verde, azul y plata,
sol y sauces, cielo y agua.

¡La fiesta de las libélulas
sobre las aguas trémulas!

CULTURA LINGÜÍSTICA

Préstamos del árabe

Mientras que el resto de Europa languidecía en un periodo que se conoce como la Edad Oscura, la Península Ibérica fue testigo de innovaciones en la ciencia, en el gobierno y en las artes bajo el dominio moro, el cual duró siete siglos. El legado lingüístico de este intercambio cultural del norte de África con Europa se observa en muchas palabras de origen árabe que se usan en todo el mundo: por ejemplo, en español tenemos *algodón, jarabe, azúcar, jaque mate, naranja, cero*; y en las formas inglesas correspondientes *cotton, syrup, sugar, checkmate, orange, zero*.

No hay otra lengua europea con una huella árabe tan marcada como el español. El árabe atravesó el Estrecho de Gibraltar con los ejércitos conquistadores en el año 711, y se estima que cuando los últimos moros fueron expulsados de España en 1492, más de cuatro mil arabismos ya formaban parte del vocabulario castellano. Aunque en general estas palabras han sido incorporadas a lo que consideramos el léxico español "nativo", todavía se pueden identificar muchas de ellas porque comienzan con *al-*, el artículo definido en árabe: *alcachofa, albaricoque, almohada, alcohol, alcalde*, etcétera.

A continuación se presenta una lista de 28 préstamos del árabe, con su traducción al inglés. Practique su pronunciación, prestando atención a las laterales para que no se velaricen. ¿Puede Ud. identificar las palabras inglesas que también vienen de raíces árabes? ¿Cuáles de ellas han sido prestadas sin el artículo definido?

1.	alcachofa	artichoke	15.	albañil	bricklayer
2.	albaricoque	apricot	16.	alfiler	pin
3.	algarrobo	carob tree	17.	asesino	murderer
4.	almacén	warehouse	18.	tarifa	tariff
5.	albóndiga	meatball	19.	álgebra	algebra
6.	jarabe	syrup	20.	Guadalajara	River of Stones
7.	azúcar	sugar	21.	Guadalquivir	Big River
8.	alcohol	alcohol	22.	almíbar	nectar
9.	alcalde	mayor	23.	arroz	rice
10.	alfombra	rug	24.	aceituna	olive
11.	ámbar	amber	25.	aceite	oil
12.	almohada	pillow	26.	azotea	(flat) roof
13.	alcoba	bedroom	27.	aldea	village
14.	algodón	cotton	28.	aduana	customs-house

23-07

En el CD usted podrá escuchar estas palabras en el árabe moderno estándar. No sabía que entendía el árabe, ¿verdad?

TRANSCRIPCIÓN

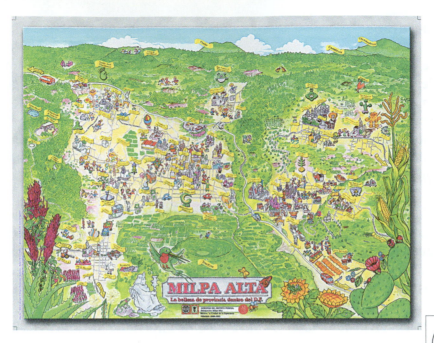

LOS MOLES DE MILPA ALTA

23-08   23-09

Milpa Alta es la zona o "delegación" menos urbanizada del Distrito Federal de México. *Milpa* significa "maizal", y la denominación "Milpa Alta" viene de los maizales de la época colonial ubicados entre varios volcanes al sur de la capital mexicana. Milpa Alta limita en el norte con la delegación de Xochimilco y en el sur con el estado de Morelos.

Milpa Alta refleja el sincretismo cultural del pueblo mexicano y los milpaltenses ofrecen festividades multicolores que mezclan valores españoles e indígenas. Quizá la más importante sea la Feria Nacional del Mole, un evento gastronómico que enfoca una gama de comidas y salsas mexicanas hechas usualmente con chiles, chocolate y semillas.

Este festival llena las calles de Milpa Alta de olores y sabores típicamente mexicanos conocidos a nivel mundial. Allí se puede probar el mole poblano, el verde, el dulce, el almendrado, el prieto, el rojo, el coloradito, el de olla y el llamado "manchamanteles".

TRANSCRIPCIÓN

EL CHUPACABRAS

23-10

El chupacabras es un animal mitológico que habita la zona rural del centro de Puerto Rico. Según relatan algunos, el monstruo le chupa la sangre a animales de granja sin destrozar el cadáver. Desde que surgió la leyenda urbana por primera vez a mediados del siglo pasado, ha vuelto a salir no sólo en el Caribe sino también en el resto de Latinoamérica y en el sur de EE.UU.

Cuenta otra leyenda que en el Lago Nahuel Huapi, en la Argentina, vive un animal desconocido al que le han puesto el nombre de Nahuelito. En el mapudungun (la lengua hablada en la zona del lago), la palabra *nahuel* significa "puma".

Otros ejemplos de criptozoología incluyen el yeti de los Himalayas, el Pie Grande del Noroeste de los Estados Unidos, el chuchuna ruso, y el famoso monstruo del Lago Ness. De todos ellos, el más malvado parece ser el chupacabras.

INVESTIGACIÓN

El sufijo -*al*: denota el lugar donde abunda cierta cosa

*El sufijo -al tiene un alomorfo -ar que nos recuerda que históricamente ha habido mucha confusión entre las dos líquidas. También nos sirve como ejemplo de la **disimilación,** puesto que, por regla general, se usa -ar precisamente donde ya hay una /l/ en la palabra original. ¿Se le ocurren otros ejemplos?*

1. arena → *arenal*
2. piedras → *pedregal*
3. caña de azúcar → *cañaveral*
4. alfalfa → *alfalfar*
5. zarzas →
6. olivos →
7. melón →
8. berenjenas →
9. maíz →
10. aguacates →
11. sal →
12. chaparras →
13. chiles →
14. charcos →
15. calabazas →
16. melocotones →
17. naranjos →
18. tomates →

¿Cómo explicaría Ud. que algarrobal *se forma con el sufijo* -al *a pesar de que la palabra original,* algarrobo, *ya tiene el fonema /l/? ¿Cómo explicaría que* cebollar *y* avellanar *se forman con* -ar, *si no tienen ningún caso de /l/?*

El sufijo -*al*: denota el árbol que produce cierto fruto.

¿Puede encontrar otros ejemplos?

1. pera →   *peral*
2. nuez →   *nogal*

Fonemas /ɾ/, /r/

[ro.ˈβeɾ.to.kle.ˈmen̥.te]

[ro.ˈβeɾ.to.kle.ˈmen̥.te.ˈfwe.ˈu.no.ðe.los.xu.ɣa.ˈðo. ɾez.ðe.ˈβejz.βol.
ˈmaz.no.ˈto.ɾjos | jel.pɾi.ˈmeɾ.la.ti.no.a.me.ɾi.ˈka.nojŋ.gɾe.ˈsa.ðo.e.nel.
sa.ˈlon̥.de.ˈfa.ma.ðe.ˈe.se.ðe.ˈpoɾ.te]

[na.ˈsjo.eŋ.ka.ro.ˈli.na.pwer.to.ˈri.ko.e.ne.ˈla.ɲo.tɾejn̥.taj.
ˈkwa.tɾoj.je.ˈɣo.al.ˈros.teɾ.ðe.los.pi.ˈɾa.taz.ðe.ˈpiz.βuɾ |
peɾ.ðe.ˈðo.ɾes.peɾ.ˈpe.twos | e.nel.siŋ.kwen̥.taj.ˈsiŋ.ko]

[ˈsjem.pɾe.se.ɾe.koɾ.ða.ˈɾa.la.tem.po.ˈɾa.ða.ðel.se.ten̥.ta.ˈju.no | en.la.ke.los.
pi.ˈɾa.taz.ɣa.ˈna.ɾo.na.lo.so.ˈɾjo.le.sen.la.ˈse.ɾje.muŋ.ˈdjal | ba.te.ˈan̥.do.
kle.ˈmen̥.te.pa.ɾa.kwa.tɾo.ˈsjen̥.tos.ka.ˈtoɾ.se.kon.ˈdos.xon.ˈro.ne.si.ˈkwa.tɾo.ka.ˈɾe.ɾa.
sim.pul.ˈsa.ðas ‖ poɾ.ˈfin.se.le.ɾe.ko.no.ˈsjo.su.ta.ˈlen̥.to.pa.ɾa.ˈβa.te.ˈaɾ |
ko.ˈɾe.ɾja.ro.ˈxaɾ.la.pe.ˈlo.ta.ðez.ðel.ˈkam.po.ðe.ˈɾe.t͡ʃo ‖ ˈfwe.
nom.ˈbɾa.ðo.el.xu.ɣa.ˈðoɾ.ˈmaz.βa.ˈljo.so]

[ˈu.ˈna.ɲo.ˈmas.ˈtaɾ.ðe | ˈu.βo.ˈuɱ.ˈfweɾ.te.te.ɾe.ˈmo.to.en.
ni.ka.ˈɾa.ɣwaj.mu.ˈɾje.ɾon.ˈsje.te.ˈmil.peɾ.ˈso.na.sem.ma.ˈna.ɣwaj.su.
sal.ɾe.ðe.ˈðo.ɾes ‖ em.pweɾ.to.ˈri.ko | ro.ˈβeɾ.to.ɾe.ko.leɣ.ˈto.ˈro.pa | di.ˈne.ɾoj.
me.ði.ˈsi.na.si.sa.ˈljo.ˈel.ˈmiz.mo.e.ˈnu.na.ˈβjoŋ.ke.kon̥.tɾa.ˈto.pa.ɾa.
pɾes.ˈtaɾ.so.ˈko.ro.lo.ˈan̥.tes.po.ˈsi.βle ‖ dez.ɣɾa.ˈsja.ða.ˈmen̥.te | e.la.ˈβjon.
ses.tɾe.ˈjo | pɾo.ðu.ˈsjen̥.do.la.ˈtɾa.xi.kaj.ɾe.pen.ˈti.na.ˈmweɾ.te.ðe.
ˈle.ro.e.βo.ˈri.kwa]

🔗 LECTURA TRANSCRITA

Fonemas /ɾ/ y /r/

ROBERTO CLEMENTE

24-01

Roberto Clemente fue uno de los jugadores de béisbol más notorios, y el primer latinoamericano ingresado en el Salón de la Fama de ese deporte.

Nació en Carolina, Puerto Rico en el año treinta y cuatro y llegó al r ó s t e r de los Piratas de Pittsburgh, perdedores perpetuos, en el 55.

Siempre se recordará la temporada del 71, en la que los Piratas ganaron a los Orioles en la Serie Mundial, bateando Clemente para .414 con dos jonrones y cuatro carreras impulsadas. Por fin se le reconoció su talento para batear, correr y arrojar la pelota desde el campo derecho: fue nombrado el Jugador más valioso.

Un año más tarde, hubo un fuerte terremoto en Nicaragua y murieron 7.000 personas en Managua y sus alrededores. En Puerto Rico, Roberto recolectó ropa, dinero y medicinas y salió él mismo en un avión que contrató para prestar socorro lo antes posible. Desgraciadamente, el avión se estrelló, produciendo la trágica y repentina muerte del héroe boricua.

Las consonantes vibrantes

En el caso de la vibrante simple /ɾ/ vs. la vibrante múltiple /r/, estamos ante un contraste que funciona únicamente en posición intervocálica. Los pares mínimos confirman el carácter limitado del contraste.

> bares vs. barres   ['ba.ɾes] vs. ['ba.res]
> para vs. parra   ['pa.ɾa] vs. ['pa.ra]
> foro vs. forro   ['fo.ɾo] vs. ['fo.ro]
> cura vs. curra   ['ku.ɾa] vs. ['ku.ra]

En las demás posiciones, se neutraliza la distinción. En posición inicial de palabra, se da sólo la vibrante múltiple.

> [r]ojo
> [r]eal
> [r]ico

En posición inicial de sílaba, dentro de la palabra, se da la variante múltiple si la sílaba anterior termina en consonante lateral, nasal o sibilante.

> al.[r]e.de.dor
> En.[r]i.que
> Is.[r]a.el

No hay ninguna diferencia entre la vibrante de las palabras anteriores, y la que aparece en posición inicial de palabra.

> el [r]aro
> en [r]uta
> es [r]eal

Una consonante lateral, nasal o sibilante no puede combinarse con una vibrante para formar un grupo consonántico en el ataque. Las demás consonantes sí pueden combinarse con una vibrante y, como resultado, la vibrante no queda en posición inicial de sílaba. En estos casos, se da la vibrante simple:

> a.b[ɾ]a.zar
> a.c[ɾ]ó.ba.ta
> a.d[ɾ]e.de
> a.f[ɾ]i.ca.na
> a.g[ɾ]a.de.ci.do
> a.p[ɾ]en.der
> a.t[ɾ]ás

🔗 ARTICULACIÓN Y ACÚSTICA

[ɾ]   vibrante simple alveolar sonora

[r]   vibrante múltiple alveolar sonora

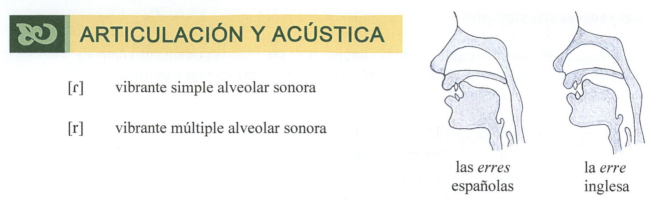

las *erres*
españolas

la *erre*
inglesa

La [r] múltiple no existe en inglés, pero la [ɾ] simple sí. En el inglés norteamericano, la
/d/ de *bu<u>dd</u>y*, *sha<u>d</u>y* y *lea<u>d</u>er* y la /t/ de *nu<u>tt</u>y*, *Ka<u>t</u>y* y *wa<u>t</u>er* se pronuncian con una vibrante
simple. (La *erre* inglesa, por otro lado, es una **aproximante** retrofleja, en la producción
de la cual la lengua no llega a hacer contacto con nada.)

🔗 DISTRIBUCIÓN FONOLÓGICA

Las vibrantes se distinguen fonémicamente sólo entre vocales, donde la ortografía nos
indica claramente cuál de los fonemas es en cada caso. La simple se escribe con una *r* y
la múltiple se escribe con dos:

/ɾ/ → [ɾ] / V ___ V   • *coro, pero, para, bares, el bar es*

/r/ → [r] / V ___ V   • *corro, perro, parra, barres*

24-02

En los demás contextos, se neutraliza la distinción:

*La vibrante siempre se refuerza (es decir, se hace múltiple) en posición inicial de
palabra o cuando va precedida de nasal, lateral o sibilante:*

/ɾ/ → [r] / {#, /n/, /l/, /s/} ___   • *rico, Enrique, alrededor, Israel*

*Otros contextos tienden a favorecer la simple. (Cuando está en el ataque pero no
es inicial de sílaba, la múltiple suena enfática o artificial.)*

/ɾ/ → [ɾ] en los demás contextos   • *tres, arte, mar*

Ésta es la primera vez que una regla nuestra de fonología hace referencia a la *posición
inicial de palabra*, algo que se hace formalmente mediante el sígno de número (#). Hasta
ahora nos hemos referido en varias ocasiones a la posición inicial de *frase* (##), lo cual
significa "después de pausa", pero la posición inicial de *palabra* no ha sido relevante para
los demás fonemas. En este sentido, la *erre* presenta un caso único.

Resumiendo, podemos afirmar que la *erre* múltiple se escribe *rr* entre vocales (*corro*) y *r* en posición inicial de palabra (*rico*). El único otro contexto en el que aparece es en posición inicial de sílaba cuando la sílaba anterior termina en consonante (*Enrique, alrededor, Israel*). Y las demás *erres* suelen ser simples (*coro, tres, arte, mar*).

APLICACIÓN

¿Vibrante simple o múltiple?

Ricardo y Enriqueta son costarricenses. Viven en San Pedro, cerca de la Universidad
1   2   3   4   5   6   7

de Costa Rica. La Carretera Panamericana pasa a tres o cuatro cuadras de su
          8   9   10   11   12   13   14

departamento. Enriqueta trabaja con computadoras y Ricardo dirige un coro.
    15   16   17   18   19 20   21   22

1. _____   12. _____
2. _____   13. _____
3. _____   14. _____
4. _____   15. _____
5. _____   16. _____
6. _____   17. _____
7. _____   18. _____
8. _____   19. _____
9. _____   20. _____
10. _____   21. _____
11. _____   22. _____

REPETICIÓN RÁPIDA

[ɾ] vibrante simple alveolar sonora

> CONSEJOS PRÁCTICOS. El sonido de la vibrante simple [ɾ] del español existe en el inglés norteamericano, donde es un alófono de los fonemas /d/ y /t/ en ciertos contextos intervocálicos. Escuche cuidadosamente la /t/ de *Betty* y se dará cuenta de que se pronuncia con la vibrante simple, como si esa palabra fuera *Beɾi* en español. No debe ser difícil para el anglohablante, entonces, producir la *erre* simple española. El problema no es *fisiológico*, sino *sicológico*, pues hay que aprender a asociar ese sonido con la letra *r*.

ORTOGRAFÍA DE /ɾ/

1. paró
2. ladra
3. carne
4. tratar
5. progresar
6. por eso

PARES MÍNIMOS /ɾ/, /d/

1. hora, oda
2. decires, decides
3. toro, todo
4. ira, ida
5. tratara, tratada
6. mirara, mirada
7. cera, ceda
8. mira, mida
9. cara, cada
10. arara, arada
11. helara, helada
12. harán, Adán

ENGLISH/ESPAÑOL

24-03

1. *pot o' tea*/para ti
2. *lotta*/Lara
3. *sweater*/suero
4. *beat a...*/vira
5. *he'd (h)a(ve) done it*/girará
6. *oughta be*/árabe
7. *gotta help*/garaje

PALABRAS INVENTADAS

1. hiricar
2. neretún
3. mocrobel
4. tricorba

FORMAS INESPERADAS

1. milagro
2. Argelia
3. apropiado
4. huracán
5. embarazada

ಐ **VEO VEO**

Identifique los dibujos. Todos corresponden a palabras que contienen /ɾ/ simple.

/ɾ/ simple intervocálica: **V.ɾV**

24-04

1.   2.   3.

4.   5.   6.

/ɾ/ simple preconsonántica (de la coda silábica): **Vɾ.C**

24-05

7.   8.   9.

10.   11.   12.

/ɾ/ *simple posconsonántica (del ataque silábico):* **.CrV**

24-06

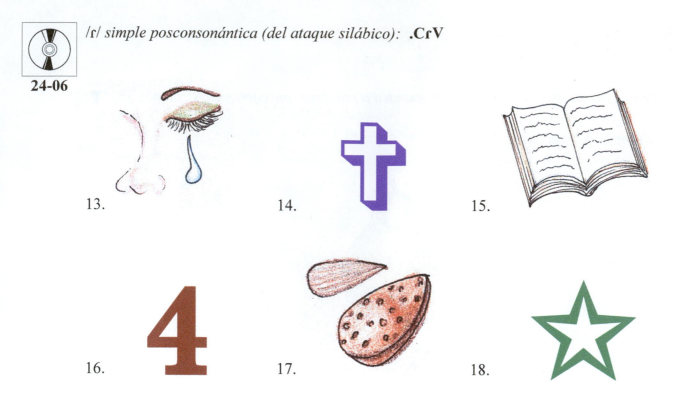

La erre *simple en varias posiciones:* *¿Qué ve? ¿Cuántos ve? ¿De qué color son?*

24-07

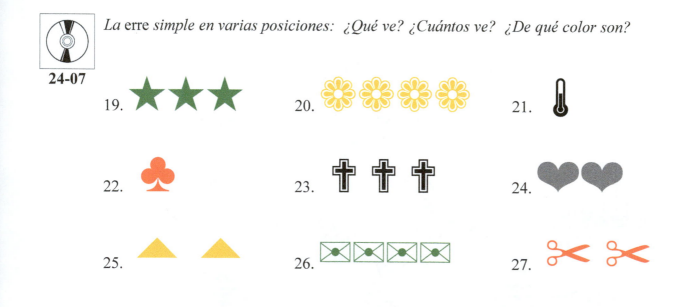

Oficios de un oficiero

David Chericián (Cuba)

24-08

Hace primos el primero,
hace trovas el trovero,
hace casas el casero,
hace cuentos el cuentero,
hace sombras el sombrero,
hace plomos el plomero,
hace bolas el bolero,
hace puertas el portero,
hace tintas el tintero,
hace sones el sonero,
hace cartas el cartero,
hace cuatros el cuatrero,
hace bombas el bombero,
hace potros el potrero,
hace plumas el plumero,
hace cantos el cantero,
hace locos el loquero
y agujas el agujero...

Disparates, compañero,
dispara el disparatero.

∞ | REPETICIÓN RÁPIDA

[r] vibrante múltiple alveolar sonora

CONSEJOS PRÁCTICOS. La *erre* múltiple no es simplemente la articulación de varias *erres* simples consecutivas; de hecho, sería imposible producir una vibrante múltiple de esta manera. Lo que hay que hacer es colocar la lengua en el lugar apropiado, mantenerla tensa de cuerpo pero suelta de punta y dejar que la corriente de aire actúe sobre el ápice para que éste empiece a vibrar.

ORTOGRAFÍA DE /r/
1. rojo
2. marrón
3. Costa Rica
4. costarricense
5. enriquece
6. alrededor
7. israelí

FORMAS INESPERADAS
1. jonrón
2. Marilyn Monroe
3. ronronear
4. copyright (con /r/ múltiple)

OTRAS FORMAS
INTERESANTES CON /r/
1. desregulación
2. exrepublicano
3. posreducción
4. Nemrod
5. Pueyrredón
6. virrey (< VICE REGIS)

24-09

PALABRAS INVENTADAS
1. ronrito
2. gurradón
3. chorrimar
4. ulrapés
5. enruno

MANTENIMIENTO DE LA VIBRANTE MÚLTIPLE
Hay que escribir <rr> en palabras compuestas o derivadas si la vibrante múltiple se encuentra entre vocales:

1. político + religioso → *politicorreligioso*
2. (ácido) des + oxi + ribo + nucleico → *desoxirribonucleico*
3. vice + rector →
4. Monte + Rey →
5. multi + regional →
6. re + rico →
7. bi + racial →
8. anti + robo →
9. semi + retardado →
10. tapa + rabos →
11. greco + romano →
12. porta + retratos →
13. castaño + rojizo →
14. contra + revolucionario →

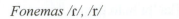 **VEO VEO**

Identifique los dibujos. Todos corresponden a palabras que contienen /r/ múltiple.

24-10

1.

2.

3.

4.

5.

6.

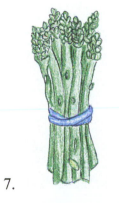

7.

8.

9.

REPETICIÓN RÁPIDA

Erres simples y múltiples

PARES MÍNIMOS /ɾ/, /r/
1. para, parra
2. coro, corro
3. vara, barra
4. moro, morro
5. bario, barrio
6. pero, perro
7. aras, arras

COMBINACIONES DIFÍCILES
1. rareza
2. agarrar
3. retratar
4. terrestre
5. arbóreo
6. arrastrar
7. cerraré

24-11

EJERCICIO DE PRÁCTICA
Siga el modelo:

Rojo y amarillo hacen anaranjado.
1. azul + amarillo ...
2. blanco + negro ...
3. azul + rojo ...
4. rojo + blanco ...
5. azul + rojo + amarillo ...

Verde menos amarillo hace azul.
6. morado – azul ...
7. gris – blanco ...
8. anaranjado – rojo ...

INVESTIGACIÓN

¿De dónde es un(a)...

1. ...puertorriqueña?
2. ...francés?
3. ...argelino?
4. ...madrileña?
5. ...peruano?
6. ...inglesa?
7. ...gibraltareño?
8. ...húngaro?
9. ...californiana?
10. ...marroquí?

11. ...costarricense?
12. ...nigeriana?
13. ...coreana?
14. ...londinense?
15. ...neoyorquino?
16. ...ruso?
17. ...iraquí?
18. ...salvadoreña?
19. ...turca?
20. ...griego?

APLICACIÓN

¿Vibrante simple o múltiple?

EL ROBLE Y LA ENREDADERA
    1   2   3

En una selva húmeda tropical, cierto día emergió del suelo
                      4   5   6

una plantita. Por primera vez salía a la superficie después
               7 8 9   10

de originarse de una semilla; cuando vio a su alrededor, no
  11   12   13   14

encontró a otra plantita pequeña, pero sí observó que
   15   16   17   18

estaba rodeada de unos árboles gigantescos, …
    19   20

Para leer el resto del cuento, diríjase al sitio patrocinado por el Instituto de Hidrología, Meteorología y Estudios Ambientales, adscrito al Ministerio de Ambiente, Vivienda y Desarrollo Territorial de Colombia:

http://www.ideam.gov.co/ninos2/cv_na02.htm

🎙 CULTURA LINGÜÍSTICA

La letra *erre*

Para la Real Academia Española (RAE), el nombre de la letra <r> es *erre* [ˈe.re], pronunciado con la vibrante múltiple. Se dice, por ejemplo, que la palabra *caro* se escribe "con una *erre*", y que *carro* se escribe "con dos *erres*" o "con *erre* doble". En algunos países americanos, en contraste, se enseña que hay una letra *ere* <r> y otra *erre* <rr>; en esos países, se diría que *caro* se escribe "con *ere*" y *carro* "con *erre*". Escuche la canción "El cocherito leré" y preste atención a la ortografía del nombre *María*. ¿Es con *erre* o *ere*?

🎙 MUESTRA MUSICAL

EL COCHERITO LERÉ
Canción infantil

Canta: Esperanza Roselló Morgan (España)

El cocherito leré

Me dijo anoche leré

Que si quería leré

Montar en coche leré

24-12

Y yo le dije leré

Con gran salero leré

No quiero coche leré

Que me mareo leré

El nombre de María

Que cinco letras tiene

La M, la A, la R, la I, la A

María

APLICACIÓN

¿Vibrante simple o múltiple?

El ornitorrinco "pico de pato" es un mamífero ovíparo. Recorre los
  1   2   3   4 5   6

ríos australianos desde la era de los dinosaurios. Su madriguera,
7   8   9   10   11   12

hecha siempre cerca del agua, le proporciona refugio de los predadores
              13   14   15 16   17   18   19

y alberga a las hembras y a sus crías. Las madres reconstruyen las
      20   21   22   23 24   25

entradas cada vez que entran o salen para proteger a sus pequeños.
    26   27   28 29   30

*Para leer más sobre el ornitorrinco pico de pato y otros temas afines,
suscríbase a* National Geographic en español *o diríjase a su página web:*

http://ngenespanol.com

∞ EN EQUIPO

Identifiquen de dónde viene cada uno de estos equipos de las Grandes Ligas de béisbol.
(Tengan cuidado al pronunciar los primeros 17 porque tienen casos de /r/ o /ɾ/.)

los Cardenales	los Cerveceros	los Diamantes
los Piratas	los Padres	los Atléticos
los Rojos	los Guardabosques	los Gigantes
los Medias Rojas	los Mantarrayas	los Mellizos
los Tigres	los Astros	los Azulejos
los Bravos	los Marineros	los Medias Blancas
los Cachorros	los Esquivadores	los Indios
los Serafines	los Orioles	los Nacionales
los Reales	los Yanquis	los Filis

∞ INVESTIGACIÓN

El béisbol es sumamente popular en los países del Caribe, y muchos de los jugadores de las Grandes Ligas son latinoamericanos. Por supuesto, el deporte tiene su propio vocabulario en español, y hay muchos sitios web dedicados a "la pelota". Ud. puede encontrar información en la sección de deportes de los periódicos de Puerto Rico, la República Dominicana, Cuba o Venezuela; empiece en http://www.zonalatina.com y haga clic en NEWSPAPERS. Otro sitio en lengua española es el de las Ligas Mayores, en http://www.mlb.com/es. (¡No se pierda la entrevista con el dominicano Sammy Sosa hecha por el mexicano Oscar Soria!)

Busque en la prensa los términos que se usan en español para referirse a...

inglés	español	fuente bibliográfica (por ejemplo, periódico, fecha)
pitcher		
shortstop		
catcher		
RBIs		
World Series		
all-star game		
MVP		
outfielder		
post-season		
base on balls		
to strike out		

MUESTRA MUSICAL

LA RANA
M. Sánchez

Canta: Sparx (Estados Unidos)

La rana, la rana
Sentada cantando debajo del agua
Cuando la rana salió a cantar
Vino la mosca y la hizo callar

La mosca, la mosca
La rana, la rana
Sentadas cantando debajo del agua
Cuando la mosca salió a cantar
Vino la araña y la hizo callar

La araña, la araña
La mosca, la mosca
La rana, la rana
Sentadas cantando debajo del agua
Cuando la araña salió a cantar
Vino el gato y la hizo callar

El gato
La araña
La mosca
La rana
Sentados cantando debajo del agua
Cuando el gato salió a cantar
Vino el perro y lo hizo callar

El perro, el perro
El gato, el gato
La araña, la araña
La mosca, la mosca
La rana, la rana
Sentados cantando debajo del agua
Cuando el perro salió a cantar
Vino la vaca y lo hizo callar

La vaca, la vaca
El perro, el perro
El gato, el gato
La araña, la araña
La mosca, la mosca

La rana, la rana
Sentados cantando debajo del agua
Cuando la vaca salió a cantar
Vino el toro y la hizo callar

El toro, el toro
La vaca, la vaca
El perro, el perro
El gato, el gato
La araña, la araña
La mosca, la mosca
La rana, la rana
Sentados cantando debajo del agua
Cuando el toro salió a cantar
Vino el hombre y lo hizo callar

El hombre, el hombre
El toro, el toro
La vaca, la vaca
El perro, el perro
El gato, el gato
La araña, la araña
La mosca, la mosca
La rana, la rana
Sentados cantando debajo del agua
Cuando el hombre salió a cantar
Vino la suegra y lo hizo callar

La suegra, la suegra
El hombre, el hombre
El toro, el toro
La vaca, la vaca
El perro, el perro
El gato, el gato
La araña, la araña
La mosca, la mosca
La rana, la rana
Sentados cantando debajo del agua
Cuando la suegra salió a cantar
Nadie la pudo callar

☙ TEXTOS DE PRÁCTICA

EL BURRO ENFERMO
Anónimo, poema infantil

24-14

A mi burro, a mi burro
le duele la cabeza,
el médico le ha puesto
una corbata negra.

A mi burro, a mi burro
le duele la garganta,
el médico le ha puesto
una corbata blanca.

A mi burro, a mi burro
le duelen las orejas,
el médico le ha puesto
una gorrita negra.

A mi burro, a mi burro
le duelen las pezuñas,
el médico le ha puesto
emplasto de lechugas.

A mi burro, a mi burro
le duele el corazón,
el médico le ha dado
jarabe de limón.

A mi burro, a mi burro
ya no le duele nada,
el médico le ha puesto
jarabe de manzana.

LA ESCUELA DE RATONES
María Elena Walsh (Argentina)

24-15

Tríquiti tras, tríquiti tras,
la trompa delante y el rabo detrás.

Los ratones van a la escuela
de noche, con una vela.

Ratones tuertos con anteojos,
ratones con bonetes rojos,
ratones llenos de puntillas,
ratones en zapatillas.

Aprenden a comer queso
y después se dan un beso.
Aprenden a mover la cola
y a bailar en la cacerola.

La maestra dibuja en la harina
el mapa de la cocina.
Les muestra fotografías
de gatos en comisarías,
y cuando no hacen los deberes
los pincha con alfileres.

Los ratones vienen de la escuela
con un cuaderno y una vela.

Tríquiti tras, tríquiti tras,
la trompa delante y el rabo detrás.

Tutú Marambá © Alfaguara, 2000

TRABALENGUAS

24-16

1. No me mires que miran que nos miramos,
   y si miran que nos miramos,
   dirán que nos amamos.

2. El perro de San Roque
   no tiene rabo
   porque Ramón Ramírez
   se lo ha robado.

3. Fortín está fortificado
   por fuerzas federales,
   por fuerzas federales
   fortín está fortificado.

4. Principio principiando,
   principio quiero,
   por ver si principiando,
   principiar puedo.

5. Había un perro
   debajo de un carro,
   vino otro perro
   y le mordió el rabo.

6. Erre con erre cigarro
   Erre con erre barril
   Rápido corren los carros
   Cargados de azúcar del ferrocarril.

©1996 Jeff Bucchino

24-17

PERRO

Usted sabrá lo que es un perro, pero ¿cómo lo definiría? ¿Cuáles son los rasgos "caninos" que distinguen al perro de los demás animales? En el *Diccionario de la Real Academia Española* de 1947, se encuentra la descripción que se repite en el siguiente párrafo.

"[El] perro [es un] mamífero carnicero doméstico, de tamaño, forma y pelaje muy diversos, según las razas, pero siempre con la cola de menor longitud que las patas posteriores, una de las cuales suele alzar el macho para orinar."

¿Qué le parece? ¿Se le ocurren otros criterios más apropiados para determinar si un mamífero es un perro?

¡APROVECHE LAS REBAJAS!

24-18

En un centro comercial de Madrid ofrecen aparatos electrónicos a precios increíbles. Los ordenadores personales tienen los mejores procesadores y vienen con monitor pivotable y 3 años de garantía.

Por 49€ quiero comprar el reproductor MP3 con ecualizador que reproduce audio, foto y vídeo y que tiene batería recargable. Mi mujer quiere un receptor GPS que tenga pantalla táctil y mapas de Europa, pero aún en oferta valen caros.

Hay una radio para el coche con lector de USB y de tarjetas de memoria; reproduce MP3 y CD y hace búsqueda automática de frecuencias. La impresora láser tiene una velocidad de impresión de 14 páginas por minuto, resolución rebuena, bandeja de entrada de 40 hojas y memoria de 2 megabytes. Si compramos un reproductor de DVD portátil por 130 euros, nos regalan una bolsa de transporte, una batería y un control remoto.

¡Hay que aprovechar, que todo está rebién de precio!

plan remóvil

la mayor oferta de **ADSL** en **The Phone House**

tu viejo móvil vale dinero

-30€
portabilidad, contrato y migración

ahora, con cualquier contrato

am9na
TU LIBERTAD.

PLAN REMÓVIL **-30€** con un contrato Amena

-15€
portabilidad, contrato y migración

vodafone

Euskaltel

-10€
prepago, libres, Puntos y Renove

vodafone

am9na

Euskaltel

Teléfonos Libres

Puntos Vodafone | Plan Renove de Amena

-5€
¡sin compra!

DINERO TPH
Incluso si no te llevas nada ahora, te compramos tu viejo móvil

Dinero The Phone House limitado a 3 unidades por persona

Plan Remóvil limitado a tres descuentos por cliente y día, el 2º y 3ᵉʳ remóvil será valorado en 5€.

cómo disfrutar el descuento del Plan Remóvil

Ahorra dinero con el Plan Remóvil al comprar un teléfono de contrato, prepago, libre, con Puntos Vodafone o con el Plan Renove de Amena. Conseguir uno de los 4 tipos de descuentos del Plan Remóvil es muy fácil:

1
entrega tu viejo móvil en cualquier tienda The Phone House

2
el teléfono debe poder encenderse con su batería

3
debes entregar: el teléfono con su batería y cargador original

4
debe presentarse con todas sus piezas y sin desperfectos externos

5
si no entregas el cargador: obtendrás el 50% del descuento que corresponda

Promoción no canjeable por dinero. The Phone House se reserva el derecho de cambiar las condiciones de la promoción. El vale descuento es aplicable a cualquier compra realizada en The Phone House, excepto tarjetas de recarga, recargas electrónicas, melodías, logos y seguros. Podrá utilizarse el vale durante los 6 meses siguientes a la fecha de emisión del mismo. El uso del Plan Remóvil está limitado a tres descuentos por cliente y día.

tenemos los mejores precios.
GARANTIZADO

The Phone House
Damos vida a tu móvil
19

INVESTIGACIÓN

Paree cada palabra con su definición o sinónimo.

control remoto	máquina de fotografiar
teléfono móvil	enchufe para el cable USB, por ejemplo
auricular	ordenador
cámara	aparato
computadora	ocho bits
dispositivo	memoria de acceso aleatorio
puerto externo	mando a distancia
RAM	dígito binario
disco duro	diálogo en línea, en tiempo real
correo electrónico	conversación en línea entre varios usuarios
chat	e-mail
mensajería instantánea	la menor unidad de una imagen digital
bit	pantalla
byte (pronunciado [bájt])	celular
monitor	disco rígido
píxel	audífono

Otros términos de interés: *¿Cómo los definiría?*

periférico

placa madre

impresora

escáner

ordenador de sobremesa/ordenador portátil

lector de tarjetas de memoria

reproductor de DVD

impresora de chorro de tinta

∞ | NOCIONES AFINES

El trueque de líquidas

Hemos observado que las vibrantes españolas, /ɾ/ y /r/, se distinguen solamente entre vocales: *coro, corro*. En posición inicial de palabra y después de /n/, /l/ o /s/, la *erre* siempre se hace múltiple, y en los demás entornos esperamos encontrar la simple.

La coda silábica es uno de los contextos en los que **se neutralizan** los dos fonemas vibrantes. Es más, en algunos dialectos esta neutralización entre vibrantes se extiende al fonema lateral, creando una neutralización conocida como el **trueque** (es decir, intercambio) **de líquidas**. Varían sus manifestaciones fonéticas según el dialecto, pero lo que tienen en común todos estos casos de neutralización de líquidas es la falta de distinción entre vibrantes y laterales en la coda. A continuación señalaremos tres casos en particular.

En el habla popular de Puerto Rico, por ejemplo, es sumamente común la **lateralización** de la /ɾ/. Una líquida, sea /ɾ/ o /l/, se realiza como lateral en la coda:

    puerta [ˈpwel̪.ta]   *mujer* [mu.ˈhel]   *el balcón* [el.βal.ˈkoŋ]

En el habla popular andaluza (es decir, en el sur de España), es más común el **rotacismo** de la /l/. Las líquidas de la coda silábica se realizan como vibrante simple [ɾ] (aunque también es típica la elisión de la vibrante final):

    puerta [ˈpweɾ.ta]   *mujer* [mu.ˈhe]   *el balcón* [eɾ.βaɾ.ˈkoŋ]

Otra manifestación fonética de esta "confusión" de líquidas es su **vocalización** (en inglés, *liquid gliding*) en una deslizada anterior [j]. Este fenómeno caracteriza el habla popular cibaeña, siendo el Cibao la zona norte de la República Dominicana:

    puerta [ˈpwej.ta]   *mujer* [mu.ˈhej]   *el balcón* [ej.βaj.ˈkoŋ]

Lo que tienen en común estos tres tipos de trueque de líquidas es que, como en cualquier caso de neutralización contextual, se borra una distinción fonémica que existe en otros entornos. Hay que recordar que /ɾ/ y /l/ siguen teniendo valor fonémico en los tres dialectos mencionados, dado que *paro/palo* y *crónico/clónico* existen como pares mínimos, pues es solamente en la coda donde se neutralizan las líquidas.

Conviene observar también que, en un sentido panhispánico, todo trueque de líquidas es rechazado por un gran número de hablantes por ser un fenómeno popular y estigmatizado. No deja de ser sumamente común (y hasta apropiado) en muchos lugares y situaciones, pero siempre cabrá la posibilidad de que lleve algún grado de estigma entre ciertos hablantes cultos y en los registros más formales.

Retomamos el tema de la neutralización de líquidas en el capítulo 26, donde hablamos de nuevo sobre la variación dialectal. En las muestras musicales tenemos numerosísimos ejemplos de lateralización de /ɾ/, rotacismo de /l/ y la vocalización de líquidas.

🎵 PROBLEMA DE FONOLOGÍA

El enunciado que se transcribe a continuación aprovecha la vocalización de líquidas, la elisión de /s/ y la ultracorrección para imitar el habla de la zona norte de la República Dominicana. ¿Qué significa? Analice esta pronunciación dialectal.

$$['u\underset{\sim}{n}.'di.t\widehat{\int}o.si.\beta a.'e.\textrm{ɲo}]$$

[si.ˈfi.o   ˈpjej.ðo.lo.ˈmi.os]
[si.ˈpɾe.to   aj.ko.ˈβɾaj.mo.ˈle.to]
[si.ˈðoj   ˈuŋ.ke.ˈβɾa\underset{\sim}{o}.ˈsoj]
[i.poj.ˈto.ˈe.to   ni.ˈfi.o   ni.ˈðoj   ni.ˈpɾe.to]

ℳ | NOCIONES AFINES

Otras *erres* dialectales

A pesar del trueque de líquidas y otras modificaciones que sufre la *erre* simple (en la coda o en contacto con otras consonantes), este fonema es notablemente estable en posición intervocálica. En todo el mundo hispanohablante, el fonema /ɾ/ se realiza como tal (es decir, vibrante simple alveolar sonora) cuando se encuentra entre vocales. Es también notoria la distinción que hace la lengua española entre /ɾ/ y /r/, ejemplificada por el par mínimo *coro/corro* y muchos otros.

Lo que no es tan panhispánico es la realización de /r/ como vibrante múltiple alveolar sonora. El alófono [r] es el que se enseña en los textos, pero en realidad el fonema se realiza de muchas maneras, hasta en el habla de los hablantes más cultos de algunos dialectos donde se desconoce por completo la vibrante múltiple alveolar sonora. En lo que sigue, presentamos tres de las variantes más destacadas.

En todo el Caribe, la *erre* múltiple se ensordece. Cuando es alveolar, va acompañada de aspiración. Usamos el símbolo [h] de la aspiración glotal, enlazado con el de la *erre* múltiple alveolar [r] para representar la ***erre* múltiple preaspirada** (o "coarticulada" con la fricativa glotal): [h͡r]. Si queremos reconocer esa aspiración como simplemente el ensordecimiento de la vibrante, podemos escribir un círculo debajo de la *erre:* [r̥]. Escuche las *erres* cubanas de la muestra siguiente:

arroz
rico
burro
Ramón
arregla

24-19

Para algunos puertorriqueños y dominicanos, la coarticulación de la vibrante alveolar y la aspiración glotal ha creado un sonido híbrido que se produce entre esos dos puntos de articulación. Se trata de una vibrante múltiple uvular sorda [ʀ̥], la cual se realiza también como fricativa uvular [χ] o velar [x]. El fenómeno se conoce como **velarización** o **uvularización**. Escuche las *erres* uvularizadas de un hablante de Cabo Rojo, Puerto Rico:

arroz
rico
burro
Ramón
arregla

24-20

Mientras la aspiración de la *erre* múltiple no parece sufrir ningún estigma en los países del Caribe, la velarización/uvularización sí se considera característica de una pronunciación algo "rústica".

La tercera *erre* digna de mención es la **asibilada** [ɹ̝], una fusión de vibrante y sibilante. La base articulatoria de este sonido es una *erre* parecida a la aproximante inglesa de *rip* ['ɹɪp], pero más tensa y con fricción sibilante en la zona alveolar. (Se dice que la *erre* norteamericana es aproximante porque la lengua no llega a tocar nada. El diacrítico [̝] que se escribe debajo del símbolo [ɹ] significa que la lengua se eleva—en este caso el ápice se eleva hasta tocar los alvéolos.)

La *erre* asibilada se oye en muchos países de Latinoamérica, con más o menos sibilancia y con más o menos aceptabilidad social. Entre los países donde se escucha frecuentemente podemos mencionar México, Guatemala, Costa Rica, Bolivia, Paraguay y Chile. La muestra que se presenta aquí es de Chile:

arroz
rico
burro
Ramón
arregla

24-21

Curiosamente, el uso de la *erre* asibilada se extiende, en algunos dialectos, a la *erre* simple de la coda o del grupo consonántico *tr-*, donde se ensordece en [ɹ̝̊]. La pronunciación de *Veo el mar* y *Van a comer* con una *erre* asibilada ensordecida (['be.o.el.'ma.ɹ̝̊], ['ba.na.ko.'me.ɹ̝̊]) es bastante común en muchas partes (incluyendo algunos dialectos que no asibilan la *erre* múltiple). En Costa Rica, Chile y Paraguay, el grupo consonántico *tr-* se articula con una [t] alveolar y asibilación de la vibrante: *tres* ['t̺ɹ̝̊es], *otro* ['o.t̺ɹ̝̊o], *atrás* [a.'t̺ɹ̝̊as]. Escuche otra muestra chilena:

mar
comer
tres
otro
atrás

24-22

Es importante notar que ninguna de las *erres* dialectales presentadas aquí compromete la integridad de la distinción fonémica entre /ɾ/ y /r/. En los dialectos mencionados, la distinción entre *coro* y *corro* no se hace de la manera normativa, pero sí se hace. Conviene que los hablantes no nativos hagan lo mismo—sea con la *erre* múltiple normativa o con otra.

MUESTRA MUSICAL

Erre **asibilada**

LA LOCA
Chacarera

Cantan: Los Machucambos

Diríjase a nuestro sitio web para que tenga acceso a la letra, la música y más información sobre las muestras musicales no incluidas en el CD.

NOCIONES AFINES

¿Qué son las líquidas?

Desde nuestras primeras descripciones de las consonantes españolas, hemos clasificado las laterales y las vibrantes en una clase natural de **líquidas**. Pero, ¿por qué? ¿Qué tienen en común? ¿En qué sentido constituyen una clase natural?

Para empezar, podemos volver a señalar que las líquidas conforman el grupo de consonantes resonantes no nasales. Hasta cierto punto, esta afirmación nos dice más lo que *no* son las líquidas: no son vocales, no son deslizadas, no son obstruyentes (oclusivas, fricativas, africadas) y no son nasales. Pero ¿qué son?

Quizá la mejor evidencia para la semejanza entre laterales y vibrantes la vemos en la distribución de segmentos dentro de la sílaba. En el castellano, por ejemplo, si una sílaba empieza con dos consonantes, la segunda de éstas tiene que ser líquida: *plaza, prisa, blanco, brinca, trata, droga, clase, crudo, globo, grita, flaco, fresa*. Una deslizada también encaja entre la consonante inicial del ataque y la vocal nuclear (*piano, puerta, bien, bueno*), pero ninguna otra consonante puede ocupar esta posición. En este sentido, las líquidas se podrían describir como "las consonantes menos consonánticas"; de hecho, en la llamada "escala de sonoridad", ocupan un lugar intermedio entre los sonidos vocálicos (las vocales y deslizadas) y los más consonánticos (las nasales y obstruyentes, siendo estas últimas las llamadas "consonantes verdaderas").

Otra evidencia viene de las "confusiones" que se dan entre las líquidas de una lengua o entre las de más de una lengua en un contexto de contacto lingüístico. Por ejemplo, el mismo trueque de líquidas, un fenómeno dialectal del español moderno, es la neutralización de todos los miembros de esta clase natural en cierto contexto fonológico.

La semejanza entre líquidas se expresa claramente en la lateralización de /ɾ/ y el rotacismo de /l/, mientras que la vocalización de /ɾ/ y /l/ subraya de nuevo los rasgos que comparten las líquidas con las deslizadas.

En la historia del español, se ven trueques en muchos casos de dos líquidas diferentes dentro de la misma palabra. Las palabras latinas MIRACULU, PERICULU, PARABOLA llegaron al español moderno con sus líquidas intercambiadas: *milagro, peligro, palabra*. Observe que en el inglés se conserva el orden latino de las líquidas en *miracle, perilous* y *parable*. El nombre del país *Argelia* nos presenta otro ejemplo de un trueque histórico, puesto que la ortografía inglesa *Algeria* conserva intactas las líquidas árabes originales.

La disimilación afecta frecuentemente las líquidas del castellano. Ya hemos observado (capítulo 23) que cuando una palabra ya tiene la /l/, la lateral del sufijo *-al* se convierte en /ɾ/: *maizal, tomatal,* pero *melonar, olivar*. Históricamente, cuando hay dos vibrantes en una palabra, por disimilación una de ellas se convierte frecuentemente en /l/: ROBRE > *roble*; RODEGARIUS > *Rogelio*; ARBORE > *árbol*. Otros trueques históricos esporádicos se aprecian fácilmente comparando palabras españolas e inglesas: *ancla, anchor; papel, paper; bolsa, purse*.

Muchos idiomas del mundo tienen solamente una líquida en su inventario, entre ellos el chino, el japonés y el náhuatl. Cuando los hablantes de estas lenguas intentan pronunciar palabras castellanas, tienen graves problemas con las tres líquidas (/l/, /ɾ/, /r/) españolas—en la percepción y la producción. Es importante notar que en su pronunciación del español como lengua extranjera o de préstamos del español, usan su propia líquida (y no otra consonante) en lugar de las tres líquidas castellanas, comprobando otra vez más aún que las líquidas componen una clase natural.

En fin, las líquidas son segmentos algo inestables que se caracterizan por rasgos vocálicos y consonánticos. Hemos observado que en el español y en las demás lenguas del mundo, las líquidas se comportan como una clase natural.

🔗 PROBLEMA DE FONOLOGÍA

Las palabras inglesas que se dan a continuación vienen de las mismas raíces latinas que han producido sus cognados españoles. En el castellano, sin embargo, se ha perdido una consonante en algunos casos.

infarct	infarto	[im̩.ˈfaɾ.to]
instant	instante	[ins.ˈtan̪.te]
assumption		
function		
sculpture		
anxious		
arc		
Arctic		
extension		
talc		
rupture		
abstract		
perspective		
examine		
exempt		
absorption		

¿Cuáles son las palabras españolas que completan la lista? Explique por qué se han perdido ciertas consonantes, pero otras no. (¡Ojo! No se deje confundir por la ortografía; piense en la representación fonémica y la estructura silábica.) Transcriba fonéticamente las palabras españolas.

25 [ka.ˈpi.tu.lo.βejn̪.ti.ˈsiŋ.ko]

Resumen

Resumen, repaso y reevaluación

Con el capítulo anterior, terminamos nuestra exposición de todos los fonemas del español. En el presente, repasamos lo que se ha presentado en el curso y tratamos de ver cómo encaja todo en el inventario de sonidos y el sistema de reglas fonológicas de la lengua. Queremos reflexionar sobre lo que "saben" los hispanohablantes nativos que les permite producir una pronunciación nativa. Introduciremos también algunas nociones nuevas que serán más fáciles de entender ahora que el lector tiene una base de conceptos fonológicos.

En las páginas siguientes, se presenta una lista de todas las reglas fonológicas que hemos empleado en los ejercicios de transcripción de este libro.

Resumen de las reglas fonéticas básicas

Las vocales:

Las vocales altas inacentuadas se hacen deslizadas al lado de otra vocal:

/ĭ/ → [j] / {V ___ , ___ V }

/ŭ/ → [w] / {V ___ , ___ V }

Las demás vocales se realizan como núcleo silábico:

/i/ → [i] en los demás contextos

/u/ → [u] en los demás contextos

/a/ → [a] en todos los contextos

/e/ → [e] en todos los contextos

/o/ → [o] en todos los contextos

Las oclusivas /p/, /t/, /k/, /b/, /d/, /ɟ/, /g/:

Las oclusivas sordas se mantienen en posición inicial de sílaba:

/p/ → [p] / $ ___

/t/ → [t] / $ ___

/k/ → [k] / $ ___

En la coda, se neutralizan con sus contrapartes sonoras, realizándose aproximantes y sonoras:

/p/ → [β] en la coda

/t/ → [ð] en la coda

/k/ → [ɣ] en la coda

Las oclusivas sonoras se mantienen oclusivas después de pausa o después de una nasal o lateral homorgánicas:

/b/ → [b] después de pausa o nasal

/b/ → [β] en los demás contextos

/d/ → [d] después de pausa, nasal o lateral

/d/ → [ð] en los demás contextos

/ɟ/ → [ɟ] después de pausa, nasal o lateral

/ɟ/ → [j] en los demás contextos

/g/ → [g] después de pausa o nasal

/g/ → [ɣ] en los demás contextos

La fricativa sibilante /s/:

La sibilante /s/ se elide ante vibrante y se sonoriza ante otra consonante sonora:

/s/ → Ø / ___ [r]

/s/ → [z] ante consonante sonora

/s/ → [s] en los demás contextos

Las fricativas /f/, /x/ y la africada /t͡ʃ/:

La africada /t͡ʃ/ y las fricativas /f/ y /x/ aparecen casi exclusivamente en posición inicial de sílaba, donde se mantienen:

/t͡ʃ/ → [t͡ʃ] / \$ ___
/f/ → [f] / \$ ___
/x/ → [x] / \$ ___

Las nasales:

En posición inicial de sílaba, las consonantes nasales se mantienen distintas:

/m/ → [m] / \$ ___
/n/ → [n] / \$ ___
/ɲ/ → [ɲ] / \$ ___

En la coda silábica, las nasales se neutralizan, adquiriendo el punto de articulación de la consonante siguiente:

[m] ante bilabial

[ɱ] ante labiodental

[n̪] ante dental

[n] ante alveolar

[ɲ] ante palatal

[ŋ] ante velar, uvular o glotal

En posición final de palabra ante pausa o vocal, se transcribe la alveolar [n].

La lateral:

La lateral adquiere el punto de articulación de la consonante siguiente si ésta es dental, alveolar o palatal:

/l/ → [l̪] ante dental

/l/ → [l] ante alveolar

/l/ → [ʎ] ante palatal

En los demás contextos, la lateral se mantiene alveolar:

/l/ → [l] en los demás contextos

Las vibrantes:

Las vibrantes se mantienen distintas entre vocales:

/r/ → [r] / V ___ V

/ɾ/ → [ɾ] / V ___ V

La vibrante se hace múltiple en posición inicial de palabra, también después de consonante alveolar (ésta será nasal, lateral o sibilante y estará en la coda de la sílaba anterior):

/ɾ/ → [r] / {#, /n/, /l/, /s/} ___

La vibrante suele ser simple en otros contextos:

/ɾ/ → [ɾ] en los demás contextos

El contraste fonológico y la sílaba

Tal como se puede apreciar en la lista de reglas fonológicas, figuran unos 17 fonemas consonánticos en el "español americano normativo", el cual nos ha servido como punto de partida para nuestra transcripción y práctica:

Oclusivas sordas: /p/, /t/, /k/
Oclusivas sonoras: /b/, /d/, /ɟ/, /g/
Fricativa sibilante: /s/
Fricativas no sibilantes: /f/, /x/
Africada: /t͡ʃ/
Nasales: /m/, /n/, /ɲ/
Lateral: /l/
Vibrantes: /ɾ/, /r/

La gran mayoría de dialectos maneja solamente estos 17 fonemas consonánticos, pero una minoría cuenta con una o dos consonantes adicionales: la fricativa no sibilante /θ/ y/o la lateral palatal /ʎ/ (o una sibilante palatal). Esto significa que el número de fonemas consonánticos puede subir hasta 19—lo que ocurre en el llamado "castellano rural" del centro y norte de España, caracterizado por el lleísmo y la distinción entre /s/ y /θ/.

No obstante, sea cual sea el dialecto, estos 17, 18 ó 19 fonemas tienen valor contrastivo entre sí solamente en posición inicial de sílaba (o sea, en el ataque). En la coda silábica, se neutralizan muchos de los contrastes.

Por ejemplo, las oclusivas sordas /p/, /t/, /k/ se neutralizan con sus contrapartes sonoras /b/, /d/ y /g/, dejando tres contrastes en la coda en vez de seis. En estos casos, el punto de articulación sigue siendo contrastivo (*acto* con la velar vs. *apto* con la bilabial, por ejemplo), pero la sonoridad ya no (observe que el uso de [p] o [β] en *apto* no marca ningún contraste).

En el caso de las consonantes nasales—/m/, /n/, /ɲ/—es el punto de articulación lo que deja de ser contrastivo en la coda. Se neutraliza completamente la distinción entre los tres fonemas.

Tal como vimos en el capítulo 24, las dos vibrantes /ɾ/ y /r/ contrastan solamente entre vocales, donde obligatoriamente forman parte del ataque de la sílaba. En otros contextos (en la coda, por ejemplo), se borra el contraste entre la vibrante simple y la múltiple.

Las fricativas /f/ y /x/ son poco comunes en la coda silábica, donde su manifestación fonética se asemeja a los alófonos de /b/ y /g/, respectivamente, y donde su integridad fonémica es difícil o imposible de mantener, salvo en la pronunciación artificialmente precisa.

Con la excepción de /s/ y /l/, los demás fonemas—/ɟ/, /t͡ʃ/ y, dialectalmente, /ʎ/—simplemente no aparecen en la coda en palabras nativas.

¿Lleva Ud. la cuenta? De los 17 contrastes fonémicos que hay en el ataque silábico, 10 de ellos son irrelevantes para la coda. Los siete contrastes que quedan son los que se dan entre (1) obstruyente labial, (2) obstruyente dental, (3) obstruyente velar, (4) sibilante, (5) nasal, (6) lateral y (7) vibrante.

Resumiendo, hay que darse cuenta de que la mayoría de los contrastes fonémicos que hemos elaborado en este libro no tienen importancia en la coda de la sílaba. En términos prácticos, esto significa que el anglohablante que se empeña en mantener tales distinciones en la coda—entre, digamos, las tres nasales, o entre la /t/ y la /d/—no va a adquirir la perspectiva fonológica del hablante nativo del español.

En términos teóricos, esta falta de contraste es una de las manifestaciones más claras que hay de la importancia del prototipo silábico. Ud. recordará que la sílaba prototípica es la que consiste en una consonante seguida de una vocal: CV. El ataque es el dominio de las consonantes; es donde las diferencias entre ellas se manifiestan en su totalidad. Desde luego, existen también sílabas del tipo CVC, pero las consonantes posvocálicas de este tipo de sílaba no están en su contexto óptimo y por eso tienden a sufrir modificaciones que comprometen su identidad.

Desde la perspectiva de la percepción, se puede decir que los hispanohablantes captan fácilmente las diferencias entre todos los fonemas consonánticos cuando éstos están situados en su contexto "esperado". En la coda, sin embargo, los mismos hablantes simplemente no tienen ni cómo ni por qué atender a los finos matices propios del ataque.

INVESTIGACIÓN

Los lingüistas suelen diseñar experimentos para comprobar la validez de sus hipótesis. Su metodología incluye a veces la creación de palabras nuevas (en inglés, *nonce words*) que sirven para someter estructuras inexistentes (pero teóricamente posibles) a pruebas lingüísticas. Para poner a prueba la falta de contraste entre las nasales de la coda, por ejemplo, podríamos presentar una lista de palabras inventadas (*bamgue, señto, sunpriga*) a varios hablantes nativos y observar hasta qué punto son capaces de mantener el punto de articulación sin asimilar. Desde luego, el comportamiento de nuestros sujetos en el laboratorio y ante ortografías raras no es como el del mundo real, pero por lo menos sirve para que empecemos a apreciar mejor lo que es la competencia fonológica de los hispanohablantes.

Invente una lista de palabras que sirva para comprobar la validez de la reducción de contrastes elaborada en los párrafos anteriores. Incluya siglas como *AGMA* y *AKMA*; marcas de detergente como *LimYa*; y nombres de pila como *Kalip, Kalib* y *Kalif*. ¿Se le ocurren formas *no* inventadas que nos puedan servir igual?

PROBLEMA DE FONOLOGÍA

En este capítulo, hemos visto que los 17 fonemas consonánticos del español americano normativo se ven reducidos a siete contrastes en la coda silábica. Pero ¿qué ocurre en los dialectos en los que existe el trueque de líquidas? (O sea, ¿cuántos contrastes hay en la coda para esos hablantes?)

¿Cómo se complica el panorama en el caso de los hablantes que neutralizan regularmente todas las oclusivas posvocálicas en palabras como *pepsi* [ˈpek.si], *étnico* [ˈeɣ.ni.ko] y *ecléctico* [e.ˈkleβ.ti.ko]?

¿Qué implicaciones tiene el lleísmo para los contrastes consonánticos de la coda?

¿Qué ocurre en los dialectos que distinguen entre /s/ y /θ/? Algunos de ellos distinguen entre 19 fonemas consonánticos en el ataque. ¿Cuántos contrastes rigen en la coda?

⚭ | CULTURA LINGÜÍSTICA

Los eufemismos fonéticos

Los tabúes son expresiones inadmisibles en ciertos contextos sociales por referirse abierta o directamente a temas considerados sagrados o desagradables. Comúnmente, evitamos los tabúes mediante el uso de **eufemismos**—palabras o expresiones que sirven para suavizar ciertas ideas o para no ofender las sensibilidades de nuestros interlocutores. Así, por ejemplo, los anglohablantes emplean la interjección *gosh!* para no tomar en vano el nombre de Dios.

Si bien el tabú lingüístico es una noción universal, las palabras prohibidas varían mucho según la lengua, el país y hasta la subcultura. A diferencia del ejemplo del inglés mencionado arriba, en el español no son tabúes las expresiones *¡por Dios!* y *¡Dios mío!* (Para algunos anglohablantes, *for God's sake!* tampoco suena fuerte, pero para otros, sí lo es.) Entre regiones del mundo hispanohablante hay muchísimas diferencias: *culo*, por ejemplo, es una forma benigna, hasta infantil, en España, mientras que en muchas partes de Latinoamérica tiene impacto fuerte. De igual modo, la connotación sexual que todavía tiene el verbo *joder* en España ha producido los eufemismos *jo, jolín, jolines* y *jopé*, pero en algunos países *joder* significa simplemente *molestar* y no se considera tabú.

Para nosotros, el aspecto más interesante de los eufemismos es la semejanza fonética que existe entre ellos y el tabú que reemplazan. Ud. habrá observado, por ejemplo, que *jolín, jolines* y *jopé*—todas palabras inventadas—comparten su sílaba inicial con *joder*. La interjección *jo* no es ni más ni menos que esa sílaba inicial. Por lo visto, enunciar la primera sílaba de la forma en cuestión no está mal visto; añadir otra ya puede ser un pecado. En fin, el hablante tiene que saber cuáles son las formas aceptables en cada sociedad para no meterse en líos sin querer.

Recuerde que en inglés ocurre lo mismo. Casi todo el mundo acepta la interjección *gee!* y muchos también permiten la variante *geesh!* Al emplear una sibilante sonora en *geez!*, sin embargo, el hablante puede acercarse demasiado a *Jesus*, forma sagrada para millones de norteamericanos. Fíjese que muchos hablantes no se dan cuenta de que ese mismo nombre es la fuente de las tres interjecciones mencionadas, no sólo la última.

Otros eufemismos aprovechan la semejanza fonética entre formas tabúes y palabras ya existentes. Así hacemos en inglés cuando decimos *shoot* o *shucks* en vez de *shit*, o quizá al decir *fudge, fiddlesticks* o *freakin'* para evitar la famosa palabra "con efe".

Conviene estudiar los eufemismos y saber evitar los tabúes correspondientes. Claro que las formas exactas (permitidas y no permitidas) van a variar según el lugar, la edad de los interlocutores, su clase social y el ambiente en el que uno se encuentre. No obstante, hay ciertas normas generalizables; es común, por ejemplo, que las palabras tabúes sean de carácter sexual, religioso o escatológico. ¿A Ud. se le ocurren ejemplos—en inglés o español—de cada una de esas categorías? (¡No los diga en voz alta, por si acaso!)

En el dibujo se presentan unos 16 eufemismos fonéticos del mundo hispanohablante. ¿Los conoce Ud.? ¿Sabe dónde se usan? ¿Sabe cuáles son los segmentos fonológicos que comparten con las formas tabúes? (¡Ojo! No vaya a preguntar a cualquiera por esta información, pues hay que tener cierta confianza para tocar temas tan sensibles.)

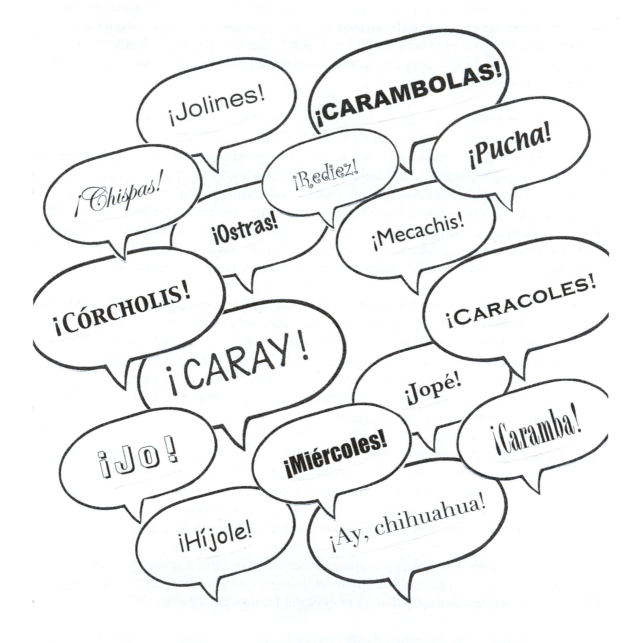

INVESTIGACIÓN

Prepare un ÁLBUM DE EJEMPLOS REALES de interés fonológico/ortográfico, según la lista que se da a continuación. Incluya datos bibliográficos para cada ítem. La colección completa será de 15 ejemplos (de temas diferentes), escogidos de entre los 27 posibles. Busque en revistas, periódicos y otras fuentes escritas. Entregue los recortes (o fotocopias) de los ejemplos, procurando que estén apropiadamente catalogados y bien presentados.

1. Palabra con <k>
2. Palabra con <w>
3. Una palabra esdrújula (la antepenúltima sílaba es la tónica, p. ej. *espíritu*)
4. Una palabra sobreesdrújula (la preantepenúltima sílaba es la tónica, p. ej. *cómpramelo*)
5. Una sílaba de 4 fonemas (<u>no</u> sólo 4 letras)
6. Una sílaba de 5 fonemas (<u>no</u> sólo 5 letras)
7. Préstamo del inglés, bien deletreado, con estructura ortográfica no española (*stop*)
8. Préstamo del inglés ortográficamente hispanizado (p. ej. *estrés*)
9. Onomatopeya: sonido animal (p. ej. *guau*)
10. Onomatopeya: otro sonido (p. ej. *¡pum!*)
11. Error ortográfico (p. ej. **alludar*)
12. Error de puntuación: falta signo de interrogación (p. ej. **Qué?*)
13. Error de puntuación: falta signo de exclamación (p. ej. **Mira!*)
14. Error de acentuación: falta acento (tilde) (p. ej. **Ayudeme*) (<u>No cuentan</u> las mayúsculas.)
15. Error de acentuación: acento (tilde) de más (p. ej. **Vén conmigo*)
16. Siglas que se pronuncien como una palabra (p. ej. *ONU*)
17. Siglas que se pronuncien como una serie de (nombres de) letras (p. ej. *PP*)
18. Siglas que se pronuncien como una combinación de (16) y (17) (p. ej. *PSOE*)
19. Palabra española con <s> = /s/ → [s] donde el cognado inglés tenga <s> = /z/ (p. ej. *mú<u>s</u>ica*)
20. Ejemplo de sonorización de /s/ → [z] (p. ej. *mi<u>s</u>mo, de<u>s</u>de*)
21. Ejemplo de una <n> que se pronuncie [m] (p. ej. *e<u>n</u>volver, u<u>n</u> bolso*)
22. Ejemplo de una <n> que se pronuncie [ŋ] (p. ej. *te<u>n</u>go, ta<u>n</u> cómodo*)
23. Los dos sonidos [ɾ] (simple) y [r] (múltiple) dentro de la misma palabra
24. Los dos alófonos [d] (oclusiva) y [ð] (aproximante) dentro de la misma palabra
25. Los dos alófonos [b] (oclusiva) y [β] (aproximante) dentro de la misma palabra
26. Los dos alófonos [g] (oclusiva) y [ɣ] (aproximante) dentro de la misma palabra
27. Una <f> o una <ch> en la coda silábica

Algunos recursos de interés: revistas y periódicos a través de Internet
http://www.prensalatina.com/
http://www.zonalatina.com/

MUESTRA MUSICAL

MAZÚRQUICA MODÉRNICA
Violeta Parra

Canta: Violeta Parra (Chile)

> Diríjase a nuestro sitio web para que tenga acceso a la letra, la música
> y más información sobre las muestras musicales no incluidas en el CD.

PROBLEMA DE FONOLOGÍA

Un lenguaje secreto: "Mazúrquica modérnica" de Violeta Parra

En el español, como en las otras lenguas naturales del mundo, surgen "jerigonzas" y otros
códigos secretos de gran interés fonológico y cultural. Uno de ellos lo aprovecha la
cantante chilena Violeta Parra en una canción de protesta de los años 70 titulada
"Mazúrquica modérnica". El mismo título, que significa "Mazurca moderna", nos
expresa icónicamente cómo van a ser las transformaciones aplicadas al texto original: se
le agrega un sufijo en *-ico* a ciertas palabras. Como en todos los casos de jerigonza, el
"código" termina siendo poco secreto (es, de hecho, sumamente transparente para
cualquier hablante que entienda el español chileno), pero eso es parte de la gracia que
tiene este tipo de canción.

Estudie la letra de la canción y trate de "romper el código". El primer paso debe ser la
identificación de las palabras originales; por ejemplo, *preguntádico* viene de *preguntado*.
Rellene los espacios conforme vaya sacando las palabras.

¿Qué palabras se ven afectadas por la transformación fonética? ¿Pertenecen a ciertas
categorías sintácticas (sustantivos, verbos, etcétera), o a todas? ¿A Ud. le parece raro que
el sufijo *-ico* se aplique a un verbo? ¿Qué nos sugiere este hecho?

Hay varios chilenismos en este texto, entre ellos *pacos* y *guata*. ¿Qué otros encontró
Ud.? ¿Qué significan? ¿Qué significa *mini ni ni ni...*?

Ahora describa en detalle cómo se forma el código secreto de Violeta Parra. ¿Cuáles son
las reglas fonológicas utilizadas en la creación de esta canción? Fíjese bien en el acento
prosódico de cada palabra, así como en su género y número. Generalice tanto como le
sea posible, mencionando luego qué formas constituyen excepciones a sus reglas (si
las hay).

Me han preguntádico varias persónicas
Si peligrósicas para las másicas
Son las canciónicas agitadóricas
Ay qué pregúntica más infantílica
Sólo un piñúflico la formulárica
Pa' mis adéntricos yo comentárica.

Le he contestádico yo al preguntónico
Cuando la guática pide comídica
Pone al cristiánico firme y guerrérico
Por sus poróticos y sus cebóllicas
No hay regimiéntico que los deténguica
Si tienen hámbrica los populáricos.

Preguntadónicos partidirísticos
Disimuládicos y muy malúlicos
Son peligrósicos más que los vérsicos
Más que las huélguicas y los desfílicos
Bajito cuérdica firman papélicos
Lavan sus mánicos como Piláticos.

Caballeríticos almidonádicos
Almibarádicos mini ni ni ni ni...
Le echan carbónico al inocéntico
Y arrellanádicos en los sillónicos
Cuentan los muérticos de los
   encuéntricos
Como frivólicos y bataclánicos.

Varias matáncicas tiene la histórica
En sus pagínicas bien imprentádicas
Para montárlicas no hicieron fáltica
Las resbalósicas revoluciónicas
El juraméntico jamás cumplídico
Es el causántico del desconténtico
Ni los obréricos, ni los paquíticos
Tienen la cúlpica señor fiscálico.

Lo que yo cántico es una respuéstica
A una pregúntica de unos graciósicos
Y más no cántico porque no quiérico
Tengo flojérica en los zapáticos
En los cabéllicos, en el vestídico
En los riñónicos, en el corpíñico.

Me han *preguntado* varias _____
Si _____ para las _____
Son las _____ _____
Ay qué _____ más _____
Sólo un _____ la _____
Pa' mis _____ yo _____.

Le he _____ yo al _____
Cuando la _____ pide _____
Pone al _____ firme y _____
Por sus _____ y sus _____
No hay _____ que los _____
Si tienen _____ los _____.

_____ _____
_____ y muy _____
Son _____ más que los _____
Más que las _____ y los _____
Bajito _____ firman _____
Lavan sus _____ como _____.

_____ _____
_____ mini ni ni ni ni...
Le echan _____ al _____
Y _____ en los _____
Cuentan los _____ de los
   _____
Como _____ y _____.

Varias _____ tiene la _____
En sus _____ bien _____
Para _____ no hicieron _____
Las _____ _____
El _____ jamás _____
Es el _____ del _____
Ni los _____, ni los _____
Tienen la _____ señor _____.

Lo que yo _____ es una _____
A una _____ de unos _____
Y más no _____ porque no _____
Tengo _____ en los _____
En los _____, en el _____
En los _____, en el _____

∞ | TEXTOS DE PRÁCTICA

Aplique lo que ha aprendido en este curso en la lectura y análisis de los textos, identificando las reglas ortográficas y/o fenómenos fonológicos implicados en cada muestra. Recuerde que no son ejemplos inventados sino manifestaciones lingüísticas del mundo real.

6.

7.

8.

9.

10.

11.

12.

13.

14.

CULTURA LINGÜÍSTICA

Contacto lingüístico en el mundo hispanohablante: evidencia fonológica y ortográfica

El español está en contacto con otras lenguas desde su nacimiento en Iberia hace muchos siglos. Dondequiera que se haya llevado, el castellano ha tenido que competir con lenguas indígenas y/o con otros idiomas (como el inglés) que gozan de popularidad y lo amenazan lexical y sociolingüísticamente.

En el mundo hispanohablante, los contactos lingüísticos han sido diversos y desiguales, pero algún tipo de contacto ha caracterizado cada sitio en algún momento de su historia. El contacto con lenguas indígenas sigue siendo fuerte hoy en día en Mesoamérica, en la región andina y en Paraguay, y en España hay más de una lengua oficial en varias autonomías. En otros lugares (por ejemplo, en Castilla, el Caribe y partes de Centroamérica y el Cono Sur), el español ha desterrado totalmente a las lenguas precursoras sin dejar a nadie que hable, por ejemplo, el ibero o el taíno.

Es interesante notar que aunque sea monolingüe, todo hispanohablante tiene contacto diario con palabras, estructuras y ortografías que proceden de otros idiomas. En algunos casos éstos son idiomas hablados todavía en el entorno inmediato; en otros casos son lenguas ya extintas que han dejado huellas en los topónimos, o lenguas de numerosos inmigrantes que han contribuido fuertemente a la historia (y tal vez a la onomástica) de un país.

Lo curioso es que ciertas estructuras (secuencias de fonemas, combinaciones de grafemas o estructuras silábicas, por ejemplo) se asocian no con otros idiomas sino con ciertas variedades del español. Hablantes que nunca han estado en México reconocen, por ejemplo, nombres indígenas—o por su fonología o por su ortografía (o quizá por las dos). De igual manera topónimos quechuas y apellidos vascos son conocidos en tres continentes, donde se asocian no con el quechua y el vasco sino con el español andino y el castellano hablado en el norte de España. Hasta cierto punto el conocimiento de tales estructuras no es más que una sutil intuición, pero aun así, forma parte de la competencia fonológica de los hablantes.

INVESTIGACIÓN

A continuación se presentan algunos nombres de las paradas de metro de ocho ciudades donde se habla español. Por lo general, no corresponden a puntos de referencia conocidos mundialmente (por ejemplo, la Plaza de Mayo de Buenos Aires o el Zócalo de la Ciudad de México) que pudieran revelar la identidad de los lugares en cuestión. Es más, todos los nombres son perfectamente pronunciables por hispanohablantes monolingües, y en este sentido ya no son palabras extranjeras para los habitantes de la urbe en la que se usan. Lo que queremos saber es si los nombres dados, simplemente por su forma fonética o su ortografía, tenderían a asociarse con una capital más que con otra.

Entreviste a un(a) hispanohablante nativo(-a) para ver si puede adivinar dónde se escucharían estos nombres. Paree los nombres de las paradas de metro con la ciudad en la que se encuentran.

1. ____ Buenos Aires

a. Etxebarri, Lamiako, Urbinaga

2. ____ Santiago de Chile

b. La Yaguara, Caricuao, La Hoyada

3. ____ Lima

c. Scalabrini Ortiz, Alberti, Federico Lacroze

4. ____ San Juan de Puerto Rico

d. Lo Ovalle, Ñuble, Vicuña Mackenna

5. ____ Bilbao

e. Cupey, Roosevelt, Torrimar

6. ____ Caracas

f. Azcapotzalco, Cuitláhuac, Pantitlán

7. ____ Ciudad de México

g. Torre Baró/Vallbona, Torrassa, Penitents

8. ____ Barcelona

h. Aramburu, Tarapaca, Pumacahua

26 [ka.ˈpi.tu.lo.βejn̪.ti.ˈsejs]

Dialectología

Los dialectos del español moderno

En este capítulo se resumen algunos de los fenómenos fonológicos que se dan sólo en ciertas variedades de la lengua. No se trata de un estudio exhaustivo de dialectología española o latinoamericana, sino de una descripción de las diferencias fonéticas más destacadas con muestras más o menos representativas de diez dialectos.

Las diferencias que se aprecian entre dialectos son de varios tipos. Para empezar, se emplean sonidos en ciertas variedades del español que simplemente no aparecen en otras. En pocos dialectos, por ejemplo, se escuchan fonos tales como la *jota* uvular [χ], la *ese* apical [ş], la fricativa sorda interdental [θ] y las fricativas palatales [ʒ] y [ʃ]; en cada caso, su territorio geográfico es limitado. Tal como hemos visto anteriormente, la llamada "*erre* múltiple" se realiza de muchas maneras, siendo algunas de ellas características de hablas específicas o de regiones dialectales más generales.

Otra posibilidad es que la distribución alofónica sea diferente entre dialectos, aunque se trate de los mismos sonidos en todos ellos. Todos los hispanohablantes producen la nasal velar [ŋ], pero no todos la emplean ante vocal o pausa. Y en algunos dialectos, el entorno en el que aparecen las oclusivas sonoras [b], [d], [ɟ], [g] es más amplio que el que hemos expuesto en este libro.

Puede ser también que una distinción fonémica se haya perdido en dialectos más "innovadores", con o sin la desaparición de cierto sonido. La mayoría de los argentinos son "žeístas" (o sea, que usan [ʒ] o [ʃ]), pero muy pocos de ellos distinguen fonémicamente entre *valla* y *vaya* como lo hacen los quiteños.

Finalmente, hay que reconocer la importancia de factores sociales y estilísticos para la pronunciación española de todos los dialectos. No toda la variación fonética es geográfica, pues en un lugar dado se aprecian diferencias lingüísticas relacionadas con educación, clase social, registro, rapidez del habla y otros factores. No obstante, las generalizaciones y las muestras que presentamos a continuación sirven como guía panorámica de fonética dialectal.

Hacia una sistematización de los fenómenos dialectales

El mundo hispanohablante es muy grande—más de 300 millones de hablantes y una veintena de países—lo que lleva a una gran diversidad dialectal. Sin embargo, algunos fenómenos están relacionados, y esto nos permite simplificar el cuadro dialectal (y también entender el carácter básico de la lengua).

El inventario de fonemas

En el centro y norte de España, el inventario fonémico incluye la consonante /θ/ (fricativa, interdental, sorda). Ortográficamente, este fonema se representa con las letras *z* y *c* (delante de vocal anterior). La existencia de /θ/ permite que se distinga entre una palabra y otra de los siguientes pares mínimos:

> *has* vs. *haz*
> *casar* vs. *cazar*
> *losa* vs. *loza*

Los hablantes que tienen el fonema /θ/ practican lo que se llama "distinción" entre /s/ y /θ/. Para los hablantes que no tienen este fonema, *has/haz, rosa/roza* y *ves/vez* no son pares mínimos sino homófonos. Estos hablantes, que constituyen la inmensa mayoría del mundo hispanohablante, practican el "seseo". Evidentemente, la falta de /θ/ no produce malentendidos entre los seseantes—y tampoco produce graves problemas para los hablantes que practican la distinción cuando hablan con ellos. Evidentemente, los pares mínimos producidos por la distinción entre /θ/ y /s/ no son muchos.

La consonante /ʎ/ (lateral, palatal, sonora) se ha fundido con /ʝ/en la casi totalidad del mundo hispanohablante. /ʎ/ corresponde ortográficamente a la letra *ll*, y produce unos pocos pares mínimos con /ʝ/:

> *vaya* vs. *valla*
> *boya* vs. *bolla*
> *poyo* vs. *pollo*

La consonante /ʎ/ existe sólo en algunos dialectos del norte de España (y allí sólo entre hablantes mayores), de Paraguay y de la zona andina. En el resto del mundo hispanohablante las letras *y* y *ll* corresponden al mismo sonido. Los pocos hablantes que tienen el fonema /ʎ/ practican el "lleísmo"; todos los demás practican el "yeísmo" (aunque con variación en la pronunciación de esta consonante).

La suerte de las consonantes en posición final de sílaba y de palabra

Ya sabemos que la sílaba prototípica del español tiene la forma CV. En otras palabras, no suele haber consonantes en la coda—y cuando las hay, sufren todo tipo de debilitamiento y elisión. La suerte de estas consonantes sirve como un marcador de diferenciación dialectal.

• La /s/ se debilita en posición final de sílaba/palabra en Andalucía, Canarias, el Caribe y las costas de América. Este fenómeno tiene muchas variantes: la /s/ puede elidirse sin más, puede dejar atrás una vocal más abierta, o puede pronunciarse como aspiración.

• La distinción entre /l/ y /ɾ/ puede neutralizarse en posición final de sílaba. Esta neutralización es común en el Caribe. No es sorprendente que se confundan /l/ y /ɾ/, ya que son dos consonantes parecidas (líquidas, sonoras, alveolares).

• En muchos dialectos—Andalucía, el noroeste de España, el Caribe, América Central y parte de la región andina—la variante velar de /n/ aparece en posición final de palabra (ante vocal o pausa). En estos dialectos, la [ŋ] producido por asimilación delante de consonante velar se ha generalizado a posición final de palabra.

La pronunciación de consonantes en posición inicial de sílaba

No es de esperar que las consonantes desaparezcan en posición inicial de sílaba, ya que el ataque es la parte consonántica de la sílaba por excelencia. No obstante, hay variación dialectal en la pronunciación de estas consonantes.

• Hay varias posibilidades para la pronunciación de /x/. En el centro y norte de España /x/ se realiza como la uvular [χ]. En Andalucía, Canarias, el Caribe, América Central, Colombia y Bolivia, se realiza como la glotal [h].

• Hay mucha variación en la pronunciación de /r/. Hay variantes aspiradas (en el Caribe), velarizadas (en Puerto Rico) y asibiladas (en Chile, la zona andina, Paraguay, Costa Rica y Guatemala).

• Las variantes palatales "rehiladas", [ʒ] y [ʃ], se oyen en varios dialectos, entre ellos el muy conocido dialecto de Buenos Aires, donde constituyen los únicos alófonos del fonema /ʝ/.

Resumen de los fenómenos dialectales más destacados

Seseo (véase el capítulo 18, y todas las transcripciones de este libro menos las del capítulo 19)
- En Andalucía, Canarias y América
- /s/ se escribe s̲, x̲, z̲, c̲
- Caracteriza la pronunciación de todos los países hispanohablantes excepto España

Distinción entre /s/ y /θ/ (v. capítulo 19)
- Sólo en España (centro y norte)
- /s/ se escribe s̲, x̲ y sus alófonos tienden a ser apicales ([s̺], [z̺])
- /θ/ se escribe z̲, c̲
- Caracteriza la pronunciación normativa peninsular

Ceceo (v. capítulo 19)
- En partes de Andalucía
- No forma parte del español normativo; es un fenómeno fuertemente estigmatizado
- /θ/ se escribe s̲, x̲, z̲, c̲, pero la pronunciación varía según varios factores; el **ceceo** es simplemente el uso constante o esporádico de [θ] sin distinción entre /s/ y /θ/

La sibilante apicoalveolar (“*ese* espesa”) [s̺] (v. capítulo 19)
- Es común en España (centro y norte)

Aspiración y/o elisión de /s/ (v. capítulo 18)
- Aspiración: /s/ → [h]
- Elisión: /s/ → ∅
- En Andalucía, Canarias, el Caribe y las costas de América
- Son fenómenos variables afectados por factores estilísticos y sociales
- Sólo ocurren en posición final de sílaba o de palabra (o, en algunos dialectos, sólo ante consonante)

Neutralización de /l/ y /ɾ/ (“trueque de líquidas”) (v. capítulo 24)
- Sólo ocurre ante consonante o pausa (es decir, en la coda silábica)
- Son fenómenos variables afectados por factores estilísticos y sociales
- La lateralización de /ɾ/ (→ [l]) es común en el Caribe y en comunidades puertorriqueñas de los EE.UU.
- El rotacismo de /l/ (→ [ɾ]) es común en Andalucía
- La vocalización de líquidas (/l/, /ɾ/ → [j]) es común en el norte de la República Dominicana

Velarización de /n/ (v. capítulo 22)
- /n/ → [ŋ] en posición final de palabra ante vocal o pausa
- Es común en Andalucía, el noroeste de España, el Caribe, América Central y la región andina

Tipos de /x/ (*"jota"*) (v. capítulo 17)

- La uvular [χ] es común en el centro y norte de España
- La velar [x] es común en México, el Cono Sur y parte de la zona andina
- La glotal [h] es común en Andalucía, Canarias, el Caribe, América Central, Colombia y Bolivia

Tipos de /r/ (*"erre"*) (v. capítulo 24)

- La *erre* múltiple caribeña suele ir acompañada de aspiración glotal [h͡r].
- En Puerto Rico se oye también la velarizada o uvularizada, comúnmente transcrita [ʀ̥].
- La asibilada [ɹ̝] es común en Guatemala, Costa Rica, Paraguay, Chile y la zona andina, entre otros lugares.

Yeísmo, lleísmo y žeísmo (pronunciación de los grafemas <y> y <ll>) (v. capítulo 16)

- El **lleísmo** de los Andes, Paraguay y el "castellano rural" del centro y norte de España tiende a distinguir entre un fonema palatal lateral y otro no lateral: *valla* [ˈba.ʎa], *vaya* [ˈba.ja]
- El llamado "**žeísmo**" es el uso sistemático de una fricativa (alveo-)palatal sibilante, con o sin distinción fonémica entre palabras escritas con <y> y <ll>
  - En Quito (Ecuador) y Santiago del Estero (Argentina), se distingue entre *valla* [ˈba.ʒa] y *vaya* [ˈba.ja]
  - En Montevideo (Uruguay) y Buenos Aires (Argentina), no se distingue: *valla, vaya* [ˈba.ʒa] (o [ˈba.ʃa])

Aspiración de la /f/ (v. capítulos 17 y 20)

- Esporádicamente en Andalucía y América se aspiran ciertas *haches* ortográficas que provienen de la F latina: *harina* [ha.ˈri.na], *hembra* [ˈhem.bɾa]
- En el español "rústico" de muchos países, es común que una /f/ española se aspire en [h] ante la deslizada [w]: *fue* [ˈhwe]

MUESTRA MUSICAL

> Diríjase a nuestro sitio web para que tenga acceso a la letra, la música
> y más información sobre las muestras musicales no incluidas en el CD.

Muestras dialectales

Como sugerencia didáctica, aquí mencionamos versiones específicas de diez canciones
que son representativas, dentro de lo que cabe (dado que son actuaciones musicales), del
habla popular de ciertos lugares del mundo hispanohablante. Con ellas ilustramos
muchos de los rasgos expuestos anteriormente, y otros cuantos que también sirven para
distinguir entre variedades del español moderno. En la tabla se ofrecen detalles
discográficos para las obras en cuestión y una lista parcial de los rasgos a observar. En el
mapa se señalan los dialectos representados; nótese que el número no aparece
necesariamente en el lugar natal del cantante, sino en la zona geográfica donde se
escucha esa variedad lingüística.

	Lugar/variedad	*Canción*	*Cantante*	*Rasgos fonéticos destacados*
1	España (centro y norte)	El amor de mi vida	Camilo Sesto	distinción, *ese* apical, *jota* uvular
2	Andalucía	Al alba	Pepe de Lucía	seseo, aspiración y elisión de /s/, rotacismo de /l/, desafricación /t͡ʃ/ → [ʃ]
3	Andalucía	Un borrico z'ajogao	No Me Pises Que Llevo Chanclas	ceceo, aspiración y elisión de /s/, rotacismo de /l/, desafricación /t͡ʃ/ → [ʃ], aspiración de la /f/ latina
4	México (centro)	Me dicen Amparo	Amparo Ochoa	seseo, consonantismo fuerte, *jota* velar
5	República Dominicana (cibaeño)	Morena ya lo ves	Arístides Incháustegui	seseo, elisión de /s/, vocalización de líquidas, aspiración de la /f/ latina, *jota* glotal
6	Nicaragua	Cuando yo la vide	Carlos Mejía Godoy y los de Palacagüina	seseo, "*ese* laxa" [θ̞], aspiración de /s/, /f/ → [h] ante [w], velarización de /n/, ultracorrección ∅ → [j]
7	Argentina (Buenos Aires)	Las cosas que pasan	Jorge Schussheim	seseo, aspiración de /s/, žeísmo, *jota* velar
8	Texas, EE.UU.	Las hijas de don Simón	Tierra Tejana Band	consonantismo fuerte, *jota* velar
9	Nueva York, EE.UU.	La abuela	Wilfred Morales	seseo, aspiración y elisión de /s/, lateralización de /ɾ/, velarización de /n/, *jota* glotal
10	Judeoespañol	La jave de Espanja	Flory Jagoda	fonología arcaica

Todavía más representativos pueden ser los vídeos del archivo digital que Ud.
encontrará en http://dialectos.osu.edu.

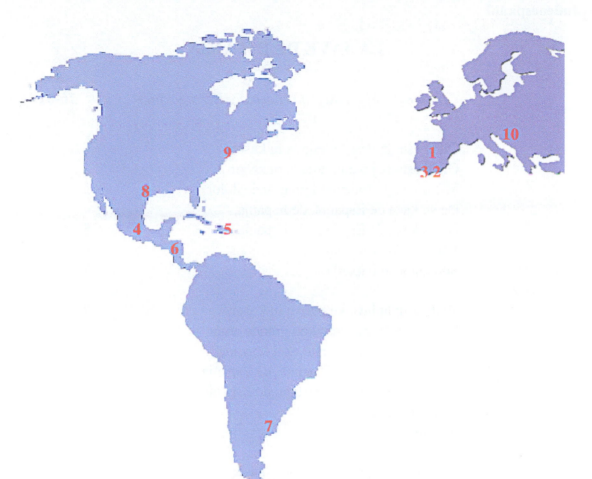

Bibliografía

Alvar, Manuel. 1996. *Manual de dialectología hispánica: El español de América.*
    Barcelona: Ariel.
Alvar, Manuel. 1996. *Manual de dialectología hispánica: El español de España.*
    Barcelona: Ariel.
Atlas lingüístico de la Península Ibérica. 1962. Madrid: CSIC.
Canfield, D. Lincoln. 1981. *Spanish Pronunciation in the Americas.* Chicago:
    University of Chicago Press.
Lipski, John M. 1994. *Latin American Spanish.* Nueva York: Longman.

Judeoespañol

LA JAVE DE ESPANJA
Flory Jagoda

Canta: Flory Jagoda (Bosnia y Herzegovina)   **26-01**

Onde esta la jave ke estava in kašon?	1
Onde esta la jave ke estava in kašon?	2
Mis nonus la trušeron kon grande dolor	3
De su kaza de Espanja, de Espanja,	4
De su kaza de Espanja, de Espanja,	5
Shuenjos de Espanja,	6
Shuenjos de Espanja.	7
Onde esta la jave ke estava in kašon?	8
Mis nonus la trušeron kon grande amor	9
Dišeron a loz fižos, esto ez il korason	10
De muestra kaza de Espanja, de Espanja,	11
De muestra kaza de Espanja, de Espanja,	12
Shuenjos de Espanja,	13
Shuenjos de Espanja.	14
Onde esta la jave ke estava in kašon?	15
Mis nonus la trušeron kon grande amor	16
La djeron a loz njetos, a meter la a kašon	17
Muestra jave de Espanja, de Espanja,	18
Muestra jave de Espanja, de Espanja,	19
Shuenjos de Espanja,	20
Shuenjos de Espanja.	21

Apéndices

A. El Alfabeto Fonético Internacional (AFI)

B. Las consonantes del español

C. Correspondencias entre los diferentes alfabetos fonéticos

D. Otros símbolos utilizados en este libro

E. Más textos de práctica:

  Dialectos
  Padre nuestro
  Advertencia Miranda
  Regulaciones aéreas
  Declaración universal de derechos humanos

Apéndice A
El Alfabeto Fonético Internacional (AFI)

International Phonetic Association (Department of Theoretical and Applied Linguistics, School of English, Aristotle University of Thessaloniki, Thessaloniki 54124, GREECE)

En Internet: <http://www.arts.gla.ac.uk/IPA/ipachart.html>.

THE INTERNATIONAL PHONETIC ALPHABET (revised to 2005)

CONSONANTS (PULMONIC)   © 2005 IPA

	Bilabial	Labiodental	Dental	Alveolar	Postalveolar	Retroflex	Palatal	Velar	Uvular	Pharyngeal	Glottal
Plosive	p b			t d		ʈ ɖ	c ɟ	k ɡ	q ɢ		ʔ
Nasal	m	ɱ		n		ɳ	ɲ	ŋ	N		
Trill	ʙ			r					ʀ		
Tap or Flap		ⱱ		ɾ		ɽ					
Fricative	ɸ β	f v	θ ð	s z	ʃ ʒ	ʂ ʐ	ç ʝ	x ɣ	χ ʁ	ħ ʕ	h ɦ
Lateral fricative				ɬ ɮ							
Approximant		ʋ		ɹ		ɻ	j	ɰ			
Lateral approximant				l		ɭ	ʎ	ʟ			

Where symbols appear in pairs, the one to the right represents a voiced consonant. Shaded areas denote articulations judged impossible.

CONSONANTS (NON-PULMONIC)

Clicks		Voiced implosives		Ejectives	
⊙	Bilabial	ɓ	Bilabial	’	Examples:
ǀ	Dental	ɗ	Dental/alveolar	p’	Bilabial
ǃ	(Post)alveolar	ʄ	Palatal	t’	Dental/alveolar
ǂ	Palatoalveolar	ɠ	Velar	k’	Velar
ǁ	Alveolar lateral	ʛ	Uvular	s’	Alveolar fricative

OTHER SYMBOLS

ʍ	Voiceless labial-velar fricative	ɕ ʑ	Alveolo-palatal fricatives
w	Voiced labial-velar approximant	ɺ	Voiced alveolar lateral flap
ɥ	Voiced labial-palatal approximant	ɧ	Simultaneous ʃ and x
ʜ	Voiceless epiglottal fricative		
ʢ	Voiced epiglottal fricative	Affricates and double articulations can be represented by two symbols joined by a tie bar if necessary.	k͡p t͡s
ʡ	Epiglottal plosive		

VOWELS

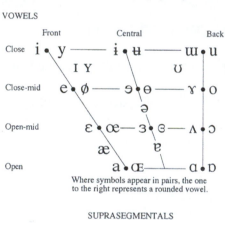

Where symbols appear in pairs, the one to the right represents a rounded vowel.

SUPRASEGMENTALS

ˈ	Primary stress	ˌfoʊnəˈtɪʃən
ˌ	Secondary stress	
ː	Long	eː
ˑ	Half-long	eˑ
˘	Extra-short	ĕ
ǀ	Minor (foot) group	
ǁ	Major (intonation) group	
.	Syllable break	ɹi.ækt
‿	Linking (absence of a break)	

DIACRITICS
Diacritics may be placed above a symbol with a descender, e.g. ŋ̊

̥	Voiceless	n̥ d̥	̤	Breathy voiced	b̤ a̤	Dental	t̪ d̪
̬	Voiced	s̬ t̬	̰	Creaky voiced	b̰ a̰	Apical	t̺ d̺
ʰ	Aspirated	tʰ dʰ	̼	Linguolabial	t̼ d̼	Laminal	t̻ d̻
̹	More rounded	ɔ̹	ʷ	Labialized	tʷ dʷ	Nasalized	ẽ
̜	Less rounded	ɔ̜	ʲ	Palatalized	tʲ dʲ	Nasal release	dⁿ
̟	Advanced	u̟	ˠ	Velarized	tˠ dˠ	Lateral release	dˡ
̠	Retracted	e̠	ˤ	Pharyngealized	tˤ dˤ	No audible release	d̚
̈	Centralized	ë	̴	Velarized or pharyngealized	ɫ		
̽	Mid-centralized	x̽	̝	Raised	e̝	(ɹ̝ = voiced alveolar fricative)	
̩	Syllabic	n̩	̞	Lowered	e̞	(β̞ = voiced bilabial approximant)	
̯	Non-syllabic	e̯	̘	Advanced Tongue Root	e̘		
˞	Rhoticity	ɚ a˞	̙	Retracted Tongue Root	e̙		

TONES AND WORD ACCENTS

LEVEL			CONTOUR		
e̋ or ˥	Extra high		ě or ↗	Rising	
é ˦	High		ê ↘	Falling	
ē ˧	Mid		e᷄	High rising	
è ˨	Low		e᷅	Low rising	
ȅ ˩	Extra low		e᷈	Rising-falling	
↓	Downstep		↗	Global rise	
↑	Upstep		↘	Global fall	

Apéndice B
Las consonantes del español

		Bilabial		Labiodental		Dental		Alveolar		Palatal		Velar		Uvular	Glotal
Oclusiva		p	b			t	d				ɟ	k	g		
Fricativa no sibilante		ɸ		f	v	θ					j	x		χ	h
Aproximante			β				ð						ɣ		
Fricativa sibilante	predorsal							s	z	ʃ	ʒ				
	apical							s̺	z̺						
Africada										t͡ʃ	(ɟ)				
Nasal		m		ɱ		n̪		n		ɲ		ŋ			
Vibrante	simple							ɾ							
	múltiple							r							
Lateral						l̪		l		ʎ					

Las obstruyentes se clasifican como sordas (presentadas en la casilla de la izquierda) o sonoras (en la de la derecha): | p | b |

Los símbolos de las casillas grises ▢ *representan los sonidos de la "pronunciación americana normativa" transcrita en este curso.*

Apéndice C
Correspondencias entre los diferentes alfabetos fonéticos

Símbolo AFI	Descripción del sonido	Otros símbolos usados comúnmente
β	fricativa bilabial sonora	ƀ ƀ
β̞	aproximante bilabial sonora	ƀ̞
ð	fricativa (inter-)dental sonora	đ đ
ð̞	aproximante (inter-)dental sonora	đ̞
ɣ	fricativa velar sonora	ǥ ǥ
ɣ̞	aproximante velar sonora	ǥ̞
ʝ	fricativa (no sibilante) palatal sonora	y ɏ
ɟ	oclusiva/africada palatal sonora	y̆ ŷ ǰ
ʒ	fricativa sibilante (alveo-)palatal sonora	ž
ʃ	fricativa sibilante (alveo-)palatal sorda	š
d͡ʒ	africada sibilante (alveo-)palatal sonora	ǰ
t͡ʃ	africada sibilante (alveo-)palatal sorda	č ĉ
s̺	fricativa sibilante apicoalveolar sorda	ʂ
ɸ	fricativa bilabial sorda	ꝑ
ɱ	nasal labiodental sonora	m̩
ɲ	nasal palatal (o palatalizada) sonora	ñ, nʲ
n̪	nasal dental sonora	ņ
ʎ	lateral palatal (o palatalizada) sonora	ĩ ļ ļʲ
l̪	lateral dental sonora	ļ
ɾ	vibrante simple alveolar sonora	r
r	vibrante múltiple alveolar sonora	r̄ r̃
ɹ̝	"erre asibilada"	ř r̃
j	deslizada anterior alta no redondeada	i̯
w	deslizada posterior alta redondeada	u̯

Para más información, se recomienda:

Face, Timothy Lee. 2008. *Guide to the Phonetic Symbols of Spanish.* Somerville, Massachusetts: Cascadilla Press.

Martínez-Celdrán, Eugenio, Ana María Fernández-Planas y Josefina Carrera-Sabaté. 2003. Castilian Spanish. *Journal of the International Phonetic Association* 33.2. http://www.ub.es/labfon/spanish.pdf.

Apéndice D
Otros símbolos utilizados en este libro

*	forma agramatical, no atestiguada
/x/	fonema /x/
[x]	alófono [x]
→	se realiza de la manera siguiente
/	en el entorno siguiente
$	linde silábico
.	linde silábico
#	linde de palabra
##	cualquier pausa (es decir, linde de frase)
Ø	nulo, nada, sin realización fonética
>	da origen (históricamente) a la forma siguiente
{ }	disyunción; una regla se aplica a dos o más segmentos (o secuencias) distintos y mutuamente exclusivos
<	se deriva de la forma siguiente
V	vocal, o núcleo silábico
C	consonante, o cualquier segmento no nuclear
G	deslizada (por su traducción al inglés, "glide")
L	consonante líquida
N	consonante nasal
|	pausa que separa grupos fónicos, dentro de la oración
||	pausa que separa oraciones
V̆	vocal inacentuada
Ṽ	vocal nasalizada

<u>Apéndice E</u>
Más textos de práctica

27-01 Dialectos (México, mujer)
27-02 Dialectos (México, hombre)
27-03 Dialectos (España, mujer)
27-04 Dialectos (España, hombre)
27-05 Dialectos (Puerto Rico, mujer)
27-06 Dialectos (Puerto Rico, hombre)
27-07 Dialectos (Argentina, mujer)
27-08 Dialectos (Costa Rica, mujer)
27-09 Dialectos (Costa Rica, hombre)
27-10 Dialectos (Colombia, mujer)
27-11 Dialectos (Colombia, hombre)
27-12 Dialectos (Chile, mujer)
27-13 Dialectos (Chile, hombre)
27-14 Dialectos (Bolivia, hombre)
27-15 Dialectos (Perú, mujer)

27-16 Padre nuestro (México, mujer)
27-17 Padre nuestro (México, hombre)
27-18 Padre nuestro (España, mujer)
27-19 Padre nuestro (España, hombre)
27-20 Padre nuestro (Puerto Rico, mujer)
27-21 Padre nuestro (Puerto Rico, hombre)
27-22 Padre nuestro (Perú, mujer)

27-23 Advertencia Miranda (México, mujer)
27-24 Advertencia Miranda (Puerto Rico, mujer)
27-25 Advertencia Miranda (Puerto Rico, hombre)
27-26 Advertencia Miranda (Colombia, hombre)
27-27 Advertencia Miranda (Perú, mujer)

27-28 Regulaciones aéreas (México, mujer)
27-29 Regulaciones aéreas (España, mujer)
27-30 Regulaciones aéreas (Argentina, hombre)
27-31 Regulaciones aéreas (Costa Rica, mujer)
27-32 Regulaciones aéreas (Colombia, hombre)
27-33 Regulaciones aéreas (Perú, mujer)

27-34 Declaración universal de derechos humanos (México, hombre y mujer)

DIALECTOS

Hay más de trescientos millones de personas que hablan español, principalmente en España y Latinoamérica. Por razones históricas y geográficas, han divergido los varios dialectos de la lengua. No sólo existen diferentes acentos, sino también diferentes léxicos: se dice *coche*, *piso* y *maíz* en España; *auto*, *apartamento* y *choclo* en Chile; *carro*, *departamento* y *elote* en México. Sin embargo, las manifestaciones culturales del mundo hispanohablante—arte, cine, deporte, literatura, música y televisión—sirven para compensar la diversidad lingüística.

PADRE NUESTRO
(S. Mateo 6:9–13)

Padre nuestro, que estás en el cielo, santificado sea tu nombre. Venga a nosotros tu reino. Hágase tu voluntad, en la tierra como en el cielo. Danos hoy nuestro pan de cada día. Perdona nuestras ofensas, como también nosotros perdonamos a los que nos ofenden. No nos dejes caer en tentación y líbranos del mal. Amén.

ADVERTENCIA MIRANDA

Usted tiene derecho a no decir nada.

Cualquier cosa que usted diga puede ser y será usada en su contra en el tribunal.

Ud. tiene derecho a hablar con un abogado, y tenerlo presente mientras lo interrogamos.

Si usted no tiene dinero para pagar a un abogado, la corte le nombrará a uno para que lo represente gratis si Ud. lo desea.

¿Entiende Ud. cada uno de estos derechos, como yo se los he explicado?

REGULACIONES AÉREAS
(aprobadas por la Administración Federal de Aviación, cortesía de American Airlines)

Señores pasajeros, bienvenidos a bordo.

Les rogamos observen que la señal de no fumar está encendida. Por requerimiento de la ley federal estadounidense y por su seguridad, les rogamos sigan las instrucciones de no fumar, así como el resto de las indicaciones. La ley federal también prohíbe la manipulación de los detectores de humo en los lavabos.

Por favor, abróchense el cinturón de seguridad. Introduzcan la lengüeta metálica en la hebilla y ajusten el cinturón tirando del extremo que queda suelto. Para desabrocharlo, tiren hacia arriba de la parte superior de la hebilla.

Por favor, asegúrense de que el respaldo de su asiento y su bandeja estén en posición vertical. Si no han colocado su equipaje de mano en uno de los compartimientos superiores, sitúenlos bajo el asiento delantero.

Tengan la bondad de leer la información que se encuentra en el bolsillo de su asiento delantero. En ella se explican las características de seguridad de nuestro avión y la situación y el funcionamiento de las salidas.

Les rogamos, localicen la salida más próxima a ustedes. Hay seis puertas de salida claramente señaladas, tres a cada lado del avión. También hay ventanillas de salida sobre las alas. En caso de avería en el sistema eléctrico, un sistema de luces de emergencia situadas en el suelo les dirigirán hacia las salidas.

Cada salida está equipada con una rampa de evacuación. Todas las rampas, excepto las que estén situadas detrás de las alas, pueden desprenderse y utilizarse como balsas.

Si durante el vuelo se necesitase oxígeno, una mascarilla de oxígeno se desprenderá automáticamente del compartimiento superior.

Si acaso éste es un vuelo de fumar, los fumadores deberán apagar los cigarrillos inmediatamente.

Tiren firmemente hacia ustedes la mascarilla más cercana. Eso activará el suministro de oxígeno. Cúbranse con ella la nariz y la boca y respiren normalmente. Colóquense la banda elástica alrededor de la cabeza y ajústenla tirando de los extremos que tienen a cada lado.

Colóquense primero la mascarilla y luego asegúrense de que los niños la tengan bien ajustada. La bolsa de plástico no se inflará aún cuando esté saliendo oxígeno.

Todos los asientos están equipados con salvavidas individuales. En algunos casos el salvavidas es el cojín de su asiento. Para utilizarlo, introduzcan sus brazos por los tirantes situados en la parte de abajo del cojín. En otros casos habrá un chaleco salvavidas en una bolsa bajo su asiento. Les rogamos no las utilicen hasta que se lo indique el auxiliar de vuelo.

Si es preciso utilizar el chaleco, sáquenlo de la bolsa de plástico e introduzcan por él la cabeza. Colóquense la banda alrededor de la cintura. Introduzcan la lengüeta en la hebilla que se encuentra en el centro del chaleco. Tiren del extremo que queda suelto hasta que la banda quede ajustada.

No inflen el chaleco dentro del avión. Una vez fuera, tiren de las dos lengüetas rojas que se encuentran en la parte delantera.

Si es necesario, el cojín de su asiento puede ser utilizado como elemento de flotación. Pase los brazos por las correas situadas debajo del cojín.

Les deseamos un feliz vuelo. Gracias por elegir American Airlines.

DECLARACIÓN UNIVERSAL DE DERECHOS HUMANOS
http://www.un.org/spanish/aboutun/hrights.htm
(versiones en otros idiomas: http://www.unhchr.ch/udhr/navigate/alpha.htm)

La Asamblea General

proclama la presente

Declaración Universal de Derechos Humanos como ideal común por el que todos los pueblos y naciones deben esforzarse, a fin de que tanto los individuos como las instituciones, inspirándose constantemente en ella, promuevan, mediante la enseñanza y la educación, el respeto a estos derechos y libertades, y aseguren, por medidas progresivas de carácter nacional e internacional, su reconocimiento y aplicación universales y efectivos, tanto entre los pueblos de los Estados Miembros como entre los de los territorios colocados bajo su jurisdicción.

Artículo 1
Todos los seres humanos nacen libres e iguales en dignidad y derechos y, dotados como están de razón y conciencia, deben comportarse fraternalmente los unos con los otros.

Artículo 2
1. Toda persona tiene todos los derechos y libertades proclamados en esta Declaración, sin distinción alguna de raza, color, sexo, idioma, religión, opinión política o de cualquier otra índole, origen nacional o social, posición económica, nacimiento o cualquier otra condición.

2. Además, no se hará distinción alguna fundada en la condición política, jurídica o internacional del país o territorio de cuya jurisdicción dependa una persona, tanto si se trata de un país independiente, como de un territorio bajo administración fiduciaria, no autónomo o sometido a cualquier otra limitación de soberanía.

Artículo 3
Todo individuo tiene derecho a la vida, a la libertad y a la seguridad de su persona.

Artículo 4
Nadie estará sometido a esclavitud ni a servidumbre, la esclavitud y la trata de esclavos están prohibidas en todas sus formas.

Artículo 5
Nadie será sometido a torturas ni a penas o tratos crueles, inhumanos o degradantes.

Artículo 6
Todo ser humano tiene derecho, en todas partes, al reconocimiento de su personalidad jurídica.

Artículo 7

Todos son iguales ante la ley y tienen, sin distinción, derecho a igual protección de la ley. Todos tienen derecho a igual protección contra toda discriminación que infrinja esta Declaración y contra toda provocación a tal discriminación.

Artículo 8

Toda persona tiene derecho a un recurso efectivo ante los tribunales nacionales competentes, que la ampare contra actos que violen sus derechos fundamentales reconocidos por la constitución o por la ley.

Artículo 9

Nadie podrá ser arbitrariamente detenido, preso ni desterrado.

Artículo 10

Toda persona tiene derecho, en condiciones de plena igualdad, a ser oída públicamente y con justicia por un tribunal independiente e imparcial, para la determinación de sus derechos y obligaciones o para el examen de cualquier acusación contra ella en materia penal.

Artículo 11

1. Toda persona acusada de delito tiene derecho a que se presuma su inocencia mientras no se pruebe su culpabilidad, conforme a la ley y en juicio público en el que se le hayan asegurado todas las garantías necesarias para su defensa.

2. Nadie será condenado por actos u omisiones que en el momento de cometerse no fueron delictivos según el Derecho nacional o internacional. Tampoco se impondrá pena más grave que la aplicable en el momento de la comisión del delito.

Artículo 12

Nadie será objeto de injerencias arbitrarias en su vida privada, su familia, su domicilio o su correspondencia, ni de ataques a su honra o a su reputación. Toda persona tiene derecho a la protección de la ley contra tales injerencias o ataques.

Artículo 13

1. Toda persona tiene derecho a circular libremente y a elegir su residencia en el territorio de un Estado.

2. Toda persona tiene derecho a salir de cualquier país, incluso del propio, y a regresar a su país.

Artículo 14

1. En caso de persecución, toda persona tiene derecho a buscar asilo, y a disfrutar de él, en cualquier país.

2. Este derecho no podrá ser invocado contra una acción judicial realmente originada por delitos comunes o por actos opuestos a los propósitos y principios de las Naciones Unidas.

Artículo 15
1. Toda persona tiene derecho a una nacionalidad.

2. A nadie se privará arbitrariamente de su nacionalidad ni del derecho a cambiar de nacionalidad.

Artículo 16
1. Los hombres y las mujeres, a partir de la edad núbil, tienen derecho, sin restricción alguna por motivos de raza, nacionalidad o religión, a casarse y fundar una familia, y disfrutarán de iguales derechos en cuanto al matrimonio, durante el matrimonio y en caso de disolución del matrimonio.

2. Sólo mediante libre y pleno consentimiento de los futuros esposos podrá contraerse el matrimonio.

3. La familia es el elemento natural y fundamental de la sociedad y tiene derecho a la protección de la sociedad y del Estado.

Artículo 17
1. Toda persona tiene derecho a la propiedad, individual y colectivamente.

2. Nadie será privado arbitrariamente de su propiedad.

Artículo 18
Toda persona tiene derecho a la libertad de pensamiento, de conciencia y de religión; este derecho incluye la libertad de cambiar de religión o de creencia, así como la libertad de manifestar su religión o su creencia, individual y colectivamente, tanto en público como en privado, por la enseñanza, la práctica, el culto y la observancia.

Artículo 19
Todo individuo tiene derecho a la libertad de opinión y de expresión; este derecho incluye el de no ser molestado a causa de sus opiniones, el de investigar y recibir informaciones y opiniones, y el de difundirlas, sin limitación de fronteras, por cualquier medio de expresión.

Artículo 20
1. Toda persona tiene derecho a la libertad de reunión y de asociación pacíficas.

2. Nadie podrá ser obligado a pertenecer a una asociación.

Artículo 21

1. Toda persona tiene derecho a participar en el gobierno de su país, directamente o por medio de representantes libremente escogidos.

2. Toda persona tiene el derecho de acceso, en condiciones de igualdad, a las funciones públicas de su país.

3. La voluntad del pueblo es la base de la autoridad del poder público; esta voluntad se expresará mediante elecciones auténticas que habrán de celebrarse periódicamente, por sufragio universal e igual y por voto secreto u otro procedimiento equivalente que garantice la libertad del voto.

Artículo 22

Toda persona, como miembro de la sociedad, tiene derecho a la seguridad social, y a obtener, mediante el esfuerzo nacional y la cooperación internacional, habida cuenta de la organización y los recursos de cada Estado, la satisfacción de los derechos económicos, sociales y culturales, indispensables a su dignidad y al libre desarrollo de su personalidad.

Artículo 23

1. Toda persona tiene derecho al trabajo, a la libre elección de su trabajo, a condiciones equitativas y satisfactorias de trabajo y a la protección contra el desempleo.

2. Toda persona tiene derecho, sin discriminación alguna, a igual salario por trabajo igual.

3. Toda persona que trabaja tiene derecho a una remuneración equitativa y satisfactoria, que le asegure, así como a su familia, una existencia conforme a la dignidad humana y que será completada, en caso necesario, por cualesquiera otros medios de protección social.

4. Toda persona tiene derecho a fundar sindicatos y a sindicarse para la defensa de sus intereses.

Artículo 24

Toda persona tiene derecho al descanso, al disfrute del tiempo libre, a una limitación razonable de la duración del trabajo y a vacaciones periódicas pagadas.

Artículo 25

1. Toda persona tiene derecho a un nivel de vida adecuado que le asegure, así como a su familia, la salud y el bienestar, y en especial la alimentación, el vestido, la vivienda, la asistencia médica y los servicios sociales necesarios; tiene asimismo derecho a los seguros en caso de desempleo, enfermedad, invalidez, viudez, vejez u otros casos de pérdida de sus medios de subsistencia por circunstancias independientes de su voluntad.

2. La maternidad y la infancia tienen derecho a cuidados y asistencia especiales. Todos los niños, nacidos de matrimonio o fuera de matrimonio, tienen derecho a igual protección social.

Artículo 26
1. Toda persona tiene derecho a la educación. La educación debe ser gratuita, al menos en lo concerniente a la instrucción elemental y fundamental. La instrucción elemental será obligatoria. La instrucción técnica y profesional habrá de ser generalizada; el acceso a los estudios superiores será igual para todos, en función de los méritos respectivos.

2. La educación tendrá por objeto el pleno desarrollo de la personalidad humana y el fortalecimiento del respeto a los derechos humanos y a las libertades fundamentales; favorecerá la comprensión, la tolerancia y la amistad entre todas las naciones y todos los grupos étnicos o religiosos, y promoverá el desarrollo de las actividades de las Naciones Unidas para el mantenimiento de la paz.

3. Los padres tendrán derecho preferente a escoger el tipo de educación que habrá de darse a sus hijos.

Artículo 27
1. Toda persona tiene derecho a tomar parte libremente en la vida cultural de la comunidad, a gozar de las artes y a participar en el progreso científico y en los beneficios que de él resulten.

2. Toda persona tiene derecho a la protección de los intereses morales y materiales que le correspondan por razón de las producciones científicas, literarias o artísticas de que sea autora.

Artículo 28
Toda persona tiene derecho a que se establezca un orden social e internacional en el que los derechos y libertades proclamados en esta Declaración se hagan plenamente efectivos.

Artículo 29
1. Toda persona tiene deberes respecto a la comunidad, puesto que sólo en ella puede desarrollar libre y plenamente su personalidad.

2. En el ejercicio de sus derechos y en el disfrute de sus libertades, toda persona estará solamente sujeta a las limitaciones establecidas por la ley con el único fin de asegurar el reconocimiento y el respeto de los derechos y libertades de los demás, y de satisfacer las justas exigencias de la moral, del orden público y del bienestar general en una sociedad democrática.

3. Estos derechos y libertades no podrán, en ningún caso, ser ejercidos en oposición a los propósitos y principios de las Naciones Unidas.

Artículo 30

Nada en esta Declaración podrá interpretarse en el sentido de que confiere derecho alguno al Estado, a un grupo o a una persona, para emprender y desarrollar actividades o realizar actos tendientes a la supresión de cualquiera de los derechos y libertades proclamados en esta Declaración.

Glosario

acento ortográfico (ingl. *accent mark*) rayita oblicua (diagonal) que se escribe arriba de ciertas vocales para indicar su acentuación, o para distinguir una palabra de otra; tilde.

acento prosódico (ingl. *stress*) contraste que destaca a las sílabas tónicas en el habla; énfasis que se da a ciertas sílabas (no a otras) y a ciertas palabras (no a otras) al hablar.

AFI (ingl. *IPA, International Phonetic Alphabet*) Alfabeto Fonético Internacional.

africada (ingl. *affricate*) sonido consonántico que consiste en una oclusiva seguida de fricativa; por ejemplo, [t͡ʃ], [t͡s], [d͡ʒ].

agramatical (ingl. *ungrammatical*) no producido por las reglas fonológicas de un sistema dado y, por lo tanto, no producible en el habla por hablantes nativos.

aguda (ingl. *oxytonic*) [palabra] que se acentúa en la última sílaba.

alófono (ingl. *allophone*) una de las manifestaciones fonéticas de un fonema dado.

alvéolos (ingl. *alveolar ridge*) protuberancia formada por los alvéolos dentarios (ingl. *tooth sockets*), localizada en la parte superior de la cavidad bucal, justo detrás de los dientes superiores.

apical (ingl. *apical*) [consonante] que se articula con el ápice (la punta) de la lengua, como la [s̺] castellana ("*ese* espesa") del centro y norte de España.

asibilación (ingl. *assibilation*) conversión de una consonante en fricativa ruidosa (por ejemplo, la pronunciación asibilada de la /r/: *carro* [ˈka.ɹo]).

asimilación (ingl. *assimilation*) cambio fonético en el que un sonido se hace más parecido a otro sonido vecino, por influencia de éste.

asimilación mutua (ingl. *mutual assimilation*) cambio fonético en el que dos sonidos vecinos se hacen más parecidos, cada uno por influencia del otro.

asimilación progresiva (ingl. *progressive assimilation*) asimilación en la que un sonido se hace más parecido a otro que le precede, por influencia de éste.

asimilación regresiva (ingl. *regressive assimilation*) asimilación anticipatoria, en la que un sonido se hace más parecido a otro que le sigue, por influencia de éste.

aspiración (ingl. *aspiration*) expulsión de aliento que acompaña o sustituye a una consonante; fricción glotal y sorda, sea como variante de cierta consonante o como coarticulación. Se refiere, por ejemplo, a la fuerte explosión de aire que sigue a las oclusivas sordas /p/, /t/, /k/ del inglés en ciertos contextos (*tab* [tʰæb], *kid* [kʰɪd]), y al roce de aliento que sustituye a la /s/ posvocálica en muchos dialectos del español (*costa* [ˈkoh.ta], *más* [ˈmah]).

asterisco (ingl. *asterisk, star*) símbolo (*) que indica que una forma es agramatical o no atestiguada.

ataque (ingl. [*syllable*] *onset*) componente prenuclear de la sílaba.

atestiguado (ingl. *attested*) producido por hablantes reales, según evidencias lingüísticas existentes.

átono (ingl. *atonic, unstressed*) inacentuado, no tónico.

castellano (ingl. *Spanish*) español, el idioma de más de 300 millones de personas y lengua oficial de unos 21 países.

castellano (ingl. *Castilian*) en un sentido histórico o dialectal, se puede referir al habla de Castilla, región del centro de la Península Ibérica.

ceceo literalmente, el uso de una interdental [θ] donde se espera una sibilante [s] (ingl. *lisp*); el término se aplica al habla de ciertos adultos y (sobre todo) niños que no llegan a articular claramente la sibilante como tal; también se refiere dialectalmente a la presencia del fonema /θ/ y la falta de /s/ (comúnmente, el uso de [θ] y [s] sin contraste) que caracteriza ciertas variedades andaluzas fuertemente estigmatizadas en el resto de España.

cibaeño (ingl. *Cibaeño*) dialecto del norte de la República Dominicana, caracterizado por la elisión de /s/ y la vocalización de líquidas.

coarticulación (ingl. *coarticulation*) articulación consonántica en dos puntos de articulación más o menos simultáneamente (por ejemplo, la vibrante múltiple alveolar y aspiración glotal que constituyen la *erre* caribeña: *carro* [ˈka.h͡ro]).

coda (ingl. [*syllable*] *coda*) componente posnuclear de la sílaba.

cognado (ingl. *cognate*) [palabra] que viene de la misma raíz, la misma fuente histórica.

competencia fonológica (ingl. *phonological competence*) todo lo que sabe un individuo (inconscientemente) acerca de los sonidos de su lengua.

consonante (ingl. *consonant*) sonido producido con alguna obstrucción en la cavidad bucal.

contraejemplo (ingl. *counterexample*) dato que contradice una regla o generalización.

deslizada (ingl. *glide*) vocoide (o sea, sonido no consonántico) no nuclear (o sea, que no forma núcleo silábico).

diacrítico (ingl. *diacritic, diacritical mark*) marca que distingue una palabra, letra o símbolo de otro; ejemplos son las tildes, la diéresis y los diacríticos suscritos en símbolos tales como [n̥], [n̩], [n̪], etcétera.

dialecto (ingl. *dialect*) variedad lingüística de cierta zona geográfica o de cierto grupo demográfico.

diptongación (ingl. *diphthongization*) creación de un diptongo a partir de una vocal simple. Se refiere, por ejemplo, a la adición de la deslizada en la producción de las vocales tensas inglesas (*load* /ˈlod/→[ˈlowd], *made* /ˈmed/→[ˈmejd]), y a la creación histórica del diptongo en ciertas sílabas acentuadas en el español (*pensar~piensa, noventa~nueve*).

diptongo (ingl. *diphthong*) vocal más deslizada, o deslizada más vocal.

disimilación (ingl. *dissimilation*) cambio fonético en el que un sonido se hace menos parecido a otro sonido cercano, por influencia de éste.

distinción oposición fonémica entre /s/ y /θ/ que caracteriza al castellano peninsular estándar: *casa* ['ka.s̺a], *caza* ['ka.θa].

distribución complementaria (ingl. *complementary distribution*) distribución alofónica en la que los alófonos aparecen en contextos previsibles, no en variación libre.

ele **clara** (ingl. *clear /l/*) la *ele* alveolar no velarizada (del español, por ejemplo).

ele **oscura** (ingl. *dark /l/*) la *ele* velarizada (del inglés, del catalán, del portugués lisboeta, etcétera).

elidir (ingl. *delete, elide*) quitar o perder [un sonido] al hablar.

elisión (ingl. *deletion, elision*) pérdida de un sonido.

ensordecimiento (ingl. *devoicing*) conversión de un segmento sonoro en sordo.

entonación (ingl. *intonation*) las subidas y bajadas de tono (ingl. *pitch*) que sistemáticamente se usan en el habla.

entorno (ingl. *environment*) contexto fonológico.

epiglotis (ingl. *epiglottis*) cartílago elástico que sirve para proteger la laringe; se abre al respirar y al hablar para dejar pasar el aire por la tráquea (y la laringe) y se cierra al tragar para que los alimentos pasen por el esófago al estómago.

esdrújula (ingl. *proparoxytonic*) [palabra] que se acentúa en la antepenúltima sílaba.

ese **espesa** (ingl. *thick* s, *apical* s) [s̺] apical.

esófago (ingl. *esophagus*) tubo digestivo, situado debajo de la faringe, que lleva los alimentos al estómago.

espirante (ingl. *spirant, fricative*) fricativa (usualmente no sibilante).

espirantización (ingl. *spirantization*) conversión de una oclusiva en fricativa.

estigma (ingl. *stigma*) mala fama; atributo asociado con personas menospreciadas.

estridente (ingl. *strident*) [sonido] articulatoriamente complejo y acústicamente ruidoso, de frecuencia e intensidad altas, como las sibilantes.

etimología (ingl. *etymology*) origen de una palabra, o el estudio de la historia de las formas lingüísticas y de sus significados.

etimológico (ingl. *etymological*) [palabra u otra forma lingüística] que tiene antecedentes históricos, que no ha sido creada espontáneamente por capricho o equivocación.

eufemismo (ingl. *euphemism*) palabra o expresión que reemplaza a otra desagradable o tabú y que sirve para suavizar ciertas ideas o para no ofender al interlocutor.

faringe (ingl. *pharynx*) cavidad situada en el cuello en la que desembocan la cavidad nasal, la cavidad bucal, la tráquea y el esófago.

fonema (ingl. *phoneme*) conjunto de sonidos (es decir, familia de alófonos) que funciona distintivamente frente a otros conjuntos de sonidos en una lengua dada; abstracción cognitiva que reúne a varios **fonos** (sonidos) asociados a un solo sonido por los hablantes de una lengua.

fonestema (ingl. *phonestheme*) fonema, o secuencia de fonemas, que se asocia con una noción semántica sin llegar a ser propiamente un morfema.

fortición (ingl. *fortition*) refuerzo consonántico.

fricativa (ingl. *fricative, spirant*) consonante en la articulación de la cual la corriente de aire crea fricción al pasar entre dos articuladores que no llegan a producir oclusión total en la cavidad bucal.

geminada (ingl. *geminate*) articulación prolongada de una consonante que ocupa la coda de una sílaba y el ataque de la siguiente.

glotis (ingl. *glottis*) el espacio que queda entre las cuerdas vocales, en la parte superior de la laringe.

grafema (ingl. *grapheme*) unidad fundamental de la ortografía de una lengua: letra, número, signo de puntuación, etcétera.

gramatical (ingl. *grammatical*) producido por las reglas fonológicas de un sistema fonológico dado y, por lo tanto, producible en el habla por hablantes nativos. La fonología pretende describir todas las formas gramaticales, sean éstas "correctas" o no en un sentido prescriptivo.

grave (ingl. *paroxytonic*) [palabra] llana (acentuada en la penúltima sílaba).

grupo consonántico (ingl. *consonant cluster*) dos o más consonantes contiguas que pertenecen a una misma sílaba.

hiato (ingl. *hiatus*) secuencia de dos vocales contiguas que no forman diptongo (siendo las dos nucleares y por lo tanto manteniéndose en sílabas distintas).

hipercorrección (ingl. *hypercorrection*) actuación lingüística provocada por el deseo de evitar cierta forma estigmatizada, pero que termina produciendo un enunciado inaceptable, o hasta ridículo; aplicación de cierta regla prescriptiva o prestigiosa que va "más allá" de lo correcto o de la norma culta.

hiperextranjerismo (ingl. *hyperforeignism*) el resultado de la sobregeneralización de reglas fonológicas asociadas con una lengua extranjera (por ejemplo, un seudopréstamo).

hipocorístico (ingl. *hypocoristic*) nombre abreviado, cariñoso e infantil; apodo.

idiolecto (ingl. *idiolect*) el habla propia de un individuo.

jerigonza (ingl. *secret language, code language*) juego lingüístico que consiste en modificar sistemáticamente un enunciado para que lo entiendan solamente los que saben el código, tal como ocurre en el caso del *Pig Latin* del inglés.

laringe (ingl. *larynx, voice box*) órgano, situado entre la faringe y la tráquea, que contiene las cuerdas vocales.

lateral (ingl. *lateral*) sonido en la producción del cual la corriente de aire pasa por un costado, o por los dos costados, de la lengua.

lateralización (ingl. *lateralization*) cambio fonético en el que una consonante (por ejemplo, una /ɾ/) se convierte en lateral: *puerta* [ˈpwel̪.ta].

lenición (ingl. *lenition*) debilitamiento consonántico (el término se usa también para referirse específicamente al debilitamiento histórico que ha producido, en posición intervocálica, la simplificación de las oclusivas sordas geminadas del latín, la sonorización de las oclusivas sordas simples, la espirantización de las oclusivas sonoras y la elisión de las fricativas sonoras).

linde (ingl. *boundary*) límite o frontera entre constituyentes (sílabas, palabras, etcétera).

líquida (ingl. *liquid*) consonante resonante no nasal; en español, vibrante o lateral.

llana (ingl. *paroxytonic*) [palabra] acentuada (prosódicamente) en la penúltima sílaba.

lleísmo (ingl. *phonemic distinction between graphemes <y> and <ll>*) distinción fonémica entre las consonantes palatales representadas ortográficamente por <y> y <ll>; estos grafemas han correspondido históricamente a los fonemas /ʝ/ y /ʎ/, respectivamente.

morfema (ingl. *morpheme*) unidad lingüística mínima que tiene su propio significado; los morfemas se descomponen en unidades menores llamadas fonemas, y se unen para formar palabras.

mudo (ingl. *mute, silent*) que no se pronuncia.

nahua, **náhuatl** (ingl. *Nahuatl*) idioma del imperio azteca, hablado actualmente por más de un millón de mexicanos.

nasal (ingl. *nasal*) [sonido] que se articula estando el velo del paladar separado de la pared faríngea, dejando que la corriente de aire suba a la cavidad nasal y salga por la nariz.

nativización (ingl. *nativization*) incorporación de palabras extranjeras en el sistema fonológico de una lengua.

neutralización (ingl. *neutralization*) pérdida de una distinción fonémica en cierto contexto fonológico.

nivelación (ingl. *leveling, merger*) pérdida total de cierta distinción fonémica (histórica o dialectalmente), o de otras diferencias dialectales estando en contacto dos o más variedades de una lengua.

núcleo (ingl. *nucleus*) componente central, imprescindible y más vocálico de una sílaba; en el español siempre es una vocal.

obstruyente (ingl. *obstruent*) oclusiva, fricativa o africada; segmento no resonante.

oclusiva (ingl. *stop, occlusive*) consonante caracterizada por obstrucción (oclusión, cierre) total de la corriente de aire.

onomatopeya (ingl. *onomatopoeia*) palabra que imita el sonido que representa (por ejemplo, *muu, clic, ¡pum!*).

paladar (ingl. *palate, hard palate*) techo de la cavidad bucal, lo que separa ésta de la cavidad nasal (se refiere sobre todo a la parte dura del paladar, siendo la parte blanda el *velo del paladar*).

par mínimo (ingl. *minimal pair*) dos palabras que se distinguen por un fonema.

paralingüística (ingl. *paralinguistics*) uso de sonidos y otros medios comunicativos que quedan fuera del sistema lingüístico propiamente dicho.

pentavocálica [palabra] que contiene (ortográficamente hablando) las cinco vocales: *a, e, i, o, u.*

predorsal (ingl. *laminal*) articulado con el **predorso** (ingl. *blade*) o lámina de la lengua (la superficie plana de la lengua justo detrás de la punta).

préstamo (ingl. *loan word*) palabra extranjera, parcial o totalmente incorporada en la fonología de una lengua.

prototipo (ingl. *prototype*) ejemplar perfecto que reúne los atributos más representativos de una categoría o una cosa.

refuerzo de *erre* (ingl. r-*strengthening*) articulación de la vibrante múltiple en un contexto donde no se distingue fonológicamente de la simple (por ejemplo, después de /n/, /l/ o /s/, o en posición inicial de palabra).

regla descriptiva (ingl. *descriptive rule*) descripción de cualquier fenómeno lingüístico en términos formales (por ejemplo, la regla */s/→[h] / __ C* que describe formalmente la aspiración característica del español porteño).

regla prescriptiva (ingl. *prescriptive rule*) indicación que lleva a los estudiantes a imitar el habla estándar, o sobre cierto uso lingüístico que se considera incorrecto.

regla variable (ingl. *variable rule*) fenómeno lingüístico sujeto a factores sociolingüísticos o pragmáticos; regla que, en el mismo contexto lingüístico, a veces se aplica y a veces no.

rehilamiento (ingl. *assibilation*) término empleado frecuentemente en estudios de dialectología hispánica para referirse a asibilaciones dialectales, como la del llamado "žeísmo" (*ella* [ˈe.ʒa]) o la de la *erre* (*carro* [ˈka.ɹo]).

resonante (o **sonante** o **sonorante**, ingl. *sonorant*) vocal, deslizada, nasal o líquida; no obstruyente.

rima (ingl. *rhyme*) parte de la sílaba que excluye al ataque; la constituyen el núcleo más la coda.

ritmo (ingl. *rhythm*) la regularidad con la que se suceden las sílabas (o, en algunas lenguas, las sílabas acentuadas/inacentuadas o largas/cortas) en el habla, la duración relativa entre ellas y la relación que éstas tienen con el compás de la melodía lingüística.

rotacismo (ingl. *rotacism*) cambio fonético en el que una consonante (por ejemplo, una lateral o una sibilante) se convierte en vibrante: *alto* [ˈaɾ.to], *dos mil* [ˈdoɾ.ˈmil].

segmento (ingl. *segment*) cualquier sonido del inventario fonético de una lengua, percibido como unidad discreta en su forma subyacente o superficial; consonante o vocoide.

semiconsonante (ingl. *semiconsonant, glide, on-glide*) deslizada, especialmente una prenuclear (por ejemplo, la deslizada [w] de *bueno* [ˈbwe.no]).

semivocal (ingl. *semivowel, glide, off-glide*) deslizada, especialmente una posnuclear (por ejemplo, la deslizada [w] de *causa* [ˈkaw.sa]).

seseo falta del fonema /θ/ (característica del español americano, del canario y de algunas variedades andaluzas): *casa* y *caza* se pronuncian con /s/.

seudopréstamo (o **pseudopréstamo**, ingl. *pseudo-loan*) palabra extranjera que, en vez de nativizarse, se pronuncia o se escribe de manera "hiperextranjera" al aplicarse reglas sobregeneralizadas asociadas con la lengua original en cuestión.

sibilante (ingl. *sibilant*) fricativa (o africada) particularmente ruidosa en la articulación de la cual la corriente de aire es forzada a pasar por un surco o canal largo formado por la lengua en la zona dentoalveolar o palatal en vez de fluir por un espacio más ancho entre dos articuladores.

simplificación (ingl. *simplification*) reducción de una consonante geminada en una simple (ingl. *degemination*), o de una coarticulada en una sencilla; puede referirse también a la pérdida de un miembro de un grupo consonántico.

sobreesdrújula, sobresdrújula (ingl. *stressed on the fourth syllable from the end*) [palabra] que se acentúa en la preantepenúltima sílaba anterior (o incluso en la sílaba anterior a ésta).

sonorización (ingl. *voicing*) conversión de un segmento sordo en sonoro.

sonoro (ingl. *voiced*) articulado con vibración de las cuerdas vocales.

sordo (ingl. *voiceless*) articulado sin vibración de las cuerdas vocales.

subyacente (ingl. *underlying*) existente (tácitamente) en la mente de los hablantes, aunque se realice de otra manera en el habla.

superficial (ingl. *surface* [adj.]) de la superficie; referente a las formas (sonidos, palabras, etcétera) enunciadas en el habla, no las subyacentes.

tabú (ingl. *taboo*) palabra o concepto que se evita por considerarse sagrado o socialmente ofensivo.

tilde (ingl. *accent mark*) acento ortográfico.

tilde (ingl. *tilde* /ˈtɪl.də/) rasguillo que se escribe encima de una *ene* para formar la *eñe*.

tónico (ingl. *tonic, stressed*) acentuado, que lleva el acento prosódico.

tono (ingl. *pitch*) frecuencia fundamental de un sonido, la cual corresponde a cierta altura musical y contribuye a la percepción de acento prosódico y de patrones de entonación.

tráquea (ingl. *trachea*) tubo respiratorio que lleva aire entre la faringe y los bronquios.

triptongo (ingl. *triphthong*) secuencia de deslizada más vocal más deslizada.

trueque de líquidas (ingl. *liquid leveling*) neutralización de la lateral y la vibrante en la coda silábica, característica del español andaluz y del caribeño.

ultracorrección (ingl. *hypercorrection*) hipercorrección.

úvula (ingl. *uvula*) extensión membranosa del velo del paladar que cuelga al fondo de la cavidad bucal, y conocida popularmente como la "campanilla".

variación libre (ingl. *free variation*) distribución alofónica imprevisible, no complementaria (término rechazado por la sociolingüística, ya que la variación no es "libre" cuando se asocia con factores sociales y pragmáticos).

velarización (ingl. *velarization*) articulación velar o velarizada de una consonante (por ejemplo, /n/ → [ŋ] ante pausa en el Caribe; /r/ → [x] en Puerto Rico; /l/ → [ɫ] en el inglés).

velo, velo del paladar (ingl. *velum, soft palate*) el paladar blando; la parte superior de la cavidad bucal situada entre el paladar duro y la úvula.

vibrante múltiple (ingl. *trill*) sonido consonántico en la articulación del cual un articulador (por ejemplo, la punta de la lengua) vibra rápidamente contra otro (por ejemplo, los alvéolos).

vibrante simple (ingl. *tap, flap*) sonido consonántico que consta de un solo golpe de un articulador (normalmente la punta de la lengua) contra otro (por ejemplo, los alvéolos).

vocal (ingl. *vowel*) sonido formado sin obstrucción en la cavidad bucal y que forma el núcleo de una sílaba.

vocalización (ingl. *vocalization, gliding*) conversión de una consonante en vocal o deslizada, como ocurre dialectalmente con la lateral posvocálica inglesa (*mall* [ˈmɔː]) y las líquidas de la coda en el cibaeño (*parte* [ˈpaj.te], *alto* [ˈaj.to]).

vocoide (ingl. *vocoid*) sonido no consonántico (o sea, producido sin obstrucción en la cavidad bucal); vocal o deslizada.

yeísmo (ingl. *no phonemic distinction between graphemes <y> and <ll>; palatal leveling*) falta de una distinción fonémica entre los sonidos escritos <y> y <ll>; nivelación de los fonemas históricos /ʝ/ y /ʎ/.

"žeísmo" (ingl. *palatal assibilation*) uso sistemático de una sibilante palatal ([ʒ] o [ʃ]) para el fonema escrito ortográficamente con la *elle* <ll> (por ejemplo, en *valla* [ˈba.ʒa]), o para la *elle* <ll> y la *i griega* <y> (por ejemplo, en *valla* [ˈba.ʒa] y *vaya* [ˈba.ʒa]).

zeta (ingl. *theta*) la letra griega θ, usada como símbolo internacional para la consonante fricativa interdental sorda [θ] (es también el nombre de la última letra del alfabeto español: *z*).

Bibliografía

Fonética general

Johnson, Keith. 1997. *Acoustic and Auditory Phonetics.* Cambridge, Massachusetts: Blackwell.
Ladefoged, Peter. 2001. *A Course in Phonetics.* Fort Worth: Harcourt.

Fonología general

Contreras, Heles y Conxita Lleó. 1982. *Aproximación a la fonología generativa: Principios teóricos y problemas.* Barcelona: Anagrama.
Hyman, Larry M. 1975. *Phonology: Theory and Analysis.* Nueva York: Holt, Rinehart & Winston. [Versión en castellano: *Fonología: Teoría y análisis.* Madrid: Paraninfo. 1981.]
Jensen, John T. 2004. *Principles of Generative Phonology: An Introduction.* Filadelfia: Benjamins.
Kenstowicz, Michael. 1994. *Phonology in Generative Grammar.* Oxford: Blackwell.
Kenstowicz, Michael y Charles Kisseberth. 1979. *Generative Phonology: Description and Theory.* Londres: Academic Press.
Odden, David. 2005. *Introducing Phonology.* Nueva York: Cambridge University Press. [Cambridge Introductions to Language and Linguistics.]

Fonética y fonología del español: textos y materiales

Barrutia, Richard y Armin Schwegler. 1994. *Fonética y fonología españolas*, 2ª ed. Nueva York: Wiley.
Barrutia, Richard y Tracy David Terrell. 1982. *Fonética y fonología españolas.* Nueva York: Wiley.

Busch, Hans-Jörg y Tom Lathrop. 2006. *Spanish Phonetics and Phonemics.* Newark, Delaware: Lingua Text.

Cressey, William W. 1978. *Spanish Phonology and Morphology: A Generative View.* Washington: Georgetown University Press.

Dalbor, John B. 1997. *Spanish Pronunciation: Theory and Practice.* 3ª ed. Fort Worth: Holt, Rinehart & Winston.

Face, Timothy Lee. 2008. *Guide to the Phonetic Symbols of Spanish.* Somerville, Massachusetts: Cascadilla Press.

Gil Fernández, Juana. 2007. *Fonética para profesores de español: De la teoría a la práctica.* Madrid: Arco Libros.

Guitart, Jorge M. 2004. *Sonido y sentido: Teoría y práctica de la pronunciación del español con audio CD.* Washington: Georgetown University Press.

Hammond, Robert M. 2001. *The Sounds of Spanish: Analysis and Application (with Special Reference to American English).* Somerville, Massachusetts: Cascadilla Press.

Hualde, José Ignacio. 2005. *The Sounds of Spanish.* Cambridge, Reino Unido: Cambridge University Press.

Martínez-Celdrán, Eugenio, Ana María Fernández-Planas y Josefina Carrerra-Sabaté. 2003. Castilian Spanish. *Journal of the International Phonetic Association* 33.2. [http://www.ub.es/labfon/spanish.pdf]

Morgan, Terrell A. 2006. On the teaching of Spanish pronunciation. En *Selected Proceedings of the 2nd Conference on Laboratory Approaches to Spanish Phonetics and Phonology*, ed. por Manuel Díaz-Campos, pp. 119–130. Somerville, Massachusetts: Cascadilla Proceedings Project. [www.lingref.com, document #1330]

Navarro Tomás, Tomás. 1944. *Manual de entonación española.* Madrid: Guadarrama.

Navarro Tomás, Tomás. 1985. *Manual de pronunciación española.* 22ª ed. Madrid: CSIC.

Núñez Cedeño, Rafael A. y Alfonso Morales-Front. 1999. *Fonología generativa contemporánea de la lengua española.* Washington: Georgetown University Press.

Piñeros, Carlos-Eduardo. 2005. Spanish. fənɛtɪks: *The Sounds of Spoken Language.* [http://www.uiowa.edu/~acadtech/phonetics/]

Piñeros, Carlos-Eduardo. 2009. *Estructura de los sonidos del español.* Upper Saddle River, Nueva Jersey: Pearson Education.

Quilis, Antonio. 2001. *Tratado de fonología y fonética españolas,* 2ª ed. Madrid: Gredos.

Quilis, Antonio y Joseph A. Fernández. 1979. *Curso de fonética y fonología españolas para estudiantes angloamericanos.* 9ª ed. Madrid: CSIC.

Schwegler, Armin y Juergen Kempff. 2007. *Fonética y fonología españolas.* 3ª ed. Nueva York: Wiley.

Stokes, Jeffery D. 2005. *¡Qué bien suena! Mastering Spanish Phonetics and Phonology.* Boston: Houghton Mifflin.

Teschner, Richard V. 1996. *Camino oral: Fonética, fonología y práctica de los sonidos del español.* Nueva York: McGraw-Hill.

Dialectología del español

Alvar, Manuel (director). 1996. *Manual de dialectología hispánica: El español de América.* Barcelona: Ariel.

Alvar, Manuel (director). 1996. *Manual de dialectología hispánica: El español de España.* Barcelona: Ariel.

Atlas lingüístico de la Península Ibérica. 1962. Madrid: CSIC.

Canfield, D. Lincoln. 1981. *Spanish Pronunciation in the Americas.* Chicago: University of Chicago Press. [Versión en castellano: *El español de América: Fonética.* Barcelona: Editorial Crítica. 1988.]

Lipski, John M. 1994. *Latin American Spanish.* Nueva York: Longman. [Versión en castellano: *El español de América.* Madrid: Longman. 1994.]

Morgan, Terrell A. 2008. *Digital Catalog of the Sounds of the Hispanic World.* [http://dialectos.osu.edu]

Penny, Ralph. 2000. *Variation and Change in Spanish.* Cambridge, Reino Unido: Cambridge University Press.

Zamora Vicente, Alonso. 1967. *Dialectología española.* 2ª ed. Madrid: Gredos.

Ortografía del español

Correas, Gonzalo. 1971 [1630]. *Ortografia Kastellana nueva I perfeta.* Edición facsimilar. Madrid: Espasa-Calpe.

Douglass, R. Thomas. 1987. The letter *H* in Spanish. *Hispania* 70: 949–951.

Lázaro Carreter, Fernando. 1999. "Telefonía sin tildes." *El País* (Madrid), 29 de agosto de 1999.

Morgan, Terrell A. 2000. The curious pedigree of Spanish orthographic *h.* *Hispanic Linguistics at the Turn of the Millennium: Papers from the 3rd Hispanic Linguistics Symposium*, ed. por Héctor Campos, Elena Herburger, Alfonso Morales-Front y Thomas J. Walsh, pp. 144–154. Somerville, Massachusetts: Cascadilla Press.

Martínez de Sousa, José. 1985. *Diccionario de ortografía.* Madrid: Anaya.

Mosterín, Jesús. 1981. *La ortografía fonémica del español.* Madrid: Alianza.

Real Academia Española. 1984 & 2001. *Diccionario de la lengua española* (DRAE). http://www.rae.es

Real Academia Española. 2003. *Ortografía de la lengua española.* Madrid: Espasa-Calpe. http://www.rae.es

Real Academia Española. 2004. *Esbozo de una nueva gramática de la lengua española.* Madrid: Espasa-Calpe.

Otras nociones de fonética y fonología del español

Hualde, José Ignacio y Mónica Prieto. 2002. On the diphthong/hiatus contrast in Spanish: Some experimental results. *Linguistics* 40.2, 217–234.

Janda, Richard D., Brian D. Joseph y Neil G. Jacobs. 1994. Systematic hyperforeignisms as maximally external evidence for linguistic rules. En *The Reality of Linguistic Rules,* ed. por Susan D. Lima, Roberta L. Corrigan y Gregory K.

Iverson, pp. 67–92. [Studies in Language Companion Series, vol. 26.] Filadelfia: John Benjamins.

Janda, Richard D. y Terrell A. Morgan. 1988. El acentó dislocadó—pues cantadó—castellanó: On explaining stress-shift in song-texts from Spanish (and certain other Romance languages). En *Advances in Romance Linguistics*, ed. por David Birdsong y Jean-Pierre Montreuil, pp. 151–170. Dordrecht: Foris.

Lipski, John M. 1995. Spanish hypocoristics: Towards a unified prosodic analysis. *Hispanic Linguistics* 6, 387–434.

Morgan, Terrell A. 1989. *Canto santo:* English Rhythm and Rhyme in Spanish Hymns. En *The Fifteenth LACUS Forum 1988,* ed. por Ruth M. Brend y David G. Lockwood, pp. 129–138. Lake Bluff, Illinois: Linguistic Association of Canada and the United States.

Morgan, Terrell A. y Richard D. Janda. 1989. Musically-conditioned stress shift in Spanish revisited: Empirical verification and nonlinear analysis. En *Studies in Romance Linguistics: Selected Proceedings from the XVII Linguistic Symposium on Romance Languages,* pp. 273–288. Filadelfia: Benjamins.

Navarro, Tomás. 1976. *Studies in Spanish Phonology.* Coral Gables, Florida: University of Miami Press.

Rosenblat, Ángel. 1962. *El castellano de España y el castellano de América: Unidad y diferenciación.* Montevideo: Editorial Alfa.

Toscano, Humberto. 1965. *Hablemos del lenguaje.* Nueva York: Joshua B. Powers.

Virgillo, Carmelo, L. Teresa Valdivieso y Edward H. Friedman. 2004. *Aproximaciones al estudio de la literatura hispánica,* 5ª ed. Nueva York: McGraw-Hill.

Otras lenguas

Ethnologue: http://www.ethnologue.com.

Garry, Jane y Carl Rubino, eds. 2001. *Facts About the World's Languages: An Encyclopedia of the World's Major Languages, Past and Present.* Nueva York: H. W. Wilson Co.

Periódicos del mundo hispanohablante

Zona Latina: http://zonalatina.com/Zlpapers.htm.

Mapas de todo el mundo

Colección Perry-Castañeda, Universidad de Texas: http://www.lib.utexas.edu/maps/.

Índices

Índice de términos lingüísticos y nociones afines

Índice de lenguas y dialectos

Índice de temas culturales

Índice de poemas

Índice de canciones

Índice de títulos de las transcripciones

Reconocimientos

La gran mayoría de los dibujos son de **Esperanza Roselló Morgan** (págs. 5, 90, 146, 155, 157, 171–172, 180–182, 185, 211, 223, 225, 238, 251, 253, 258–259, 275, 277, 297–298, 305–306, 308, 313, 320, 322, 331, 336, 344, 347–348 y 351). Los de las páginas 160, 205, 207, 250 y 334 son de **Neydée Pinzón**. El de "El roble y la enredadera" (pág. 353) es del Museo de la Ciencia y el Juego, Bogotá, y un proyecto del IDEAM (http://www.ideam.gov.co). El del perro de la página 360 es de Jeff Bucchino, "The Wizard of Draws" (http://www.wizardofdraws.com).

Todas las fotos son del autor, excepto la de **Julia Dotson** (pág. 138), la de **Aurelia Kubayanda** (201), la de la **Fundación Hermanas Mirabal**, Inc. (266), las de **Jupiterimages Corporation** © 2009 (págs. 133, 143, 169, 371), la de **Cary Bass** (295), la de **Gildemax** (329), la de **Paulo Brandao** (273), las de *Wikipedia* y/o dominio público (págs. 44, 99, 103, 115, 125, 166, 192, 193, 212, 230, 237, 245, 257, 265, 281, 298–299, 311, 318, 324–325, 335, 339, 352 y 355) y la foto de Roberto Clemente (341), tomada de Internet pero de fuente original desconocida.

El mapa de Milpa Alta (pág. 338) aparece por cortesía de su autor, el profesor **Manuel Garcés Jiménez**, presidente del Consejo de la Crónica de Milpa Alta.

La tabla periódica de los elementos (pág. 116) es propiedad de Educatodo (San José, Costa Rica y México, D.F., México). El Alfabeto Fonético Internacional (pág. 396) es de la International Phonetic Association (Department of Theoretical and Applied Linguistics, School of English, Aristotle University of Thessaloniki, Thessaloniki 54124, Grecia).

El "damero silábico" (pág. 40) es propiedad de Zugarto Ediciones, S.A. (Arcipreste de Hita, 14 – 1º Dcha., 28015 Madrid, España), quienes gentilmente autorizaron su uso. Los "saltos de caballo" (pág. 39) son de la revista *Agilgramas* de la Editora Cinco (Bogotá, Colombia).

Los demás mapas, tablas y rompecabezas son del autor.

Los otros titulares de la pág. 168 fueron adaptados de publicidad y prensa digital en línea.

Las viñetas son propiedad de sus creadores y aparecen en este libro con el permiso de las autoridades vigentes. La inclusión de cuatro tiras de Mafalda (págs. 151, 288, 321) fue autorizada por Ediciones de La Flor (Avellaneda 206- 1º B – 1405 Buenos Aires – Argentina). La viñeta de Rubes (pág. 261) es de Leigh Rubin y fue incluida con el permiso de Creators Syndicate, Los Ángeles, California.

Aparecen varios **poemas** por cortesía de los poetas o de las autoridades correspondientes. "Cada abeja con su pareja" (94) y "gris" (187) son propiedad de Luzmaría Jiménez Faro, Heredera Universal de Gloria Fuertes (http://www.gloriafuertes.org/). "Cántico esdrújulo" (54), "F" (297), "Oficios de un oficiero" (349), "Ronda del con" (326) y "U" (132) son de David Chericián. "La escuela de ratones" (358), de María Elena Walsh, es de *Tutú Marambá* (Alfaguara, Buenos Aires, http://alfaguara.com.ar). El poema "Libélulas" (336), de Carlos Luis Sáenz, fue publicado en la selección efectuada por don Joaquín Gutiérrez, *Chinto pinto* (Ediciones Farben, S.A., Heredia, Costa Rica). "La luna se llama Lola" (336) es de Francisco Vighi. Los derechos de publicación de "Maravilla" (220), poema de Mario Benedetti, fueron cedidos por Guillermo Schavelzon & Asociados, S.L., Barcelona. Los demás poemas son de dominio público.

Las **canciones** son propiedad de varias entidades, entre ellas las compañías disqueras Universal ("Estás ahí" de Sandra Mihanovich) y Striking Music ("La rana" de Sparx). En otros casos son propiedad de sus propios compositores/artistas o de las familias de éstos ("La jave de Espanja" de Flory Jagoda) o son de dominio público.

Los **nombres** y/o **logotipos** de merKmueble®, K-nino®, fotoGnicos®, Telefónica®, Páginas Amarillas®, Milmate®, Señorial®, Cuates®, El Jibarito®, Squirt®, Yuquitas®, Nocilla®, Royal®, Zuko®, Yus®, Yaltres®, Jarritos®, Yamaha®, Daihatsu®, Hyundai®, Honda®, Harry Potter®, Sabritas®, JA-JAhuates®, Isuzu®, Kellogg's®, Zucaritas®, Fizz®, Suzuki®, Chizi Max®, Zambos®, Skoda Auto®, Sprim®, Magnum Obsession®, Zuleta®, Modicalza®, San Guchito®, Skyline Chili®, BEEP®, The Phone House®, Bimbo®, BocaDeli®, Piguis®, Hamburguesas Berlín®, Telgua®, Centro de Estudios Bíblicos®, Sfru®, CuaCua®, Agfa®, Binbom® y Clue/Cluedo® pueden constituir marcas registradas universalmente o en sus respectivos países. Dichos nombres/logos y las **imágenes** de Piolín (127), Pedro Picapiedra (155), Condorito (155) y los Pitufos (235) han sido incorporados mínimamente en este libro bajo el principio de *fair use*.

Los **textos** "El carné por puntos" (168) y "Los gitanos son..." (242–243) fueron tomados de sitios de Internet del gobierno de España (http://www.dgt.es) y de la Fundación Secretariado Gitano (http://www.gitanos.org). De *Wikipedia* (http://www.wikipedia.org) fueron condensados los textos "Jaguares" (244) e "Islas Galápagos" (257). La resolución sobre el "Día Internacional de la Eliminación de la Violencia contra la Mujer" (267–268) y la "Declaración Universal de Derechos Humanos" (404–409) son textos oficiales de la Organización de las Naciones Unidas (http://www.un.org). Las "regulaciones aéreas" (402–403) aprobadas por la Administración Federal de Aviación de EE.UU. aparecen por cortesía de American Airlines (http://www.aa.com). "El roble y la enredadera" (pág. 353) es del Museo de la Ciencia y el Juego, Bogotá, y un proyecto del IDEAM (http://www.ideam.gov.co).

Las **voces** que se escuchan en el CD son de Magdalena Mejía Gómez, Alfredo Castillo Polanco, Maribel Corona, Assela Reig Alamillo, María Ester Rincón Calero, Manuel Delicado Cantero, Daniela Salcedo Arnaiz, Raúl Diego Rivera Hernández, Juliana de la Mora, Gilberto Serrano Cabassa, Alma Kuhlemann, Ricardo Kelly, Agustín Cabrera, Luis Latoja, Akinjide Famoyegun, Delfina de la Cruz de la Cruz, Allen Clark, Fernando Unzueta, Rebeka Campos Astorkiza, Esperanza Roselló Morgan, Rubén Morgan, Caleb Morgan, Terrell A. Morgan, Evelyn Silva y Jenny Fourman, entre otros colaboradores.

Se agradece en particular a las personas que de manera desinteresada me contribuyeron el permiso para usar sus creaciones, las cuales le dan mayor valor y significado a este libro.